国防特色教材·工商管理

国防项目管理

白思俊　郭云涛　编著

哈尔滨工程大学出版社

北京航空航天大学出版社　北京理工大学出版社
哈尔滨工业大学出版社　西北工业大学出版社

内容简介

本书针对国防项目的特点，结合现代项目管理理念与知识框架，系统地介绍了国防项目管理的流程、知识与方法，并结合国防项目实践，按照国际项目管理的规范流程，以实际案例说明了国防项目管理的应用过程与程序。全书共分5章，主要包括：国防项目管理概述、国防项目组织与团队管理、国防项目管理工作流程、国防项目管理工作方法、国防项目管理应用案例。本书各章均配有习题，便于学生对每章知识点进行巩固，配备的一些案例便于学生进行国防项目管理综合应用的案例讨论，有利于拓展学生的思维和提高其实际应用能力。

本书的特点是注重现代项目管理理论、国际项目管理的规范做法与国防项目的特点和管理实际的结合，注重国防项目管理工作流程及工作方法的系统介绍，注重理论方法在实际案例中的具体应用，同时注重国防项目管理知识的系统性和实际应用案例的完整性。本书是国防科工委"十一五"国防特色学科专业规划教材，可作为本科生和研究生的教材，也是国防项目管理人员和工程技术人员必备的参考用书，也可供项目管理的爱好者自学之用。

图书在版编目(CIP)数据

国防项目管理/白思俊，郭云涛编著．—哈尔滨：哈尔滨工程大学出版社，2009.9
ISBN 978-7-81133-505-7

Ⅰ.国… Ⅱ.①白…②郭… Ⅲ.国防建设-项目管理-中国 Ⅳ.E25

中国版本图书馆CIP数据核字(2009)第149235号

国防项目管理

白思俊 郭云涛 编著
责任编辑 张忠远 马静怡

*

哈尔滨工程大学出版社出版发行
哈尔滨市南岗区东大直街124号 发行部电话：0451-82519328 传真：0451-82519699
http://press.hrbeu.edu.cn E-mail:heupress@hrbeu.edu.cn
黑龙江省教育厅印刷厂 各地书店经销

*

开本：787×960 1/16 印张：16.75 字数：339千字
2009年9月第1版 2009年9月第1次印刷 印数：1000册
ISBN 978-7-81133-505-7 定价：36.00元

序

现代项目管理的发展与应用已经使项目管理的管理模式与理念具有了更为广泛的影响，就像系统工程教给我们一种系统思维问题的方法一样，项目管理已经变成了一种系统做事的方法。项目管理的核心理念“以客户为中心”“以目标为导向”和“以计划为基础”，已成为项目管理得以广泛应用的基础。项目管理方式的“程序化、动态化、体系化、可视化”特征，保证了项目管理做事的系统性。项目管理所强调的“优化组合、动态管理”进一步明确了项目实施过程的手段，“利益相关者的满意”成为了项目管理成功的主要目标。

国防项目具有技术含量高、系统复杂、时效性强、风险大、协作配套要求严格、规模日益扩大的特点，国防军工部门对项目在质量、工期、投资等方面的要求也越来越高。迫切需要引入先进的管理方法，需要在管理科学化与民主化的基础上，实现管理方法、管理技术和管理手段的现代化。因此，深入探讨如何对国防项目进行科学管理，尽快建立国防项目管理模式显得尤为重要和紧迫。国防项目的有效组织和管理控制已成为决定国防项目生命力的关键，只有实施科学管理，才能够确保国防项目的顺利实施。

项目管理起源于工程和工程管理领域，但是现代项目管理却是大型国防型号工程发展所带来的结果，项目管理也被誉为美国国防工业对当代管理科学最重要的十三项重大贡献之一。20世纪40年代，美国把研制第一颗原子弹的任务作为一个项目来管理，命名为“曼哈顿计划”，并提出用“横道图计划”进行项目的进度规划和控制，这是一种直观表达进度计划的形式。20世纪50年代，美国在“北极星”导弹的研制中提出了一种叫做“计划评审技术”的控制进度的先进方法，使得“北极星”导弹的研制缩短了两年时间。20世纪60年代，美国NASA在“阿波罗计划”中，开发出了著名的“矩阵组织管理技术”，给传统的职能组织形式带来了变革的活力。当今在西方国家，国防项目的实施已经形成了比较完善的项目管理模式。现代项目管理方法及国际项目管理的通用做法对于提高我国国防项目的管理水平及项目的成功率具有重要的实际意义，努力提高我国国防项目管理水平已逐步成为管理层的共识。国防项目管理作为现代项目管理应用的主要领域，对国防项目的实施提供了一种有力的组织管理形式，改善了人们利用各种人力、资源和费用的计划、组织、执行和控制方法。

本书是一本符合我国国防项目建设需要的专业化书籍，它结合国防项目管理的特点，对国防项目管理的全过程进行了系统分析，涉及到国防项目管理中的各种问题，如项目的组织管理、项目管理的工作流程、项目管理的工作方法等，符合国防项目管理的实际需要。本书结合现代项目管理理念与知识框架，系统地介绍了国防项目管理的知识领域、工作流程和工作方法，并结合国防项目实践，以实际案例说明了国防项目管理的应用过程与程序，因此，本书对于国防项目管理实践者来讲不失为一本很好的参考书籍。对于教学的使用来讲，书中各章配备有练习题，便于学生对每章知识点进行巩固，配备的案例亦便于学生进行国防项目管理综合应用的案例讨论，有利于拓展学生的思维和提高其实际应用能力。

本书的特点是将现代项目管理理论、国际项目管理的规范做法与国防项目的特点和管理实践相结合，注重国防项目管理工作流程及工作方法的系统介绍，注重理论方法在实际应用案例中的具体应用过程，同时注重国防项目管理知识的系统性和实际应用案例的完整性。本书是一本符合国防特色专业需要的专业化教材，既注重内容的全面性又突出行业特点，既注重理论知识的系统阐述又结合工程实践突出应用创新。该书具有针对性强、体系完善、理论结合实际的特点，对科学有效地进行国防项目管理具有较强的实际指导意义。

希望国防建设领域的项目管理工作者们努力提高国防项目管理的知识水平和应用能力，为我国的国防事业发展和国防项目管理水平的提高作出更大的贡献！

中国(双法)项目管理研究委员会主任委员

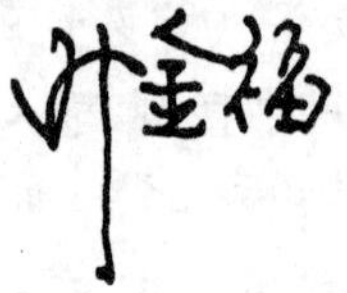

2009年5月18日

前 言

本书是国防科工委“十一五”国防特色学科专业规划教材，全书共分为5章。第1章为国防项目管理概述，在介绍现代项目管理的发展、概念、特点以及体系框架的基础上，介绍了国防项目管理的发展过程、国防项目特点、国防项目管理的概念以及国防项目生命周期及其核心工作；第2章为国防项目组织与团队管理，介绍了国防项目组织管理形式、国防项目团队管理以及国防异地协同项目管理的组织模式；第3章为国防项目管理工作流程，从国防项目全寿命周期的角度，对国防项目预研与论证、计划与控制、定型、试用、使用、退役与后评价的工作内容和工作流程等进行了阐述；第4章为国防项目管理工作方法，从项目管理全范围的管理职能要素角度，介绍了国防项目管理主要管理职能要素的管理内容、管理方法和管理过程，包括目标与范围管理、进度管理、费用管理、质量管理、风险管理、技术状态管理、采办与合同管理、更改管理以及信息、安全与保密管理；第5章为国防项目管理应用案例，主要介绍了三个案例：型号国际合作项目管理案例、型号研制项目风险管理案例和航天企业项目化管理实用案例。

本书由西北工业大学管理学院白思俊、郭云涛担任主编，第1章由白思俊、郭云涛编写，第2章由张美璐编写，第3章由曾戈君编写，第4章由郭云涛、杨启昉、张美璐编写，第5章由朱宏超、尚志、金勇、赵志纲、郭云涛编写。全书由白思俊、郭云涛负责统稿，张美璐、郭云涛负责校对和文字处理工作。

本书由西北工业大学管理学院杨乃定教授和北京航空航天大学管理学院魏法杰教授担任主审，在审定过程中专家提出了很好的修改意见，在此表示诚挚地感谢。

本书是国防专业本科及研究生项目管理教材，可作为国防项目管理人员和工程技术人员必备的参考用书，也可供项目管理的爱好者自学之用。

本书在编写过程中，参阅并吸收了大量资料和公开发表的有关人员研究成果，已尽可能详细地一一列出，在此对他们的工作、贡献表示衷心的感谢。国防项目管理是一门不断发展的实践性很强的交叉学科，由于我们水平有限，书中错误或疏漏之处在所难免，敬请专家、读者批评指正。

编者

2009年8月

目 录

第1章 国防项目管理概述

国防科技工业是项目管理应用的主要领域之一，也是较早开展项目管理的行业，现代项目管理的产生与应用开始于大型国防工业。本章在介绍现代项目管理的理念、特点与核心内容的基础上，主要介绍了国防项目管理的发展过程、特点及其生命周期阶段与工作内容。

1.1 项目管理的发展

1.1.1 项目管理的产生、发展与应用

项目管理作为一种管理活动，其历史源远流长，自从人类开始进行有组织的活动，就一直在执行着各种规模的项目。在古代，人们就进行了许多项目管理方面的实践活动，如我国的长城、埃及的金字塔、古罗马的供水渠等不朽的伟大工程都是历史上古人运作大型复杂项目的范例。工程领域的大量实践活动极大地推动了项目管理的发展，人们在长期的工程项目实践过程中总结了一系列的经验和做法，包括一些关于项目工期、成本等专项管理方面的思想和方法，例如，我国唐代就已经有了夯筑城台的定额——功，我国北宋李诫所著的《营造法式》一书中的“料例”和“功限”就是我们现在所说的“材料消耗定额”和“劳动消耗定额”。因此，传统的项目管理的概念主要起源于建筑行业，这是由于在早期的人类社会实践中，建筑项目的组织实施过程相对其他项目来说表现得更为复杂。

随着社会进步和现代科技的发展，项目管理也得以不断地完善，同时项目管理的应用领域也不断扩充，现代项目管理的真正发展可以说是大型国防工业发展所带来的必然结果。第二次世界大战的爆发使战争需要新式武器，这些从未做过的项目接踵而至，不但技术复杂，而且参与人员众多，时间又非常紧迫，因此，人们开始关注如何有效地实行项目管理来实现既定目标，并使其逐步发展成为主要的管理手段之一。因此，现代项目管理通常被认为是第二次世界大战的产物，美国研制原子弹的“曼哈顿计划”、美国海军的“北极星导弹计划”与美国军方的“阿波罗登月计划”等，是推动现代项目管理产生与发展的基本背景。20世纪四五十年代，项目管理主要应用于国防和军工项目。例如，美国把研制第一颗原子弹的任务作为一个项目来管理，命名为“曼哈顿计划”。美国退伍将军莱斯利·R·格罗夫斯在后来写的回忆录《现在可以说了》中详细记载了这个项目的始末。

20世纪40年代中期到60年代，项目管理的方法和工具获得了很大发展，我们现在使用的多数项目管理的方法和技术几乎都是在这个时期开发出来的，其中主要的是在20世纪五六十

年代由美国国防部(Department of Defence,DOD)和航空航天局(National Aeronautics and Space Administration,NASA)等发达国家的国防工程管理部门创造的。例如,关键路线法(Critical Path Management,CPM)和计划评审技术(Project Evaluation and Review Technique,PERT)、矩阵式组织结构(Matrix Organizational Structure)、工作分解结构(Work Breakdown Structure,WBS)、挣值管理(Earned Value Management,EVM)、项目生命周期方法(Project Life Cycle,PLC)和配置管理方法(Configuration Management)。20 世纪 60 年代这些方法在由 42 万人参加、耗资 400 亿美元的“阿波罗载人登月计划”中应用并取得巨大成功。项目管理的突破性成就就出现在这个时期,项目管理成为了一种科学的系统工作方法。

20 世纪 70 年代项目管理在新产品开发领域中扩展到了中型企业,到了 20 世纪 70 年代后期和 80 年代,愈来愈多的中小企业也开始引入项目管理,将其灵活地运用于企业管理的各项活动中,项目管理技术及其方法也在此过程中逐步发展和完善。此时,项目管理已经被公认为一种有生命力并能实现复杂的企业目标的良好方法。

20 世纪 90 年代以后,随着信息时代的来临和高新技术产业的飞速发展并成为支柱产业,项目的特点也发生了巨大变化,管理人员发现许多在制造业经济下建立的管理方法到了信息经济时代已经不再适用。制造业经济环境下,强调的是预测能力和重复性活动,管理的重点很大程度上在于制造过程的合理性和标准化。而在信息经济环境里,事务的独特性取代了重复性过程,信息本身也是动态的、不断变化的。灵活性成了新秩序的代名词,人们很快发现实行项目管理恰恰是实现灵活性的关键手段。人们还发现项目管理在运作方式上最大限度地利用了内外资源,从根本上改善了中层管理人员的工作效率。于是纷纷采用这一管理模式,并成为企业重要的管理手段。这一时期项目管理逐步发展成为一门独立的学科体系,成为现代管理科学的重要分支。

实践证明,项目管理是一种特别适用于那些责任重大、关系复杂、时间紧迫、资源有限的一次性任务的管理方法。目前在世界各国,项目管理不仅普遍应用于建筑、航天、国防等传统领域,而且已经在电子、通信、计算机、软件开发、制造业、金融业、保险业甚至政府机关和国际组织中成为其运作的中心模式,比如 AT&T,Bell,USWest,IBM,EDS,ABB,NCR、花旗银行、摩根士丹利、美国白宫行政办公室、美国能源部、世界银行等在其运营的核心部门都采用项目管理模式。

我国现代项目管理的发展最早起源于 20 世纪 60 年代华罗庚推广“统筹法”的结果,现代项目管理学科的形成就是由于统筹法的应用而逐渐形成的。当时,华罗庚教授引进和推广了网络计划技术,并结合我国“统筹兼顾,全面安排”的指导思想,将这一技术称为“统筹法”。当时华罗庚组织并带领小分队深入重点工程项目中进行推广应用取得了良好的经济效益。我国项目管理学科的发展就是华罗庚推广“统筹法”的结果,中国项目管理学科体系也是由于统筹法的应用而逐渐形成的。20 世纪 80 年代,现代化管理方法在我国的推广应用,进一步促进了统筹法在项目管理过程中的应用,使项目管理有了科学的系统方法。但当时项目管理主要应用在国防和建筑业,其任务主要强调项目在进度、费用与质量三个目标上的实现。

1984 年,在我国利用世界银行贷款建设的鲁布革水电站饮水导流工程中,日本建筑企业运用项目管理方法对这一工程的施工进行了有效管理,取得了很好的效果,这给我国当时整个投资建设领域带来了很大的冲击,人们确实看到了项目管理技术的作用。基于鲁布革工程的经验,1987 年国家计委、建设部等有关部门联合发出通知,要求在一批试点企业和建设单位采用项目管理施工法,并开始建立中国的项目经理认证制度。1991 年建设部提出把试点工作转变为全行业推进的综合改革,全面推广项目管理和项目经理负责制。比如在二滩水电站、三峡水利枢纽建设和其他大型工程建设中,都采用了项目管理这一有效手段,并取得了良好的效果。

1991 年 6 月,在西北工业大学等单位的倡导下,我国成立了第一个跨地区、跨行业的项目管理专业学术组织——中国优选法统筹法与经济数学研究会项目管理研究委员会(Project Management Research Committee, China, PMRC),PMRC 的成立是中国项目管理学科体系开始走向成熟的标志。PMRC 自成立至今,做了大量开创性工作,为推动我国项目管理事业的发展和学科体系的建立,为促进我国项目管理与国际项目管理专业领域的沟通与交流起了积极的作用,特别是在推进我国项目管理专业化与国际化发展方面,起到了非常重要的作用。目前,许多行业也纷纷成立了相应的项目管理组织,如中国建筑业协会工程项目管理委员会、中国国际工程咨询协会项目管理工作委员会、中国工程咨询协会项目管理指导工作委员会等,都是中国项目管理得到日益发展与应用的体现。

1.1.2　项目管理学科的发展

1.项目管理学科的发展过程

尽管人类的项目管理实践可以追溯到几千年前,但将项目管理作为一门科学来研究的历史并不长。国际项目管理协会是世界上第一个专业性国际组织,于 1965 年成立,至今不过 40 多年的时间。经过这 40 多年的努力,目前国际专业人士对项目管理的重要性及基本概念已有了初步共识。

20 世纪 40 年代人们开始针对项目的特点探索其规律性,并研究具有普遍适用性和可重复性的管理方法。网络计划技术等方法的问世及其在项目管理实践中得到的普遍应用,标志着科学化的项目管理时代的到来。为区别于过去的经验式管理,人们把这种科学化的项目管理称为现代项目管理(Modern Project Management, MPM)。现代项目管理在早期相当长的一段时间内主要集中在系统论思想在大型复杂项目管理中的应用探索,即如何将抽象的系统理论结合工程学思想形成对项目具有普遍适用性的系统管理方法。随着项目规模越来越大,涉及专业越来越广泛,项目内部关系越来越复杂,项目过程具有了很大的不确定性,项目的独特性表明项目是一种特殊的活动过程,总体而言是一次性的,过程本身通常也是不可逆的。由于过程的不确定性,给项目目标的实现带来很大的不确定性,原有的管理方法已经不能满足管理好项目的需要，因此，项目管理引入了目标管理的方法和理念，通过目标管理来降低项目过程的不确定性所带来的负面影响，以目标为导向解决问题。以目标为导向意味着目标是明确的，但实现目标的手段是可以选择的。

到了20世纪80年代，信息技术的迅猛发展和全球化的加剧使这个世界充满变化。在复杂多变的环境下，项目管理也面临着严峻的挑战，很少项目能按照原定的目标不进行任何变化就能完成，这使项目目标本身的不确定性加剧。如何对不确定性的目标进行有效管理，成为变化的环境下项目管理的首要问题，项目管理进入了一个新的发展阶段，称为新项目管理（New Project Management，NPM），而之前的阶段称为传统的项目管理（Traditional Project Management，TPM）。在相对稳定的环境中项目管理的工作重点是针对项目一次性的特点探索有效保障项目目标实现的方法，项目的目标包括成果性目标和时间、费用、质量等约束性目标，因此项目管理所追求的目标通常可表述为“按时在特定预算内完成预定的性能指标”。项目目标通常是明确而具体的，项目管理关注的中心任务就是如何有效地实现这一目标，因而需要解决好“做什么”“谁来做”以及“怎么做”等问题，也就是计划的问题。由于计划的本质是对未来工作进行安排，而在相对稳态的环境中，未来的可预测性较高，计划执行过程中的变化也较少，因此计划制订的好坏成为项目成功的关键，计划管理成为这一时期项目管理的核心内容。但在瞬息万变的市场环境中，对变化的管理成为新项目管理关注的焦点。在经验式项目管理阶段，项目成功的标准是获得预期的项目成果，而取得项目成功所依靠的主要是管理者的经验；在传统的项目管理阶段，项目成功的标准则是实现预定的项目目标，除项目的成果性目标外，更多地关注了项目约束性目标的实现，而实现目标所依靠的主要是科学的方法；在新项目管理阶段，项目成功的标准是使项目利益相关者满意，让项目利益相关者满意意味着评价项目成功的标准不再拘泥于某些预先设定的具体目标的实现，这些目标本身也可能是随着环境的变化而变化的。

现代项目管理的发展源于科学地管理项目这类一次性任务的需要，因此，现代项目管理总体上表现为一种以目标为导向的系统思维方式和针对项目的特点在长期实践过程中总结提炼出来的一系列过程、方法和工具。随着现代项目管理方法的推广应用及市场环境的快速变化，需要从长期性组织层面探索项目管理的模式与机制问题。因为现代项目管理方法在项目中的应用离不开项目所依存的上级组织的管理运行平台的支撑，也就是说项目层次的现代项目管理理念与方法的推行没有上级组织相应的管理模式和机制支持是行不通的。为此在长期性组织中推行现代项目管理方法以便于科学地管理好项目，需要探索长期性组织和与之相适应的管理模式与运行机制问题。伴随着科学技术的飞速发展、市场竞争的日益激烈和客户需求的日趋个性化，快速变化环境中长期性组织的任务日趋“项目化”，如何构建一种基于项目的能够动态整合组织内外资源以应对外部环境的快速变化的有效机制成为长期性组织的迫切需求。于是在20世纪90年代初，提出了长期性组织项目化管理（Management By Project，MBP）的概念，项目化管理是一种长期性组织的管理方法，其核心是通过项目来实现长期性组织的战略。因此，现代项目管理的研究对象由项目这类一次性任务扩展到了变化环境中的长期性组织，这里的长期性组织包括企事业单位和政府部门等，现代项目管理的内容也由单纯的对项目的管理(Management of Project, MOP)拓展到了组织的项目化管理(MBP)。

2.项目管理学科发展的特点

当前项目管理学科的发展有以下三个特点：

(1)项目管理的全球化发展。知识经济时代的一个重要特点是知识与经济发展的全球化，竞争的需要和信息技术的支撑促进了项目管理的全球化发展，主要表现在国际间的项目合作日益增多、国际化的专业活动日益频繁、项目管理专业信息的国际共享等。项目管理的全球化发展既为我们创造了学习的机遇，也给我们提出了高水平国际化发展的要求。

(2)项目管理的多元化发展。由于人类社会的大部分活动都可以按项目来运作，因此当代的项目管理已深入到各行各业，以不同的类型、不同的规模出现，这种行业领域及项目类型的多样性，导致了各种各样项目管理理论和方法的出现，从而促进了项目管理的多元化发展。

(3)项目管理的专业化发展。项目管理的广泛应用促进了项目管理向专业化方向发展，突出表现在项目管理知识体系(PMBOK)的不断发展和完善，学历教育和非学历教育竞相发展，各种项目管理软件开发及研究咨询机构的出现等。应该说这些专业化的探索与发展，也正是项目管理学科逐渐走向成熟的途径与标志。

3.项目管理学科发展的趋势

(1)项目管理学科的主体是应用项目学，应用项目学的主体是微观项目管理。任何学科的发展都离不开时代背景，都受客观环境的制约。当今时代尽管有各种各样的项目，对项目的管理也有各种层次，但最基本的是单一项目的管理，也就是我们所说的微观项目管理。这种单一项目是国民经济发展的细胞。它们的数量、类别、复杂程度、规模大小和周期长短都综合反映了一个国家的经济发展程度和科技发展水平。因此微观项目管理从大的方面说，是关系到国民经济发展的重要因素；从小的方面来说，是各个项目相关单位兴衰、存亡的关键。这也是为什么微观项目管理在国内外项目管理专业领域受到特别重视的原因。

(2)世界各国研究的PMBOK是当前项目管理学科发展的重要内容。从20世纪80年代以来，世界各国专业人员与组织纷纷提出了PMBOK的问题，PMBOK之所以受到专业学术领域如此重视，其最主要的原因在于它跨越了行业的界限。它归纳出的项目管理体系，是各行各业的项目管理人员所必需的基本知识。就像网络计划技术可以适用于各行各业的计划管理一样，PMBOK总结归纳出的知识体系也可以适用于各行各业，应用这一知识体系，对提高项目管理专业人员的水平有极大的促进作用。知识体系与专业资格认证的结合从某种意义上说也反映了知识经济时代的特点。

(3)项目管理学科是知识创新与市场相结合的综合化发展。随着世界经济由工业经济向知识经济的转变，人们对劳动价值的衡量与评价也发生了变化。在知识经济时代，人们将知识通过创新劳动转化为产品，投向市场，从而产生经济效益，其中极其重要的实现方式就是通过执行各种各样的项目。因此项目管理学科的研究也将在知识、创新和市场的综合发展中逐步发展成熟。

(4)项目管理是科学、技术和艺术相结合的产物。有越来越多的迹象表明，项目管理专家们正以极大的兴趣关注着所谓项目的"软"问题，诸如项目过程中的思维、行为、情感、适应性，项目管理中的交叉文化问题，项目经理的领导艺术等。因此有人说，项目管理是将思想转化为现实，将抽象转化为具体的科学和艺术。

4.项目管理学科在双向探索中发展

自20世纪50年代末60年代初，学术界与各有关专业人士对项目管理的研究基本上在向两个方向努力。一个方向是探讨本学科在项目管理中有无用武之地，如何将本学科领域的专业理论、方法应用于项目管理，如计算机、控制论、模糊数学等。另一个方向则是探讨如何把项目管理的理论、方法应用到本行业中去，如建筑业、农业、军事工业以及近几年呼声很高的IT行业等。

这种双向探索尽管都是出于外界的需求，但却极大地促进了项目管理自身的发展，这使得项目管理也在向两个方向发展。一是向学科化方向发展。项目管理在吸收各学科的有用部分，逐渐形成一些自己独立的内容体系。如美国PMI于1986年提出的项目管理知识体系(PMBOK)，国内外大学所建立的学士、硕士、博士学历教育体系、成人教育的课程体系等。另一方面，为了适应各行业发展的需要，项目管理学科也正在向实用化方向发展，包括各种方法、工具、标准、法规等。如1992年我国的GB/T 13400.1 ~ 13400.3—92"网络计划技术"，国际标准化组织于1997年推出的ISO10006"质量管理—项目管理质量指导"以及各种计算机应用软件系统等。这种跨行业、跨专业、有理论、有实践的学科发展，进一步促进了项目管理专业学科——"项目学"的建立和发展。

5.项目管理知识体系

项目管理知识体系(Project Management Body of Knowledge)的概念是在项目管理学科和专业发展进程中由美国项目管理协会(Project Management Institute，PMI)首先提出来的，这一术语是指项目管理专业领域中知识的总和。

项目管理是管理科学的一个分支，其涉及的知识极为广泛，同时又和与项目相关的专业技术领域密不可分。目前国际项目管理界普遍认为，项目管理知识体系的知识范畴主要包括三大部分，即项目管理所特有的知识、一般管理的知识及项目相关应用领域的知识。从图1.1可以看出，项目管理学科的知识体系与其他学科的知识体系在内容上有所交叉，这符合学科发展的一般规律。通常，一个学科和专业的知识体系可能包括一些已被其他学科和专业所包含但仍为本专业人员普遍接受的知识领域。但是，作为一门独立的学科和一个独立的专业，必须有其独特的知识体系，这个知识体系既不是另一专业知识体系的翻版，也不是一些其他专业知识体系内容的简单组合。比较典型的情况是，一个专业的知识体系与其他专业知识体系虽然在内容上有所重叠，但它必须拥有与本专业领域相关的独特的知识内容。显然，项目管理所特有的知识是项目管理知识体系的核心。

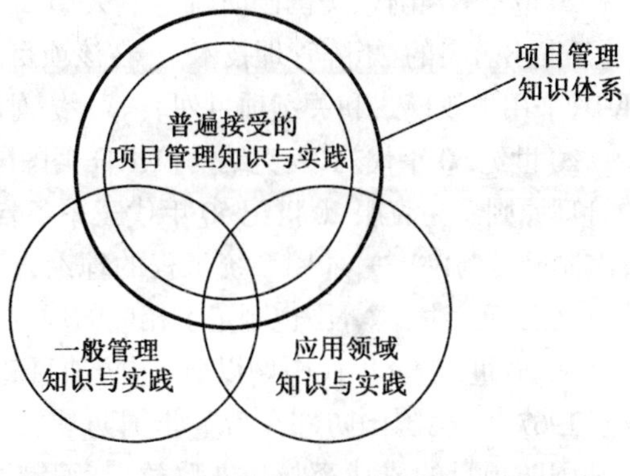

图1.1　项目管理知识体系知识范畴示意图

就PMBOK的概念来讲，应包括全部与项目管理专业领域相关的知识。但由于项目管理是一门实践性强的交叉学科，又涉及不同应用领域中各具特色的项目，加之学科和专业本身不断发展的特性，要建立一个"完全"的PMBOK几乎是不可能的。因而，各国项目管理知识体系的研究与开发的核心是解决好三个关键问题，即"为什么要建立PMBOK"、"哪些知识应包括在PMBOK中"、"如何将这些知识组织成为一个有机的体系"，这实质上就是在明确建立PMBOK的"目的"的基础上，解决好知识体系的"范畴"和"结构"问题。

2001年中国(双法)项目管理研究委员会在其成立10周年之际正式推出了《中国项目管理知识体系》(C-PMBOK)，其知识范畴限定为项目管理的共性知识，即"普遍接受的项目管理知识与实践"，但在其体系结构上已考虑了包容其他领域知识的问题。2006年C-PMBOK 2.0正式出版。

1.2　国防项目管理的发展

1.2.1　国外国防项目管理的发展

现代项目管理最早由美国军方创立，是随着第二次世界大战时致力于作战任务的军事战术特编组织的出现而诞生的。到20世纪50年代，这种方法以海军的"特种计划办公室"和空军的"西方发展部"的面貌，在国防项目管理的舞台崭露头角，由于其效果良好，很快在军内外普遍推广应用，被誉为"美国国防部对当代管理科学与实践的13项重大贡献"之一。美国海军的"北极星计划"和国防航空航天局(NASA)的"阿波罗登月计划"是项目管理的成功例子。

20世纪50年代，美国海军在"北极星潜艇计划"中，利用计算机管理开发出计划评审技术(PERT)，这一技术的出现被认为是现代项目管理的起点。在"北极星计划"采用PERT的四年里，美国《财富》杂志列出的500家最大的公司中有108家建立或正在筹建PERT管理系统，同时美国军方在其他项目中还开发了武器系统费效分析方法等技术。

20世纪60年代,美国国防航空航天局(NASA)在“阿波罗计划”中,通过立项、规划、评价、实施,开发出著名的“矩阵管理技术”。在该项目的实施中,工程管理人员将风险管理运用于项目管理中,采用失效模式和关键项目列表等方法对阿波罗飞船进行风险管理,取得了巨大成功。

20世纪60年代初,麦克纳马拉出任美国国防部部长,提出了“集中指导与分散实施相结合”的管理原则。为克服20世纪50年代三军各自为政的混乱状况,实施了统一的“规划、计划和预算编制制度”(PPBS),采用系统工程的理论方法,统筹规划国防和武器装备建设,减少了重复浪费。之后,英、法、德等国也制定了相应的规划计划预算制度,对国防资源进行系统配置。

在20世纪60年代中期以前,国防项目超概算和拖进度的现象十分普遍,而且数额十分巨大。1967年,美国国防部在借鉴非国防项目成本进度控制成功经验的基础上,总结了多年来管理国防项目的成功经验和失败教训,编制了“成本进度控制系统”的基础性文件——“成本/进度控制系统准则”,并在当年以美国国防部7000.2号指令的形式正式执行。在此之后该方法在英、法、澳大利亚、日本等国得到推广,成为成本进度控制的广泛法则。

在20世纪70年代初期,为适应国防项目尤其是重大国防项目管理的需要,美国国防部颁布了著名的“5000系列文件”——《重大防务系统的采办》,在该文件中,美国国防部将整个国防项目管理生命周期分为三个阶段。在随后的30多年中,该文件经过多次修订和完善,目前已经成为美国国防项目管理人员的重要指南。其他国家也制定了相似的文件,对国防项目的研制阶段进行划分,并制定了相应的里程碑制度。

进入20世纪80年代,项目管理作为一种新兴的管理技术得到了迅速的发展。1983年,美国国防部国防系统管理学院组织编写了《系统工程管理指南》一书。从1986年起,根据帕卡德委员会的建议,美国国防部建立以国防采办执行官为首的项目管理体系。该体系根据项目的需要来设置,以实现对国防高技术项目的专业化管理,提高管理效率。

由于国防项目的复杂性和综合性大大提高,从20世纪90年代中期开始,美国开始提倡在项目办公室中采用一体化项目小组的管理方式。英国根据《战略防务审查》提出的“精明采办”要求,在国防采购局中组建了若干个一体化项目小组,每个一体化项目小组负责一个或几个项目的全寿命管理。法国在项目管理的实践中,探索出了项目管理与技术管理相结合的矩阵式组织形式,建立了跨学科的一体化项目小组,实行对项目的全面管理。

近几年来,随着信息技术的发展,各国对国防项目管理制度都进行不同程度的改革,以适应国防高技术项目的需要。美国提出了“渐进式采办”和“螺旋式采办”的概念,注重对装备的不断更新,以适应装备技术发展的需要。在管理方式上,将信息技术应用于项目管理中,形成了CALS、电子化采购等方式,大大提高了管理效率。

1.2.2　我国国防项目管理的发展

1.我国国防项目管理的发展过程

我国国防项目管理的发展经历了三个阶段。

(1)萌芽阶段(十一届三中全会以前)。我国国防项目管理萌芽是钱学森先生提出的推广系统工程的理论和方法,进行重大科技工程的项目管理。20世纪60年代的导弹研制项目,引进了国外的网络评审技术、规划计划预算系统、工作分解结构等项目管理计划,形成了一套具有我国特色的项目组织管理理论。20世纪70年代,我国在国防项目管理中陆续引入了全寿命管理、一体化后勤管理等方法,并在一些大型工程中使用系统工程管理方法。但是,这个阶段所有的国防项目都是计划任务,由工业主管部门对项目进行全面管理,这种高度的计划性在保证对项目实施有效的行政管理的同时,整个项目管理主要是围绕项目生产过程的技术管理进行,但由于经验不足,没有对整个项目的过程进行全面的质量控制,忽略了对项目成本、进度的管理,表现出系统性、全面性的不足。

(2)形成阶段(十一届三中全会后至1998年)。在这个时期,普遍实行指令性计划下的合同制,对进度、成本和质量的要求促使国防项目管理进入了多维管理的阶段。为在时间进度、保障条件、资金运筹等方面进行及时有效的协调平衡,在国防项目的研制过程中全面引入了项目管理的方法。在一些国防项目中推行系统工程,实行矩阵式管理,并通过翻译《武器装备研制管理译丛》等引进了国外的国防项目管理方法,制定了项目的研制程式,将整个研制过程分为若干个阶段,通过分阶段管理,确保项目低风险、有计划、按步骤地从一个阶段过渡到另一个阶段,从而使项目沿着高效、经济、快速的轨道运行。

(3)快速发展阶段(1998年至今)。随着装备建设发展的需要和市场经济环境的逐步建立,越来越多的科学管理方式被引入到武器装备建设的管理中,其中项目管理作为一种按工期、预算和要求去优质完成任务的技术与方法,对具有投入大、难度高、周期长等特点的武器装备采办项目是非常合适的。1998年成立总装备部、新国防科工委,在此基础上组建十一大军工企业集团,我国的国防项目管理引进了国外的先进管理思想,实行全系统全寿命管理,装备管理部门对一些重大项目设立型号办公室,加强对装备研制和生产的全寿命管理。各部门都开始对国防项目管理理论进行全面的研究,并在实践中不断完善。

2.我国国防项目管理的经验

我国国防项目管理经过几十年的探索,形成了不少有益的经验,有力地促进了项目的顺利进行,归纳起来主要有以下几点。

(1)实行了“三坐标”论证,“四坐标”管理。“三坐标”论证是在项目总体方案的基础上,按照系统的网络图进行经济承包，从技术、进度和经济三要素进行论证。一经“三坐标”论证方案敲定，就要实施“四坐标”管理。“四坐标”管理是在项目研制管理过程中，针对技术、行政、经济和质量四条线，相应建立行政总指挥系统、总设计师系统、总会计师系统和总质量师系统。

(2)开展了矩阵管理。在职能机构里，设立了以型号和预研项目为龙头的办公室，负责对工程项目实施技术抓总、协调、检查和督促等综合性工作，该组织形式不打破原有纵向职能，只突出工程的横向协调作用，这种矩阵管理从机关延伸到基层，并向左右、内外扩延，形成不同层次的全方位交叉网络组织。

(3)建立了总体设计部。在型号研制中，创建了总体设计部，并通过它进行了强有力的技术抓总和协调，取得了明显的成效。总体设计部是型号研制的技术总参谋部，是总设计师的直接助手和办事机构，承担技术抓总、技术协调和技术配套等重要技术工作。其主要职责：

①综合应用现代化最新科学技术成果于一体。国防技术之所以称为尖端技术，主要是表现在大规模的技术综合上。如型号设计是从型号实际出发，解决各种科学技术成果用在型号上的兼容性，没有这种总体的综合，就难以保证整体功能的实现。

②从整体目标优化去考虑、处理问题，而不是追求某一系统、某一单机、某一部件的单项指针先进。当然，也不可能要求什么指针都先进，而必须从现实的可能，合理地选择与组合，以求得整体性能最佳。

③保证技术协调。由于国防具有技术复杂性和研制过程各种因素的多变性，因此，适时地进行技术协调与控制显得特别重要。这种协调与控制涉及各种专业技术，总设计师与几位副总设计师难以应付。这就需要有一支熟悉各分系统专业的技术队伍来承担这一工作。

(4)在型号研制中创立了“四个三结合”。“四个三结合”包括引进、消化、创新三结合，设计、生产和使用三结合，技术人员、工人和干部三结合，技术工作、管理工作和思想政治工作三结合。“四个三结合”对我国的国防项目的研制发展起重要的作用。

“引进、消化、创新”三结合从指导思想上解决了我国国防项目的发展道路问题，这一“三结合”是指在引进装备的同时，更要注重引进技术，并加以消化吸收，进行模仿创新，然后推陈出新，设计生产出更好的装备。

“设计、生产、使用”三结合体现了我国国防项目的管理思想，其根本是让设计人员在设计阶段就充分了解使用部门的需求和生产部门的生产能力，充分了解上上下下各方面对型号的考虑，把需求同可能相结合，最大限度地寻求最优方案。

“干部、工人、技术人员”三结合，是研究、设计和生产等关键阶段决策的重要方法，充分体现了干部、工人和技术人员作为管理主体的作用，对调动人的积极性，全面了解和认识事物，实现科学决策具有重要意义。

“技术工作、管理工作和思想政治工作”三结合是我国国防项目项目管理的又一个特色，它把政治思想工作融入到了技术工作和管理工作之中，在某种程度上为项目营造了良好的政治思想环境和人际关系环境。

(5)按项目的研制程式,实行分阶段管理。建立了项目的研制程式,将整个研制过程分为六个阶段:论证阶段、方案阶段、工程研制阶段、设计定型阶段、生产阶段和使用保障阶段。每一个阶段结束后,要经过严格的评审,只有评审通过后,才能进入下一阶段。通过分阶段管理,可以确保项目低风险、有计划、按步骤地从一个阶段过渡到另一个阶段,从而使项目沿着高效、经济、快速的轨道运行。

1.3　现代项目管理简介

1.3.1　项目

1.项目的概念

项目,来源于人类有组织活动的分化。随着人类社会的发展,有组织的活动逐步分化为两种类型:一类是连续不断、周而复始的活动,人们称之为“作业(或运作)”(Operations),如企业日常生产产品的活动;另一类是临时性、一次性的活动,人们称之为“项目”(Projects),如企业的技术改造活动、一项环保工程的实施等。

美国项目管理协会(PMI)PMBOK(第3版)对项目的定义为:项目是为提供某项独特产品、服务或成果所作的一次性努力。

国际项目管理协会(IPMA)ICB3.0中对项目的定义为:项目是受时间和成本约束的,用以实现一系列既定的可交付物(达到项目目标的范围),同时满足质量标准和需求的一次性活动。

《质量管理——项目管理质量指南》(GB/T 19016—2000 idt ISO10006:1997)中将项目定义为:由一组有起止时间的、相互协调的受控活动所组成的特定过程,该过程要达到符合规定要求的目标,包括时间、成本和资源的约束条件。

综合来讲,项目是为实现特定目标而将被完成的一次性任务,它是一个组织为实现既定的目标,在一定的时间、人员和其他资源的约束条件下,所开展的满足一系列特定目标、有一定独特性的一次性活动。

这其中包含三层含义:

(1)项目是一项有待完成的任务,有特定的环境与要求。这一点明确了项目自身的动态概念,即项目是指一个过程,而不是指过程终结后所形成的成果。例如,人们把一个新图书馆的建设过程称为一个项目,而不把新图书馆本身称为一个项目;

(2)在一定的组织机构内,利用有限资源(人力、物力、财力等)在规定的时间内完成任务。任何项目的实施都会受到一定的条件约束,这些条件是来自多方面的,如环境、资源、理念等。这些约束条件成为项目管理者必须努力实现的项目管理的具体目标。在众多的约束条件中,

质量(工作标准)、进度、费用是项目普遍存在的三个主要的约束条件;

(3)任务要满足一定性能、质量、数量、技术指标等要求。项目是否实现,能否交付用户,必须达到事先规定的目标要求。功能的实现、质量的可靠、数量的饱满和技术指标的稳定是任何可交付项目必须满足的要求,项目合同对于这些均具有严格的要求。

在不同的项目中,项目内容可能会千差万别。但项目本身有其共同的特点,这些特点可以概括如下:

①项目由多个部分组成,跨越多个组织,因此需要多方合作才能完成;

②通常是为了追求一种新产物才组织项目;

③可利用资源事先要有明确的预算;

④有严格的时间界限,并公之于众;

⑤可利用资源一经约定,通常不再接受其他资源;

⑥项目的构成人员来自不同专业的不同职能组织,项目结束后原则上仍回原职能组织中;

⑦项目的产物及保全或扩展通常由项目参加者以外的人员来进行。

从上述项目的概念可以看到,项目的外延是广泛的。大到神舟飞船项目,小到组织一次会议之类的活动,均被称为一个项目。正像美国项目管理专业资质认证委员会主席 Paul Grace 所讲:“在当今社会中,一切都是项目,一切也将成为项目。”

2.项目的属性

项目的属性可归纳为以下六个方面。

(1)唯一性。又称独特性,这一属性是“项目”得以从人类有组织的活动中分化出来的根源所在,是项目一次性属性的基础。每个项目都有其特别的地方,没有两个项目会是完全相同的。项目的独特性是项目区别于运作的主要标志,相对于一般工业产品生产,项目具有独特的活动过程,整体上不具有重复性。

(2)一次性。项目具有独特性,而且是一种任务,一旦任务完成,项目即告结束,不会有完全相同的任务重复出现,即项目不会重复,这就是项目的“一次性”。但项目的一次性属性是对项目整体而言的,并不排斥在项目中存在着重复性的工作。

项目的一次性也体现在如下几个方面:

①项目——一次性的成本中心;

②项目经理——一次性的授权管理者;

③项目经理部——一次性的项目实施组织机构;

④作业层——一次性的项目劳务构成。

(3)多目标属性。项目的目标包括成果性目标和约束性目标。在项目过程中成果性目标都是由一系列技术指标来定义的,同时受到多重约束性目标的制约。项目利益相关者的多元性也导致了项目目标的多样性。项目的多个目标之间是相互协调、相互制约的。如图 1.2 所示，项目的总目标是多维空间的一个点，在项目执行过程中必须关注各目标之间的平衡，在使利益相关者满意的前提下，实现项目目标的最优化。

(4)生命周期属性。项目是一次性的任务，因此它是有起点和终点的。任何项目都会经历启动、开发、实施、结束这样一个过程，人们常把这一过程称为“生命周期”。项目的生命周期特性还表现在项目的全过程中启动比较缓慢，开发实施阶段比较快速，而结束阶段又比较缓慢的规律。

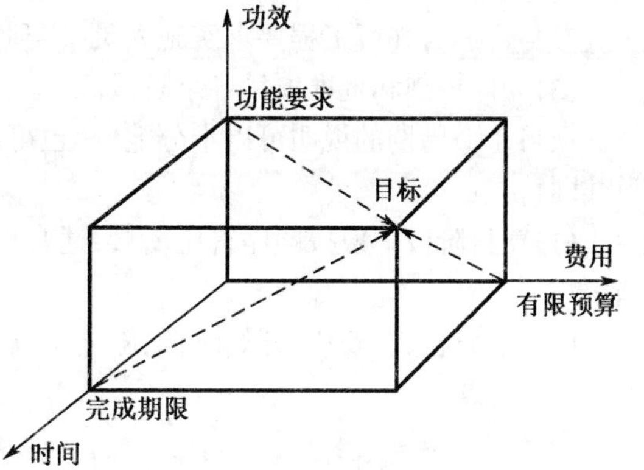

图 1.2　项目的多目标属性示意图

(5)相互依赖性。项目是由若干相互关联、相互依赖的子过程组成的整体，是一个相互关联的系统，各过程之间是相互影响、相互依赖的，如果只考虑某一阶段工作的优化，则整体不一定最优，因此要应用系统观点和方法来管理项目。

(6)冲突属性。项目管理中唯一不变的是变化，不确定性贯穿于项目整个生命周期，不确定性引起不一致性从而产生冲突。项目经理经常被描述成一个冲突经理，他的工作过程可以说是一个不断解决和协调冲突的过程。项目之间有为资源而与其他项目进行的竞争，有为人员而与其他职能部门进行的竞争。项目组成员在解决项目问题时，几乎一直是处在资源和领导问题的冲突中。

3.项目的生命周期

项目经理或组织可以把每一个项目划分成若干个阶段，以便有效地进行管理控制，并与实施该项目组织的日常运作联系起来。这些项目阶段合在一起称为项目生命周期。

项目生命周期确定了将项目的开始和结束连接起来的阶段。从项目生命周期的一个阶段转到另一个阶段通常是某种形式的技术交接或成果交接。一般前一阶段产生的可交付成果通常要接受是否已经完成和准确的审查，在验收之后才能开始下一阶段的工作。但如果认为对可能的风险可以接受的话，后一阶段可以在前一阶段交付成果通过验收之前开始。

项目生命周期的定义可以帮助我们区分项目开始到结束时的哪些行动包括在项目范围之内，哪些则不应包括在内。这样就可以用项目生命周期的定义把项目和项目实施组织的日常运作业务联系在一起。

目前没有确定项目生命周期的唯一最好的办法，一般项目生命周期通常对三方面作出规定：

(1)项目的各个阶段应当从事何种技术工作(例如，建筑师的工作应放在项目的哪个阶段完成)；

(2)项目各阶段可交付成果应何时生成,以及如何审查、核实和确认。项目各阶段由哪些人员参与(例如,并行工程要求实施人员参与制定要求说明书和设计);

(3)如何控制和批准项目各个阶段。

项目生命周期的说明可以十分笼统,也可以非常详细,大多数项目生命周期的说明具有若干共同特点:

(1)项目阶段一般按顺序首尾衔接,通常根据某种形式的技术信息传递或技术部件交接来确定;

(2)人力投入和费用,开始时低,随之增高,在项目接近收尾时迅速下降,如图 1.3 所示;

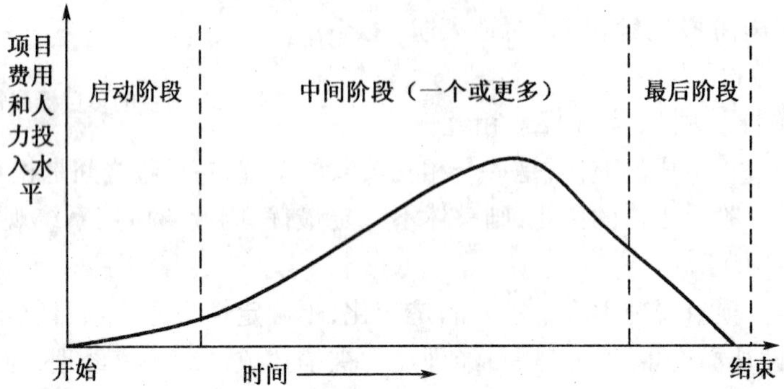

图 1.3　项目费用和人力投入水平在项目生命周期中的分布

(3)项目开始时,成功完成项目的可能性最低,因此风险性和不确定性最高。随着项目的持续进行,成功完成项目的可能性通常都逐渐上升;

(4)项目开始时,项目利益相关者对项目产品最后特点和项目最后成本的影响力最强,而随着项目的继续,这种影响逐步减弱,如图 1.4 所示。

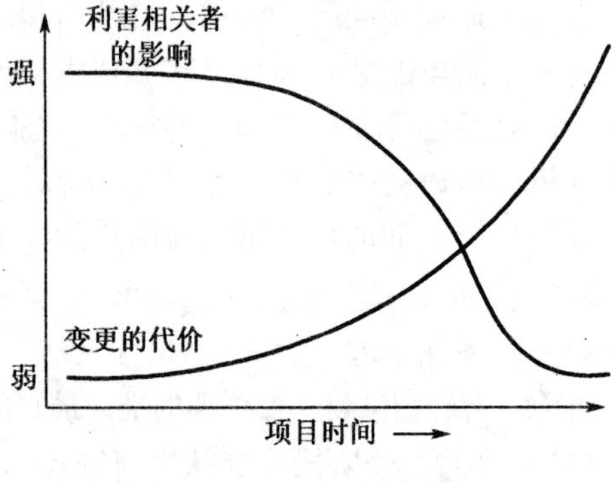

图 1.4　项目利益相关者影响随时间的变化

不同行业领域的项目生存周期的阶段划分一般各不相同,有的划分成 4 个或 5 个阶段,有的甚至划分成 9 个、10 个阶段。即使在同一应用领域内,不同的组织、不同的项目之间也有可能存在很大差别,如一个组织的软件开发项目的生命周期阶段的划分可能只有一个设计阶段,而另一个组织却可能将其分为功能设计和详细设计两个单独的阶段。

一般划分阶段的首要标志是项目工作的

相同性。一般情况下,相同性质的项目工作会划分在同一个项目阶段中,而不同性质的项目工作会划分在不同的项目阶段中。第二个标志是项目阶段成果(项目产出物)的整体性,即一个项目阶段的全部工作应该能够生成一个自成体系的标志性成果。这种阶段性成果既是这个项目阶段的输出,也是下个项目阶段的输入,或者是整个项目的终结。

一个具体的项目可以根据项目所属专业领域的特殊性和项目的工作内容等因素划分成不同的项目阶段。但对于一般意义上的项目而言,一般都会经历概念阶段(Conceive)、规划阶段(Develop)、实施阶段(Execute)、收尾阶段(Finish)四个阶段,如图 1.5 所示。

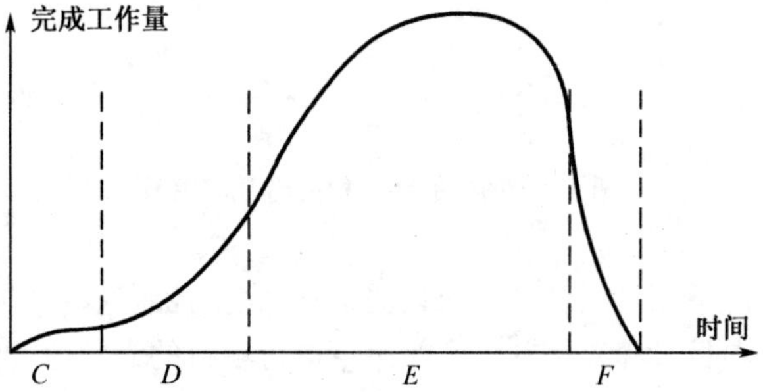

图 1.5　一般意义上项目生命周期阶段划分

4.项目利益相关者

项目利益相关者(又称项目干系人)就是积极参与项目,或其利益因项目的实施或完成而受到积极或消极影响的个人和组织,他们会对项目的目标和结果施加影响。

项目管理团队必须弄清楚谁是利益相关者,确定他们的要求和期望,然后根据他们的要求对其影响尽力加以管理,确保项目取得成功。项目利益相关者在参与项目时的责任与权限大小各不相同,并且在项目生命期的不同阶段也会变化。置责任与权限于脑后的利益相关者可能会严重影响项目的目标,同样,忽视利益相关者的项目经理也会对项目的结果造成破坏性影响。有时很难识别项目利益相关者,例如,某些人会提出“使用新产品设计项目结果的装配线工人是否属于项目利益相关者”的问题。但不能识别重要的项目利益关系者可能会给项目带来重大问题,例如在千年虫软件更新项目中,管理者一直到很晚才认识到法律部门是重要的利益相关者,结果必须在该项目要求说明书中添加许多内容,增加大量文件任务。

项目利益相关者对于项目的影响存在积极和消极两种情况,积极的利益相关者通常是项目成功结果的获益者,而消极的利益相关者可能从项目的成功中看到消极的结果。图 1.6 是一般项目的利益相关者及其主要关系描述。

(1)项目经理。负责管理项目的个人被称为项目经理。项目经理是对保证按时、按照预算、按照工作范围以及按所要求的性能水平完成项目全面负责的人。项目经理对于项目的成

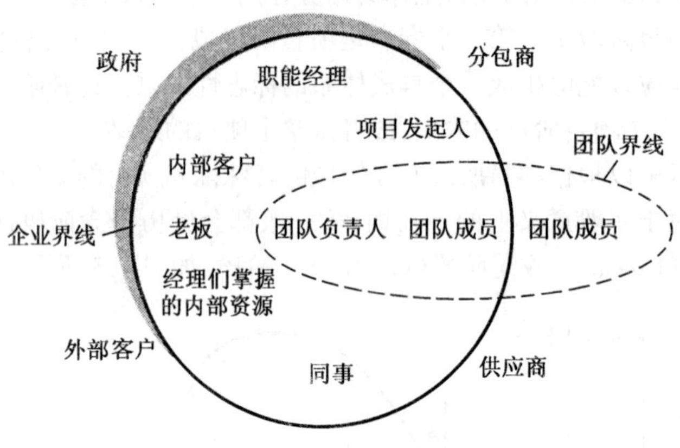

图 1.6 项目的利益相关者及其关系

功非常重要,但很多情况下项目经理的职权很弱,不能完全控制这些结果。

(2)项目发起人。项目发起人是首先实际命令执行项目的人。他可能是客户,但在许多情况下是第三方,例如一位命令开发新产品的市场主任。项目发起人负责保证项目得到适当的预算款项,决定项目的总体计划,保证达到项目结果所需要的资源。

(3)客户或委托人。每个项目都有特定的客户,也叫委托人。委托人可能是个人、组织,也可能是由两个或更多的人组成的一个团体,或是对同一项目结果具有相同需求的许多组织。一般客户提出需求并向被委托人提交需求建议书之时,就是项目诞生之始。客户既是项目结果的需求者,也是项目实施的资金提供者。客户是项目交付成果的最终使用者,在一些情况下,客户是订购并支付的人(例如建设建筑物、住宅或公路时)。在其他情况下,客户是购买由项目开发出来以及后来由公司生产出来的产品的人。

(4)项目管理团队。完成项目工作的团队及直接参与项目管理活动的团队成员被称为项目管理团队。

(5)供应商。为项目的承约商提供原材料、设备、工具等物资设备的商人被称为供应商。为了确保项目实施的进度和质量,每一承约商一般都有自己相对固定的供应商。长期的协作关系使得承约商和供应商之间有良好的信誉,这使承约商能有效地配置资源,供应商也能获得自己所期望的利润。

(6)分包商。由于现代项目技术复杂、工程量较大、客户要求较高,一般承约商在承接项目之后,都要将总项目中的一些子项目再转包给不同的分包商。分包商的参与,能有效地发挥各自的特长,使得项目能高质量地完成;但这同时也增加了项目管理的复杂性,使得分包商与承约商之间、各分包商之间有时很难得到有效的沟通和协调。

(7)投资人。投资人是为项目提供现金或实物财力资源的个人或团体。

(8)被委托人或承约商。承接项目满足客户需求的项目承建方,又叫承约商。被委托人承接项目以后,根据客户的需求和要求开始启动项目。从项目启动、规划到项目实施和结尾的整个管理过程中,被委托人始终处于主导地位。因此,被委托人素质和能力的高低直接关系着项目质量的高低,选择一个好的项目承约商,是创造高质量项目的关键。目前,客户大多用招标、投标的方式来挑选最佳的承约商。

(9)施加影响者。施加影响者同项目产品的取得和使用没有直接关系,但是因其在顾客组织或实施组织中的地位而能够对项目的进程施加积极或消极影响的个人或集体。

(10)项目管理办公室。如果项目实施组织设立了项目管理办公室,并且对项目的结果负有直接或间接的责任,它就可能成为一个利益相关者。

除上述利益相关者之外,还有许多不同名称和不同类型的项目利益相关者,包括内部和外部利益相关者、业主和投资者、团队成员及其家庭、政府机构和媒体、个别公民、临时的和永久的游说组织以及整个社会。

项目经理必须管理利益相关者的期望,这可能是件难事,但很重要,因为利益相关者的目标往往彼此相去甚远,甚至互相冲突。只有对利益相关者的需求和期望进行管理并施加影响,调动其积极因素,化解其消极的影响,才能确保项目获得成功。

对利益相关者管理的主要过程和内容如下:

(1)识别利益相关者的利益及其优先等级;

(2)分析利益相关者的利益及需求;

(3)与利益相关者沟通,分析他们的需求在项目中是否可以得到满足;

(4)开发有效应对利益相关者的策略;

(5)将利益相关者的利益和期望包容在项目管理计划的需求、目标、范围、交付物、时间进度和费用中;

(6)将利益相关者提出来的威胁和机会作为风险管理;

(7)在项目团队与利益相关者之间建立自动调整的决策过程;

(8)在每个项目阶段中确保利益相关者的满意度;

(9)实施利益相关者的管理计划;

(10)执行、沟通和管理利益相关者计划的变更;

(11)记录得到的经验教训并将其应用到将来的项目中去。

5.项目的相关概念

与项目相关的概念主要有大型计划、子项目、工作包、工作单元、任务及活动。

(1)大型计划(programme 或 program)。大型计划是由若干个相互联系的或相似的项目组成,以协调的方式管理以获得单个项目不可能得到的利益的一组项目。大型计划的规模通常都特别大,持续时间长。如美国著名的“曼哈顿计划”“北极星计划”,中国的“山川秀美计划”,

当代的“人类基因组计划”等都是大型计划的例子。在我国，大型计划有时也被称为系统工程或大型工程，如“载人航天工程”“希望工程”“南水北调工程”等。大型计划与项目的不同除了表现为任务的规范和复杂程度的大小外，最本质的区别还在于二者有着不同性质的目标。大型计划的目标通常是抽象的，其内涵会随着时间的推移或环境的变化而变化，而项目的目标通常是明确而具体的。

(2)项目(project)。项目是大型计划的组成部分。但项目与大型计划的不同并不仅限于任务大小的差别，甚至项目本身的大小也很难从理论上定量确定，实践中界定项目的基本原则是，一个项目应有相对独立、完整的寿命周期，有能交付的独立产品。

(3)子项目(sub-project)。项目通常划分为多个易于管理的部分，称为子项目。即子项目是一个项目中的更小的、更易于管理的部分。不能把子项目和小项目等同，因为小项目是一个完整的项目，有完整的生命周期和能交付的独立产品，而子项目是出于便于管理的需要，将项目划分成若干子项目。

(4)工作包(work package)。从便于管理的角度出发，项目和子项目通常可以按一定的原则拆分成若干工作包。

(5)工作单元(work unit)。工作单元是工作包的组成部分，工作包根据一定的原则可以分为若干工作单元。

(6)任务(task)。任务是构成项目的大量工作，按照一定的原则，若干项任务可组成一个工作单元。

(7)活动(activity)。活动是项目最基本的组成单位，有时也称为工序。

上述概念反映了任务的不同层次，一个大型计划可以包括许多项目和运作，一个项目又可以包括若干个子项目，而子项目是项目较小的实施单元和管理单元，工作包、工作单元、任务和活动反映了任务的依次细化。

1.3.2 项目管理

1.项目管理的概念

“项目管理”给人的一个直观概念就是“对项目进行的管理”，这也是其最原始的概念，它说明了两个方面的内涵：①项目管理属于管理的大范畴；②项目管理的对象是项目。

然而，随着项目及其管理实践的发展，项目管理的内涵得到了较大的充实和发展，当今的“项目管理”已是一种新的管理方式、一门新的管理学科的代名词。

“项目管理”一词有两种不同的含义，其一是指一种管理活动，即一种有意识地按照项目的特点和规律对项目进行组织管理的活动；其二是指一种管理学科，即以项目管理活动为研究对象的一门学科，它探求项目活动科学组织管理的理论与方法。前者是一种客观实践活动，后者是前者的理论总结;前者以后者为指导,后者以前者为基础。就其本质而言,二者是统一的。

美国项目管理协会(PMI)对项目管理的定义是,项目管理就是把各种知识、技能、手段和技术应用于项目活动中,以达到项目的要求。项目管理是通过应用和综合诸如启动、计划、实施、监控和收尾等项目管理过程来进行的。项目经理是负责实现项目目标的个人。管理一个项目包括四方面内容:

(1)识别要求;

(2)确定清楚而又能够实现的目标;

(3)权衡质量、范围、时间和费用方面互不相让的要求;

(4)使技术规定说明书、计划和方法适合于各种各样利益相关者的不同需求与期望。

国际知名项目管理专家、《国际项目管理杂志》(IJPM)主编 J. Rodney Turner 提出不要试图去定义一个本身就不精确的事物,因此他给出了一个很简练的、泛泛的定义:项目管理既是艺术,又是科学,它使远景转变为现实。

美国著名的项目管理专家 James Lewis 博士认为项目管理就是组织实施对实现项目目标所必需的一切活动的计划、安排与控制。

综合上述定义,我们认为项目管理就是以项目为对象的系统管理方法,通过一个临时性的、专门的柔性组织,对项目进行高效率的计划、组织、指导和控制,以实现项目全过程的动态管理和项目目标的综合协调与优化。

项目管理贯穿于项目的整个生命周期,对项目的整个过程进行管理。它是一种运用既有规律又经济的方法对项目进行高效率的计划、组织、指导和控制,并在时间、费用和技术效果上达到预定目标的手段。

2.项目管理的特点

项目管理与传统的部门管理相比,其最大的特点是项目管理注重综合性管理,并且项目管理工作有严格的时间期限。项目管理必须通过不完全确定的过程,在确定的期限内生产出不完全确定的产品,日程安排和进度控制常对项目管理产生很大的压力。具体来讲表现在以下几个方面。

(1)项目管理的对象是项目或被当作项目来处理的运作。项目管理是针对项目的特点而形成的一种管理方式,因而其适用对象是项目,特别是大型的、比较复杂的项目;鉴于项目管理的科学性和高效性,有时人们会将重复性的运作中的某些过程分离出来,加上起点和终点当作项目来处理,以便在其中应用项目管理的方法。

(2)项目管理的全过程都贯穿着系统工程的思想。项目管理把项目看成一个完整的系统,依据系统论“整体—分解—综合”的原理,可将系统分解为许多责任单元,由责任者分别按要求完成目标,然后汇总、综合成最终的成果;同时,项目管理把项目看成一个有完整生命周期的过程,强调部分对整体的重要性,使管理者避免因忽视其中的任何阶段而造成总体上的效果不佳甚至失败。

(3)项目管理的组织具有特殊性。项目管理的相关组织涉及两个层面,一个是由项目经理所领导的项目团队,即所谓的"临时性组织";另一个则是项目所依存的上一级组织,即所谓的"长期性组织"。项目管理的组织具有临时性、柔性和扁平化的特点,主要表现在以下几个方面:

①有了"项目组织"的概念。项目管理的突出特点是项目本身作为一个组织单元,围绕项目来组织资源;

②项目管理组织的临时性。由于项目是一次性的,而项目的组织是为项目的建设服务的,项目终结了,其组织的使命也就完成了;

③项目管理组织的柔性化。所谓柔性即是可变的。项目的组织打破了传统的固定建制的组织形式,根据项目生命周期各个阶段的具体需要适时地调整组织的配置,以保障组织的高效、经济运行;

④项目组织的引入可以实现企业级组织机构的扁平化。如图 1.7 所示,企业通过项目管理可以实现层次结构的扁平化;

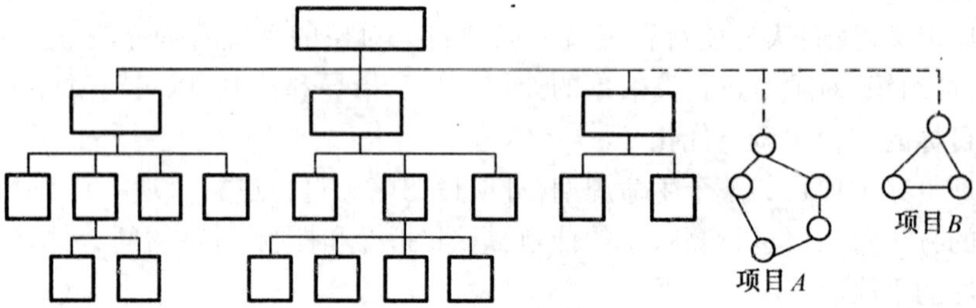

图 1.7 企业组织结构扁平化示意图

⑤项目管理组织强调其协调控制职能。项目管理是一个综合管理过程,其组织结构的设计必须充分考虑到有利于组织各部分的协调与控制,以保证项目总体目标的实现。因此,目前项目管理的组织结构多为矩阵结构,而非直线职能结构。

3.项目管理与作业管理

作业在如下三方面有明显的特点:

(1)产生且只产生两种类型的变化,即产品本身的生产技术过程,以及增加产量、扩大再生产的过程,并通过这两个过程来不断改善其性能;

(2)作业是以一系列混合的经济指标作为工作目标的,各指标的优先级常常是彼此矛盾的,特别是关于时间、费用和质量等方面约束的指标;

(3)作业包含有多种资源,通常在某一个经理的指令下通过现有的组织系统进行运作。作业不是单一的,它们重复执行既定的工作任务。

项目与作业最重要的不同点是单一性和独立性。两个极端的例子是罐头食品生产与航天飞行器的发射(或开发一种新食品罐头)。据此我们可以推导出项目与作业的诸多不同点,如表1.1所示。

表1.1 项目与作业的比较

项　目	作　业
独一无二	重复的
有限时间	无限时间(相对)
革命性的改变	渐进性的改变
目标之间不均衡	目标之间相对平衡
多变的资源需求	稳定的资源需求
柔性的组织	稳定的组织
效果性	效率性
以完成目标、目的为宗旨	以完成任务、指标为宗旨
风险和不确定性	经验性

(1)项目是独一无二的,作业是重复进行的;

(2)项目存在于一个有限的期间内,作业运作于一个长期的、稳定的环境中;

(3)项目所导致的是对事物产生一些根本性的变革、改观,而作业带来的是改良性的、渐进性的改变;

(4)由于革命性(根本性)的变革,使项目必然处于不平衡(非均衡)的状态,而作业总是强调处于均衡的状态;

(5)由于不平衡的产生,项目经理所考虑的关键是化解和分散问题,而作业经理的目标是通过平衡矛盾的指标来保持均衡;

(6)项目聘用的是短期(临时)人员,而作业则是建立稳定的队伍。

以上各点决定了项目管理充满了不确定因素,跨越了部门的界限并且有严格的时间期限要求;而一般的作业管理则注重对效率和质量的考核,注重将当前执行情况与前期进行比较。两者的主要区别体现在:

(1)管理对象不同。项目管理的对象是一个或多个项目,管理的是有关项目的评估、决策、实施与控制;而日常作业管理的对象是企业生产和运营的决策、实施与控制。项目管理的对象是一次性、独特性的项目,而日常运营管理的对象是周而复始的经常性的日常作业。

(2)管理方法不同。项目管理的方法中有许多针对具体任务的管理技术与方法,而日常运营中有更多的部门协调、指挥命令等针对日常作业的滚动计划方法和工具。在典型的项目环境中，尽管一般的管理办法也适用，但管理结构需以任务（活动）定义为基础来建立，以便进行时间、费用和人力的预算控制，并对技术、风险进行管理。

(3)管理周期不同。项目管理的周期是一个项目的生命周期，这是相对比较短暂的，而日常作业管理的周期是相对长远的。

1.3.3 现代项目管理的核心内容

项目管理的核心内容从不同的维度来看，可以表现为多种组织方式。

1.项目管理的两个层次

项目管理的两个层次是指企业层次的项目管理和项目层次的项目管理。

(1)企业层次。新的商业环境下，企业为了生存和发展，应对由于快速变化所带来的挑战，越来越多地引入项目管理的思想和方法，将企业中的各种任务按项目进行管理，不但对传统的项目型任务实行项目管理，而且还将一些运作型的业务当作项目对待来实行项目管理。随着企业中"项目化"工作越来越多，企业每天面对的不仅仅是几个项目，而且是成百上千个不断发生变化的项目。在多项目并存、快速变化和资源有限的环境下，企业就需要从企业战略层面，站在企业高层管理者的角度考虑如何有效地对企业中的各项任务实行项目管理，如何从企业层面创造和保持一种使企业各项任务都能有效实施项目管理的企业组织环境和业务平台。因此企业层次的项目管理，即企业项目管理的主导思想是按项目进行管理。

企业层面的项目管理关心的是企业所有项目目标的实现。一个企业在同一时间内可能会有很多项目需要完成，如何经济、高效地同时管理好众多的项目是企业层面项目管理的核心问题。为了一些经济方面的原因和最有效地使用资源，企业层面的项目管理常常采用多项目管理的方法，即一个项目经理同时管理多个项目。

企业项目管理的重点是企业项目管理体系的建立，主要涉及企业项目管理组织架构、企业项目管理制度体系、项目经理的职业化发展等，其成果是企业项目管理执行指南，这是企业项目管理的纲领性文件。

(2)项目层次。项目层次的项目管理就是指一般项目管理的范畴。随着项目管理的快速发展，现代项目管理与传统项目管理相比，其范畴越来越广，表现在现代项目管理应用范围已不再局限于传统的建筑、国防和工程等领域，而是扩展到了各种领域、各种项目都可使用的范围。现代项目管理理论认为所有一次性、独特性和具有不确定性的任务都属于项目的范畴，需要现代项目管理。此外，现代项目管理形成了自己系统的知识体系，不仅很多国家已经推出了本国的知识体系，同时随着项目管理国际化的发展，全球范围内公认的具有普遍意义的项目管理知识体系也正在研究发展中。

因此项目层次的项目管理关注的重点是单个项目的成功，是如何通过计划、安排与控制等管理活动实现项目的目标,使项目利益相关者满意。

项目层次项目管理的重点是建立项目管理的操作手册,主要涉及项目操作流程体系设计、项目管理的标准模板建立及项目管理方法工具的应用。项目管理操作手册是项目经理和项目管理人员实施项目的业务操作指南,反映项目执行过程的方方面面,通过各种流程与表格予以体现。

2.项目管理的九大职能领域

从项目管理职能过程角度看,项目管理内容涉及很多领域,美国 PMI 将其划分为九大职能领域,包括项目整体管理、项目范围管理、项目时间管理、项目费用管理、项目质量管理、项目人力资源管理、项目沟通管理、项目风险管理和项目采购管理,如图 1.8 所示。

3.项目管理的五个过程

任何项目都是由一系列项目阶段构成的一个完整过程,而各个阶段又是由一系列具体活动构成的具体工作过程。过程是指为了生成具体结果(可度量结果,如产品、成果或服务)而开展的相互联系的一系列行动和活动的组合。一个项目的过程又分为两种类型,一是项目的实现过程,是指人们为创造项目的产出物而开展的各种业务活动所构成的整个过程,该过程是面向项目产品的过程,称为项目过程,一般由项目生命周期表述,并因应用领域不同而不同;二是项目的管理过程,是指在项目实现过程中,人们开展项目的计划、决策、组织、协调、沟通、激励和控制等方面活动所构成的过程。一般不同项目的实现过程有着相同或相类似的项目管理过程,在一个项目的过程中,项目管理过程和项目实现过程在时间上是相互交叉和重叠的,作用上是相互制约和相互影响的。

一般而言,项目管理过程是由开始、计划、执行、控制和结束五种不同的项目管理的具体过程(或阶段/活动)构成的,这五种项目管理的具体过程构成了一个项目管理过程的循环。

(1)开始过程。开始过程又称启动过程,处于一个项目管理过程循环的首位。它所包含的管理活动内容有:确定并核准项目或项目阶段,即定义一个项目或项目阶段的工作与活动,决策一个项目或项目阶段的开始与否,或决策是否将一个项目或项目阶段继续进行下去等。

(2)计划过程。计划过程又称规划过程,就是确定和细化目标,并为实现项目而要达到的目标和完成项目要解决的问题范围规划必要的行动路线。其所包含的管理活动内容有:拟定、编制和修订一个项目或项目阶段的工作目标、任务、工作计划方案和管理计划,包括范围规划、进度计划、资源供应计划、费用计划、风险规划、质量规划以及采购规划等。

(3)执行过程。执行过程就是将人与其他资源进行结合,具体实施项目管理计划。其所包含的管理活动内容有:组织协调人力资源及其他资源,组织协调各项任务与工作,实施质量保证,采购,激励项目团队完成既定的各项计划,生成项目产出物等。

(4)控制过程。控制过程又称监控过程,就是定期测量并监视绩效情况,发现偏离项目目

图 1.8 PMI 项目管理九大职能领域

标和项目管理计划之处,采取相应的纠正措施以保证项目目标的实现。其所包含的管理活动内容有:制定标准、监督和测量项目工作的实际情况、分析差异和问题、采取纠偏措施、整体变更控制、范围核实与控制、进度控制、费用控制、质量控制、团队管理、利益相关者管理、风险监控以及合同管理等。

(5)结束过程。结束过程又称收尾过程,就是正式验收项目产出物(产品、服务或成果),并有序地进行结束项目或项目阶段。其所包含的管理活动内容有制定项目或项目阶段的移交与接受条件,完成项目或项目阶段成果的移交,项目收尾和合同收尾,使项目或项目阶段顺利结束等。

一个项目的实现过程中，在项目生命周期的任何一个阶段，都需要开展上述项目管理过程循环中的各项管理活动，因此项目管理过程的五个具体过程是在项目阶段中不断地循环发生的。

一个项目过程循环中的五个具体管理过程之间具有特定的关系。首先它们之间是一种前后衔接的关系。各项目管理具体过程都有自己的输入和输出，这些输入和输出就是各个具体管理过程之间的相互关联要素。一个项目管理具体过程的输出(结果)是另一个项目管理具体过程的输入(条件/依据)，因此各个项目管理具体过程之间都有相应的文件和信息传递，并且这些具体过程之间的输入和输出有的是单向的，有的是双向循环的。

一个项目管理过程循环中各个具体过程之间的关系，在时间上并不完全是一个过程完成后另一个过程才能够开始的关系，各个具体过程在时间上会有不同程度的交叉和重叠，图 1.9 描述了一个项目管理过程循环中各具体过程之间在时间上是如何交叉和重叠的。开始过程最先开始，但在其尚未完成之时，计划过程就已经开始了。控制过程在计划过程之后开始，但它的开始时间先于执行过程，因为控制过程中有很大一部分管理工作属于事前控制工作，因此它必须预先开始并在执行过程开始之前完成事前控制工作。结束过程在执行过程尚未完成之前就已开始，这意味着结束工作中涉及许多文档准备的工作可以提前开始，在执行过程完成以后所开展的结束过程工作只剩下移交性工作了。

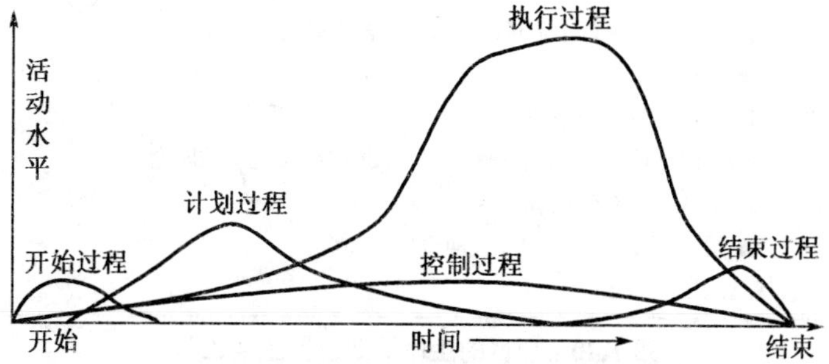

图 1.9　项目管理五个过程的交叉与重叠

4.项目生命周期各阶段的管理

项目的生命周期可以分为四个大的阶段，即概念阶段、规划阶段、实施阶段及结束阶段，项目的不同阶段其项目管理的内容是不相同的。项目管理的内容多以其生命周期过程为重点进行展开，它使人们能够从开始到结束对整个项目的实施有个全面系统而又完整的了解。图 1.10 就是从项目生命周期的角度，对项目的 C,D,E,F 四个阶段工作内容的概括描述。

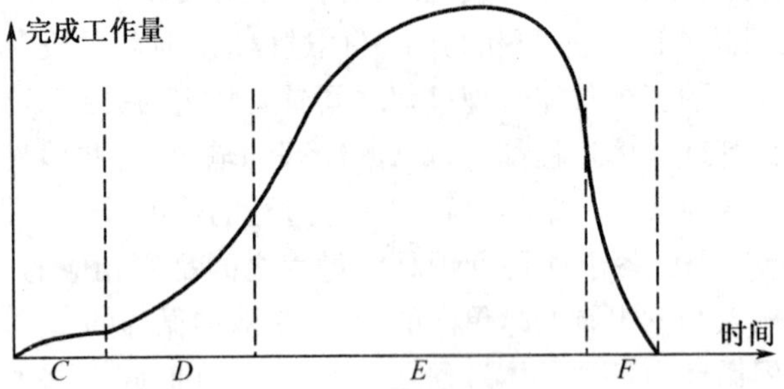

C—概念阶段	D—开发阶段	E—实施阶段	F—结束阶段
● 明确需求、策划项目	● 确定项目组主要成员	● 建立项目组织	● 最终产品的完成
● 调查研究、收集数据	● 项目最终产品的范围界定	● 建立与完善项目联络渠道	● 评估与验收
● 确立目标	● 实施方案研究	● 实施项目激励机制	● 清算最后账务
● 进行可行性研究	● 项目质量标准的确定	● 建立项目工作包,细化各项技术需求	● 项目评估
● 明确合作关系	● 项目的资源保证	● 建立项目信息控制系统	● 文档总结
● 确定风险等级	● 项目的环境保证	● 执行 WBS 的各项工作	● 资源清理
● 拟订战略方案	● 主计划的制订	● 获得订购物品及服务	● 转换产品责任者
● 进行资源测算	● 项目经费及现金流量的预算	● 指导/监督/预测/控制:范围、质量、进度、成本	● 解散项目组
● 提出组建项目组方案	● 项目的工作结构分解(WBS)	● 解决实施中的问题	
● 提出项目建议书	● 项目政策与程序的制定		
● 获准进入下一阶段	● 风险评估		
	● 确认项目有效性		
	● 提出项目概要报告,获准进入下一阶段		

图 1.10 项目的生命周期及其主要工作

1.4 国防项目管理

1.4.1 国防项目的概念

所谓国防,是为捍卫国家主权、领土完整和安全,防备外来侵略和颠覆进行的军事及与军事有关的政治、经济、文化等方面的建设和斗争。国防项目是在国防系统特定的环境下,创造独特产品、服务或其他成果的一次性工作任务。

国防项目除了具备一般项目属性外,还具备如下一些特性:

(1)系统性。国防项目本身是一个系统,由各个分系统、子系统及零件组成。国防项目从论证产生、设计、研制、生产到使用退役的过程也是一个复杂的大系统工程,在整个项目实施过程中,除了技术协调外,还有大量的人力、设备、物资、资金等组织、指挥、协调和调度的管理工作,任何一个环节的疏忽或失控,都会给整个研制工作带来不可弥补的损失和失败。

(2)高科技特性。国防项目是高技术装备,主要体现在两个方面上:一是知识高度密集,一架飞机所含的零部件及技术参数达到 107 量级,发动机达 105 量级,而汽车仅为 104 量级;二是技术高难度,产品高质量,如大推重比的发动机技术、新型材料技术和高性能的综合航电系统等都是制约飞机发展的瓶颈,而这些技术研制难度大,对产品质量要求高。

(3)时效性。现代科学技术表明,进入高科技时代的技术"半衰期"为 10 年,对于一项大型国防项目,其研制周期往往要 10 ~ 20 年,如果在研制过程中不对技术状态实行动态控制,不下大力气抓好预先研究,不重视国防项目的时效性,则该项目可能还未交付使用就已经成为性能上的过时货。尤其到了微电子革命时代,那些电子、信息技术密集型国防项目时效性更强,由于微电子技术革命的"半衰期"仅为 3 ~ 5 年,其工程技术老化程度就更快了。

(4)跨学科综合性。国防项目的研制活动需要众多的科学技术专业人才,其知识领域涉及到多个学科,显示出项目的跨学科特性,并且各个学科之间高度融合。

(5)低费用设计性。国防项目往往需要巨额投资,风险较大,费用问题就成为决定项目成败的关键因素,按费用设计逐渐被很多国家采纳。因此要在研制阶段尽早开展有效设计,节省国防项目的全寿命费用。

(6)高层次性。国防项目在国防现代化中占有非常重要的地位,对国民经济的发展具有巨大的战略作用,这一切使国防项目的发展和决策常常涉及到国家的最高层次,需要制订战略规划并组织实施。

(7)复杂艰巨性。国防项目具有高科技属性,需要巨额研究和发展资金,研制过程具有创新性,未知领域多,探索性强,参与单位多,人员投入多,时间跨度大,外部制约因素多,存在较大的不确定性和风险。

1.4.2　国防项目管理的概念与意义

国防项目管理主要是指对国防项目工作过程进行管理的活动,是对实施和保障军事行动的武器、武器系统和军事技术器材等装备的科研、订货、保障部队使用直至装备退役、报废的全系统、全寿命管理活动。

采用项目管理,有助于国防项目各子系统目标的控制和各子系统项目之间的协调,使项目效益达到最大。具体地说,成功的项目管理,对于国防项目具有以下意义:

(1)缩短研制周期。随着科学技术的发展和国防工业的需要,国防项目越来越复杂,规模越来越大,要求比以往更高,导致研制周期不可避免地加长。如何在预定的研制周期内完成研制任务，成为国防科研院所的一大难题。项目管理就是从项目全局观念出发，对项目分阶段、分层次地进行缜密的计划和组织，严格控制各阶段、各层次的时间进度，以实现满足项目总体研制周期的要求，达到缩短研制周期的目的。

（2）节约研制经费。大型国防项目耗资巨大，动辄几千万、甚至上亿，在研制过程中还不断产生额外的费用，如不控制将导致研制经费严重超支。项目管理强调对项目资源有效控制，编制资源经费计划，及早进行费用估算和预算，采用科学的方法（如模拟估算法、参数模型法、计算机模拟法）严格控制费用变更，做到充分利用资源，从而实现节约研制经费。

（3）降低风险和减少失误。对大型国防项目，无论是国防科研院所，还是作为投资方的国家，都难以承担由于管理失误而造成的巨大损失。项目管理是一门新兴的学科，采用的是现代的、科学的、发展的管理技术，能够有效地降低研制风险和减少失误，使研制工作顺利进行。

（4）培养专业化人才。现代的管理强调“以人为本”，各种不同的项目要求在技术上和管理上都要有各类专业人才，因此项目管理对各类专业人才的成长提供了一个良好的环境，对专业人才的成长和使用极为有利。

1.4.3 美国国防项目生命周期阶段划分

美国国防项目生命周期的阶段划分经历了一系列的演变，根据不同时期的具体国情、军情及时调整和改革国防项目生命周期阶段的设置和划分。

（1）1993 年 2 月，美国国防部在修订的 5000.2 指令中，将重大国防采办项目划分为六个阶段，五个里程碑，如图 1.11 所示。

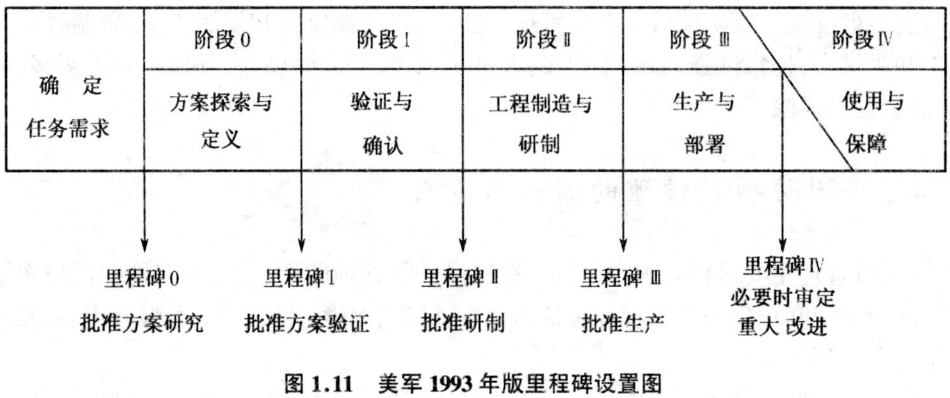

图 1.11 美军 1993 年版里程碑设置图

（2）1996 年 3 月，美国国防部再次修订采办程序，将重大国防采办项目仍分为六个阶段，但设置的里程碑却降为四个，如图 1.12 所示。

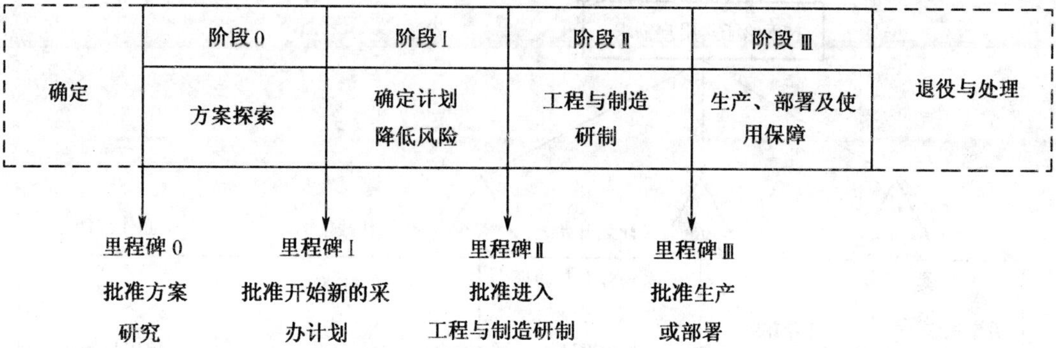

图1.12 美国1996年版里程碑设置图

(3)2001年1月,美国国防部颁布最新指令,废止1996年版的采办程序,将重大项目的采办过程分为四个阶段、三个里程碑,全过程用三种活动描述,如图1.13所示。

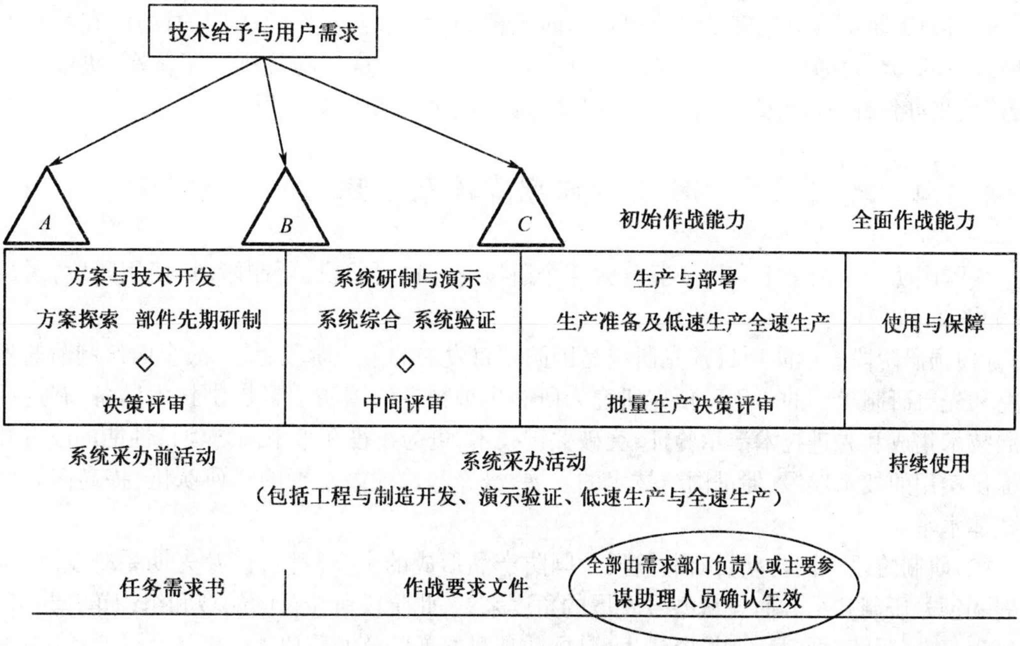

图1.13 美国2001年版里程碑设置及装备采办管理框架图

(4)2003年5月,美国国防部颁布了最新的DoDI5000.2指令,在2001年指令的基础上作了一些变动,将2001年指令中的第一个阶段分化为两个阶段,其他则无变化,如图1.14所示。

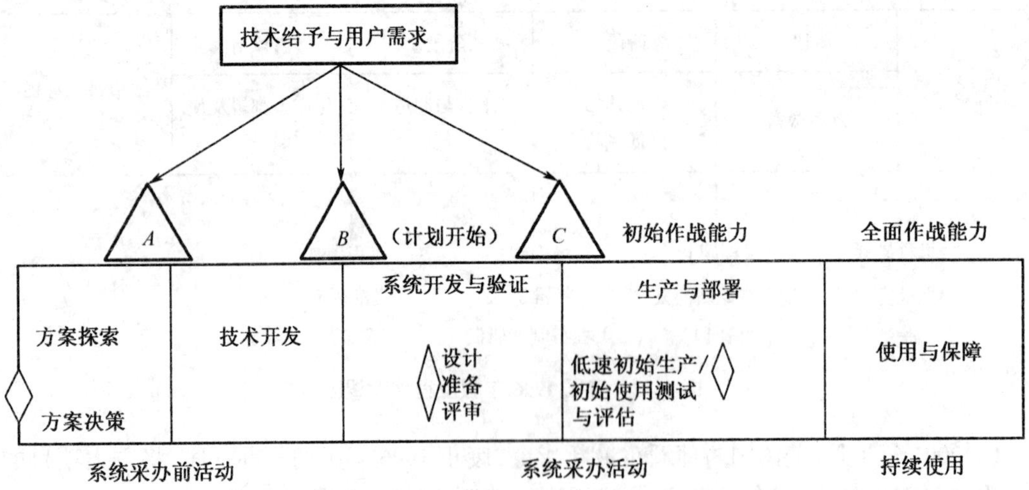

图 1.14 美军 2003 年版采办管理框架图

通过对美军历次里程碑设置情况的纵向比较，可以发现，美军里程碑的设置，在数目上有逐渐减少的趋势：1993 年 5 个，1996 年 4 个，2003 年 3 个。这个趋势反映了美军"更好、更快、更省"的采办目标，体现了美军简化采办程序，提高采办效率的管理思想。

1.4.4 我国国防项目生命周期阶段及过程

我国国防项目的全生命期一般分为 4 个阶段——预研阶段、研制阶段、使用阶段、退役阶段，如图 1.15 所示。

(1)预研阶段。国防项目预先研究是国防项目发展的第一阶段，是产品全面研制前的先行研究和先行研制工作的总称。预先研究为研制先进精良的国防项目提供技术储备，有选择地开展技术集成和先进技术演示验证，突破关键技术，可为在役和未来国防项目性能的改进和提高提供实用的技术成果，促进国防技术的发展，培养和造就高水平的科研队伍，提高国防项目的整体水平。

(2)研制阶段。国防项目研制阶段是国防产品形成的主要阶段，涉及先期系统发展、工程发展和型号研制几个方面。从型号发展的角度来看，此阶段所涉及的领域和组织单位最多、组织过程复杂、延续时间最长、投资最大，是国防项目发展的核心阶段。

(3)使用阶段。国防项目使用阶段是体现国防项目发挥效益的阶段。国防项目形成产品定型后转入装备生产和使用阶段，主要强调的是项目生产的有效组织，以及在使用过程中的有效管理，科学合理地降低生产和使用费用是该阶段的主要目标。

(4)退役阶段。国防项目的退役阶段是国防项目全寿命期的终结。主要是指根据国防项

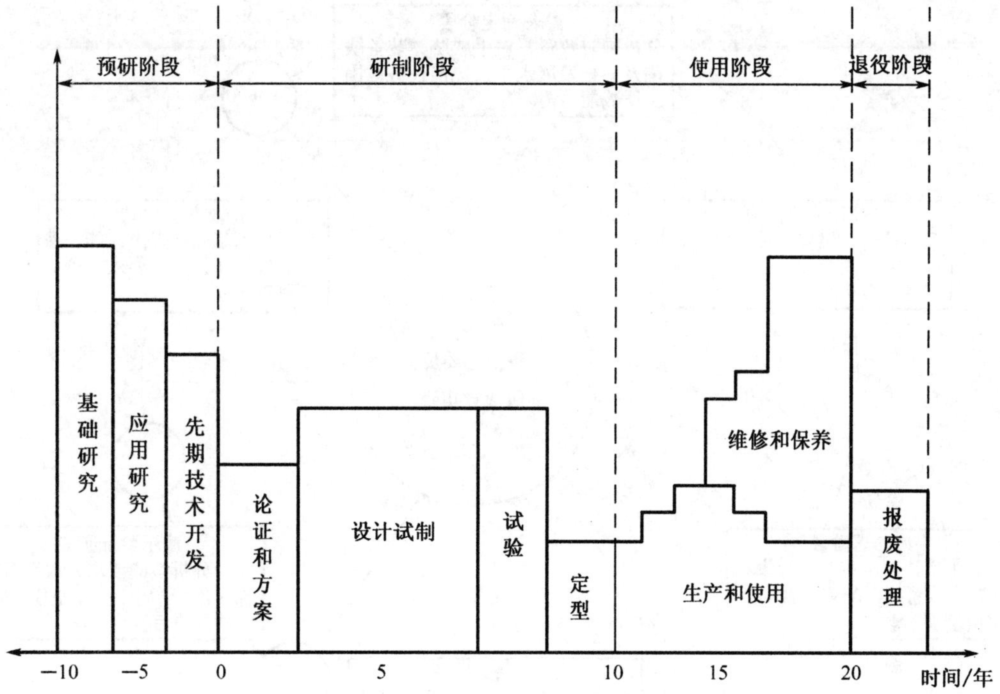

图 1.15　国防项目生命周期阶段划分

说明：本图未将过程间的所有相互作用及数据流表示出来

目使用寿命或质量状况，确定国防项目退出现役，并进行报废处理，

在国防项目寿命周期中一般要经历 4 个决策点（或称阶段审定点），如图 1.16 所示。

根据新时期我国国防项目管理特点和国防项目管理需求，按照国防项目全系统全寿命管理的基本思想和要求，依据国防项目的工作流程，上述国防项目生命周期的 4 个阶段可详细划分为 6 个过程：预研和演示过程、论证和方案过程、研制和定型过程、生产和部署过程、使用和保障过程及退役和报废过程，如图 1.17 所示。

(1)预研和演示过程。预研的基本任务是为研制新型装备提供技术支撑，为改进现役装备的性能提供适用的技术成果，为国防科学技术和装备发展提供技术储备，为缩短装备研制周期、降低装备研制风险服务。预研必须坚持需求牵引与科技推动、国内预研与国外技术引进、近期发展与中远期发展、重点背景项目发展与技术领域平衡发展相结合，加强新型装备高新技术创新发展。预研分为应用基础研究、应用研究和先期技术开发。演示是技术演示的简称，是指在预定的使用环境中，利用仿真和实物等手段，对新开发的技术进行实验、试验或演习，并按既定标准评审其是否达到要求。美军在国防项目管理实践中，提出了先期技术演示（Advanced

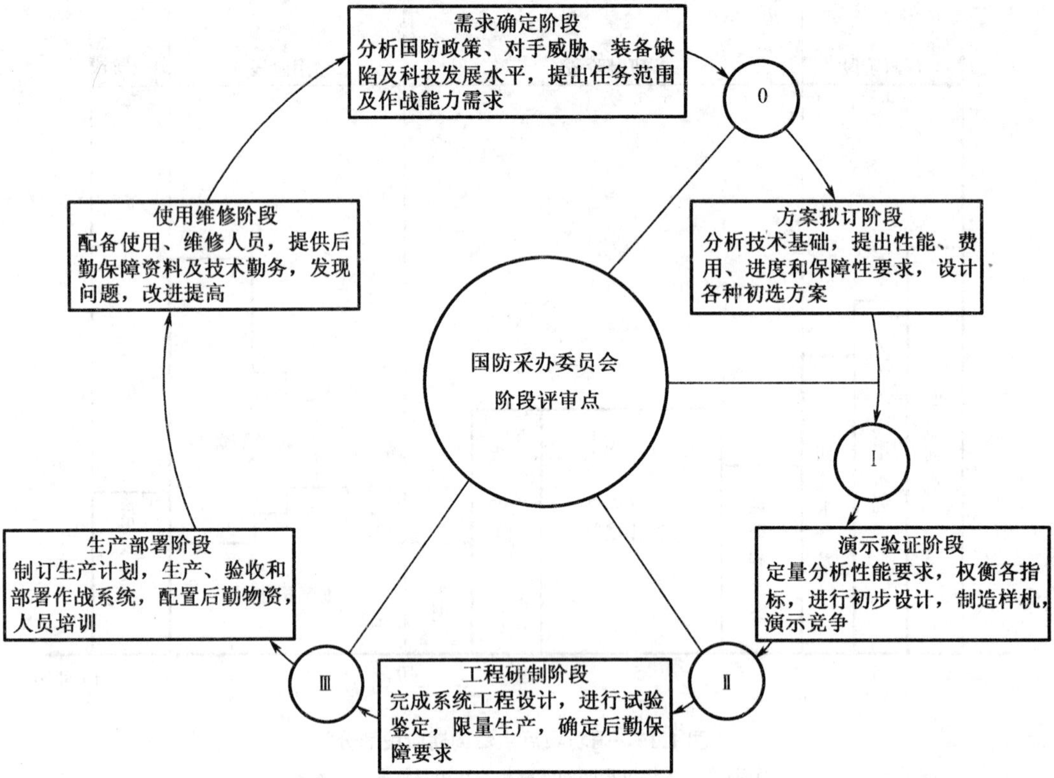

图 1.16　国防项目管理生命周期决策控制点

Technology Demonstration，ATD）和先期概念技术演示（Advanced Concept Technology Demonstration，ACTD）这两项加速预研成果转化的有效举措。

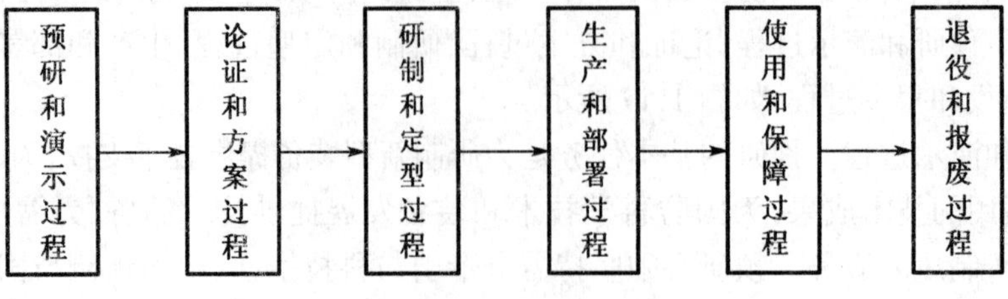

图 1.17　国防项目生命周期过程划分

（2）论证和方案过程。论证的主要工作是进行战术技术指针、总体技术方案的论证及研制经费、保障条件、研制周期的预测，包括立项综合论证和方案论证。立项综合论证完成后要形成产品立项综合论证报告。

方案论证的主要工作是根据批准的立项综合论证报告进行产品研制方案的论证、验证，形成项目任务书。

(3)研制和定型过程。研制也称详细设计及工程研制，主要工作是根据批准的《项目任务书》进行国防项目的设计、研制、试验工作。定型分为设计定型和生产定型两部分。

(4)生产和部署过程。生产是指从国防项目设计定型后开始，直至国防项目部署使用时结束这一过程所进行的各项活动，包括制造模型样机、初始小批量生产和项目的全额生产等活动。生产是国防科技成果转化为装备使用的关键环节，是国防项目全系统全寿命活动的重要组成部分。部署是指为国防项目最初验收、运输、接收、组装、安装、检查、训练、使用、维修、存放、储存或为使国防项目达到全面使用要求所进行的各项活动。

(5)使用和保障过程。该过程的主要任务是保持国防项目的适度规模和良好技术状态，高效保障军队作战、训练和其他各项任务的顺利完成。国防项目的使用包括作战使用和技术使用，国防项目的作战使用包括国防项目的编成、使用强度、使用方式等，国防项目的技术使用包括国防项目的动用、运输、储存等。国防项目的保障包括使用保障和维修保障。

(6)退役和报废过程。退役是指根据国防项目使用寿命或质量状况，依据国防项目建设的规划计划，使国防项目退出现役所必须进行的活动。报废是指国防项目在使用、储存过程中因不能正常使用又无法修复或无修复价值，或影响使用、储存安全而退出服役所必须进行的活动。

习　题

1-1　简述项目管理的发展过程。

1-2　试分析项目管理学科发展过程中的变化与特点。

1-3　项目管理知识体系(PMBOK)是什么？

1-4　简述国内外国防项目管理的发展过程。

1-5　我国国防项目管理的经验有哪些？

1-6　举例说明国防项目有哪些？并简述其特点。

1-7　什么是项目的利益相关者，举例说明国防项目的利益相关者有哪些？

1-8　现代项目管理的特点什么，现代项目管理的核心内容有哪些？

1-9　什么是项目生命周期，国防项目生命周期如何划分？

1-10　简述国防项目生命周期过程的核心工作。

第2章 国防项目组织与团队管理

国防项目一旦确立,就面临着如何有效组织实施项目的问题,项目组织结构形式对项目的成败有很大的影响。由于项目实施的特点,使得项目的组织形式应该具有更大的灵活性与柔性,特别应强调项目负责人的作用,强调团队的协作精神。本章主要介绍国防项目的组织机制、组织设计、组织过程、团队建设和人力资源的绩效评估与激励等内容。

2.1 国防项目组织设计

随着社会的进步,人的认识不断深化,对组织的认识逐步从物的组织转换到人的组织,从静态的组织转换到动态的组织,从封闭的组织转换到开放的组织,从单个的组织转换到系统的组织。因此,在各个时期组织的定义有所不同。一般来讲,组织是在共同目标指导下协同工作的人群组成的社会实体单位。从动态角度,它又建立一定的机构,通过分工合作而协调配合的人们的行为组织活动过程。国防项目组织是指为了完成某个特定的项目任务而由不同部门、不同专业的人员所组成的一个特别工作组织,通过计划、组织、领导、控制等过程,对项目的各种资源进行合理配置,以保证项目目标的成功实现。

为了实现国防项目的目标,必须建立与项目相适应的组织结构进行组织设计。组织设计的一般过程是首先进行工作划分,即将组织要承担的任务按目标一致及高效的原则进行分解;然后进行工作分类,就是将分解得到的诸多工作分为不同的类别,这也是以后组织中职务和职位的基础;最后是确定不同类别工作之间的关系,即形成组织机构。

2.1.1 组织设计原则

为了保证国防项目目标的实现,使项目组织能够高效率低成本地完成使命,国防项目的组织设计一般应遵循以下原则。

1.目标至上的原则

组织设计的根本目的是实现项目的组织目标,项目组织的目标包括以下几个方面:

(1)设计出一个健全有效的组织机构;

(2)形成科学的项目激励机制;

(3)具备一批具有团队精神的项目管理人员;

(4)实施一套程序化的管理方法、控制措施和管理文件体系;

(5)实施一种恰当的管理绩效评价准则。

2.弹性和柔性原则

项目组织的弹性表现为组织的相对稳定性和对内、外部条件变化的适应性,柔性表现为组织的可塑性。健全的组织机构应是一个开放、动态、柔性的机构,一般来说,组织越稳定,效率越高,任何组织变动都会对组织正常的运行带来或多或少的负面影响。因此,应保持组织的相对稳定性,组织中的每一位成员都要有明确的目标、责任和绩效衡量准则,每个工作岗位都应有其标准的工作程序。但组织作为一动态系统,又必须考虑到环境的变化,在组织设计时考虑有足够的回旋余地,使组织系统具有一定的弹性和柔性。

3.责任、权力相统一的原则

责任是在接受职位、职务后必须履行的义务。权力是在规定的职位实施的影响力。在项目组织设计时,必需要使权力和责任相匹配,履行某些责任,就必须给予相应的权力。若有权无责,或责任小于权利,就会助长瞎指挥、乱拍板、滥用职权;有责无权,或权利太小,一方面不利于职责的完成,另一方面会束缚管理者的工作积极性和创造性。

4.命令统一和垂直原则

下级机构只能接受一个上级机构的命令和指挥,不能受到多级指挥,上下级之间的上报下达要按层次进行,一般不得越级。

5.例外原则

对自己职责范围内的正常工作,自行决定,不必请示;对出现重大、特殊的或例外问题,则必须请示上报,同时要提出处理建议。

2.1.2　组织结构类型

项目的组织结构通常受项目的目标、项目的任务、项目的各种制约条件、项目所处的环境以及项目所能获得的资源多少等各种条件的影响和限制。项目组织结构形式是影响项目成败的重要因素。根据国防项目的特点,综合所有因素,常见的国防项目组织结构形式主要有以下几种。

1.职能式

职能式是一个层次化的结构,每个成员有一个明确的上级。项目由组织中现有的设计、生产、营销、质量、财务等职能部门作为承担任务的主体,一个项目可能由某一个职能部门完成,也可能由多个职能部门完成。项目执行时,没有指定的项目经理,而是由总经理全权负责,并且由职能部门负责人作为项目协调人。职能式组织结构见图 2.1 所示。

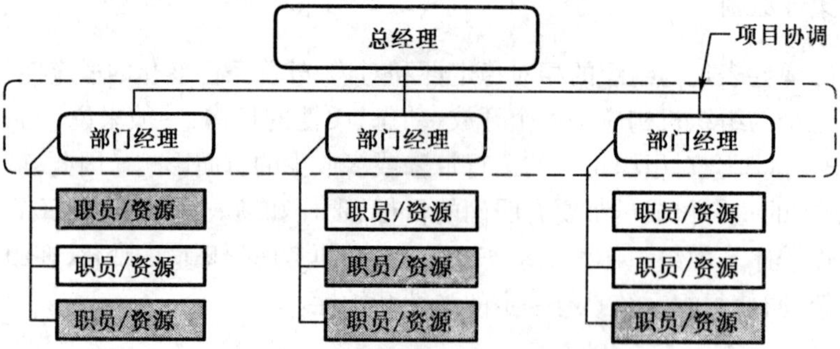

图 2.1 职能式组织结构示意图

职能式组织的优点有三个方面：

(1)有利于企业技术水平的提升。由于职能式组织是以职能的相似性来划分部门的,同一部门人员可以交流经验及共同研究,有利于专业人才专心致志钻研本专业领域理论知识,有利于积累经验与提高业务水平。同时这种结构为项目实施提供了强大的技术支持,当项目遇到困难时,问题所属职能部门可以联合攻关。

(2)资源利用的灵活性与低成本。职能组织形式项目实施组织中的人员或其他资源仍归职能部门领导,因此职能部门可以根据需要分配所需资源,而当某人从某项目退出或闲置时,部门主管可以安排他到另一个项目去工作,可以降低人员及资源的闲置成本。

(3)有利于从整体协调企业活动。由于每个部门或部门主管只能承担项目中本职能范围的责任,并不承担最终成果的责任,而且每个部门主管都直接向企业主管负责,因此要求企业主管要从企业全局出发进行协调与控制。故有学者说这种组织形式"提供了在上层加强控制的手段"。

职能式组织的缺点有两方面内容：

(1)协调的难度。由于项目实施组织没有明确的项目经理,而每个职能部门由于职能的差异性及本部门的局部利益容易从本部门的角度去考虑问题,因此部门间发生冲突时,部门经理之间很难进行协调。这会影响企业整体目标的实现。

(2)项目组成员责任淡化。由于项目实施组织只是临时从职能部门抽调而来,有时工作的重心还在职能部门,因此很难树立积极承担项目责任的意识。尽管说在职能范围内承担相应责任,然而项目是由各部门组成的有机系统,必需要有人对项目总体承担责任,这种职能式组织形式不能保证项目责任的完全落实。

2.项目式

项目式组织结构形式按项目来划归所有资源，即每个项目都有完成项目任务所必需的所有资源，每个项目实施组织有明确的项目经理(主任)也就是每个项目的负责人，对上直接接受单位主管或大项目经理领导，对下负责本项目资源的运用以完成项目任务。每个项目组之间相对独立。

项目式组织结构是项目管理的一种最为理想的组织结构之一，如图 2.2 所示，它作为独立的单元，拥有自己的技术人员和管理人员，项目经理对项目有非常大的权力。

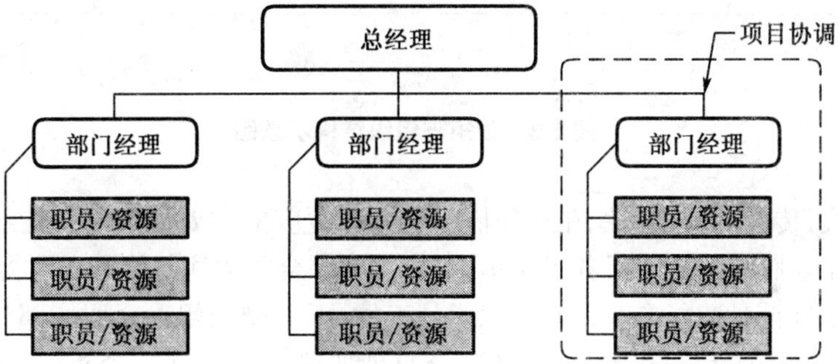

图 2.2　项目式组织结构示意图

项目式组织的优点是项目经理有着绝对的权力，对各种资源有较大的控制权；项目沟通渠道畅通；管理层次较为清晰，上层有更多的时间去进行决策工作，摆脱了项目的日常管理；在进度、费用和性能等方面易于进行优化；项目人员的权力、责任和利益清晰，士气较高。其缺点也很明显，在多项目的企业中，资源共享率较低，用于维持这种组织结构的费用较多；由于没有强有力的业务群体作支撑，项目人员缺乏为企业全局着想的能力，技术水平容易降低；项目之间缺乏技术交流的机会，而且项目人员缺乏职业的连续性和发展机会。

3.矩阵式

职能式组织形式和项目式组织形式各有其优缺点，而且职能式组织形式的优点与缺点正好对应项目式组织形式的缺点与优点。如何建立一种既有两种组织形式的优点又能避免两种组织形式的缺点的组织形式呢？矩阵式组织形式能较好地解决这一问题。矩阵式组织形式的特点是将按照职能划分的纵向部门与按照项目划分的横向部门结合起来，以构成类似矩阵的管理系统。矩阵式组织形式首先在美国军事工业中实行，它适应于多品种、结构工艺复杂、品种变换频繁的场合，图 2.3 是一种典型的矩阵组织形式。

当很多项目对有限资源的竞争引起对职能部门的资源的广泛需求时，矩阵管理就是一个

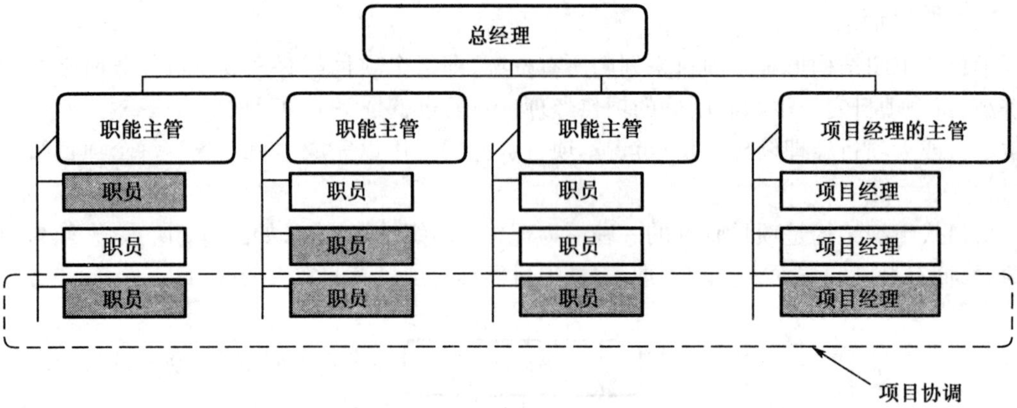

图 2.3 强矩阵组织结构示意图

有效的组织形式,传统的职能组织在这种情况下无法适应的主要原因是职能组织无力对包含大量职能之间相互影响的工作任务提供集中、持续和综合的关注与协调。因为在职能组织中,组织结构的基本设计是职能专业化和按职能分工的,不可能期望一个职能部门的主管人会不顾自己在职能部门中的利益和责任,或者完全打消职能中心主义的念头,把项目作为一个整体,专心致志地关注职能以外的项目的各个方面。

在矩阵组织中,项目经理在项目活动的"什么"和"何时"方面,即内容和时间方面对职能部门行使权力,而各职能部门负责人决定"如何"支持。每个项目经理要直接向最高管理层负责,并由最高管理层授权。而职能部门则从另一方面来控制,对各种资源作出合理的分配和有效的控制调度。职能部门负责人既要对他们的直线上司负责,也要对项目经理负责。

(1)矩阵组织的基本原则包括以下几个方面:

①必须有一个人自始至终关注项目实施的全过程及实施结果,有明确的责任制;这个人通常为项目经理;

②必须同时存在纵向和横向两条通信渠道;

③要从组织上保证有迅速有效的办法来解决矛盾;

④无论项目经理之间,还是项目经理与职能部门负责人之间,要有确切的通信渠道和自由交流的机会;

⑤各个经理都必须服从统一的计划;

⑥无论是纵向或横向的经理(或负责人)都要为合理利用资源而进行谈判和磋商;

⑦必须允许项目作为一个独立的实体来运行。

矩阵组织中的职权以纵向、横向和斜向在一个公司里流动,因此在任何一个项目的管理中,都需要项目经理与职能部门负责人的共同协作,并使二者很好地结合起来。要使矩阵组织

有效地运转,必须考虑和处理好以下几个问题:

①应该如何创造一种能将各种职能综合协调起来的环境?由于每个职能部门从其职能出发只考虑项目的某一方面的倾向,因此考虑和处理好这个问题是很必要的。

②一个项目中哪个要素比其他要素更为重要是由谁来决定的?考虑这个问题可以使主要矛盾迎刃而解。

③纵向的职能系统应该怎样运转才能保证实现项目的目标,而又不与其他项目发生矛盾?

要处理好这些问题,项目经理与职能部门负责人要相互理解对方的立场、权力以及职责,并经常进行磋商。

(2)矩阵组织的几种形式。图2.3是一种典型的矩阵式组织形式,人们常称之为强矩阵组织形式。这种组织形式中资源均由职能部门所有和控制。每个项目经理根据项目需要向职能部门借用资源。各项目是一个临时性组织,一旦项目任务完成后就解散,各专业人员又回到各职能部门再执行其他任务。项目经理服从项目管理部门经理或总经理领导,他领导本项目内的所有人员,通过项目管理职能,协调各职能部门派来的人员以完成项目任务。

还有其他几种形式的矩阵组织形式,那就是弱矩阵组织形式、平衡矩阵组织形式。弱矩阵组织结构(图2.4)基本上保留了职能式组织形式的主要特征,但是为了更好地实施项目,建立了相对明确的项目实施班子,这样的项目实施班子由各职能部门下的职能人员所组成,但并未明确对项目目标负责的项目经理,即使有项目负责人,他的角色也只不过是一个项目协调者或项目监督者,而不是真正意义上的项目管理者。

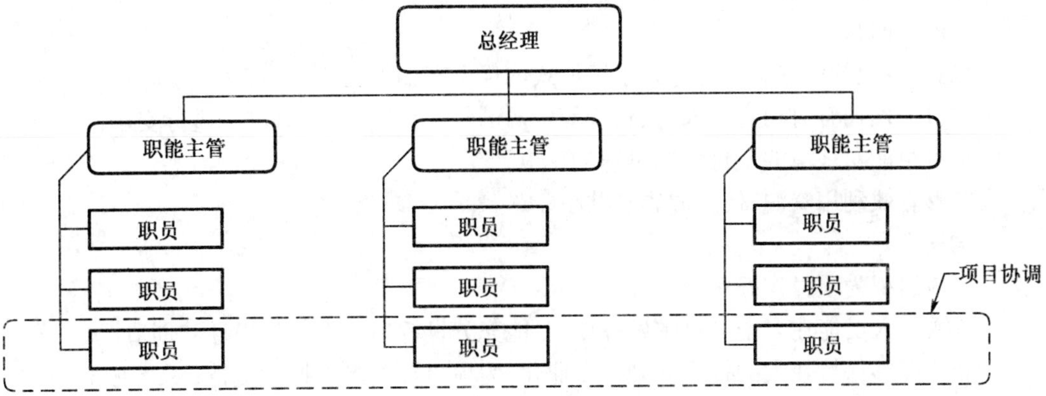

图2.4　弱矩阵组织结构示意图

平衡矩阵组织形式,或称平衡矩阵组织形式,是为了加强对项目的管理而对弱矩阵组织形式的改进,与弱矩阵组织形式的区别是在项目实施班子中任命一名对项目负责的项目主管,即项目经理,为此项目经理被赋予完成项目任务所应有的职权和责任,如图2.5所示。

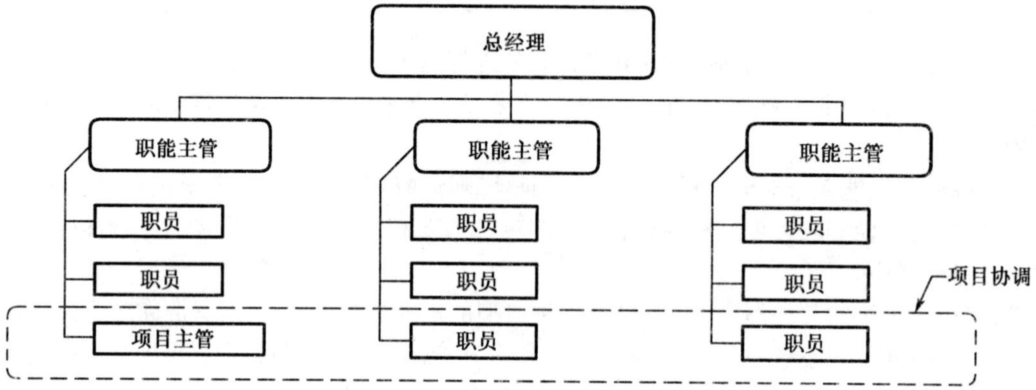

图 2.5 平衡矩阵组织结构示意图

尽管矩阵式组织形式结合了项目职能式组织形式和项目式组织形式的优点,但它本身还有一定的不足。矩阵式组织形式的不足也正发生在如何恰当地运用项目式及职能式组织形式的优点之时。项目有项目行政和职能两个上级,矩阵式组织形式的不足一方面表现在项目成员受多重领导而无所适从,另一方面在多项目争取职能部门资源时由于协调不好使资源得不到有效配置,最后是项目成功之时职能经理与项目经理争抢功劳,而当项目失败之时,则两者又会争相逃避责任。因此尽管从图形上看任何一种矩阵形式都是棋盘状,然而现实中可能出现不规则的鱼网状形态。

(3)矩阵组织的优缺点。矩阵式组织形式的优点有如下几个方面:

①项目经理拥有对划定的人力、资金等资源的较大控制权,并对进度进行安排;

②项目组能对环境的变化作出迅速的反应;

③能够有效利用资源,使资源容易共享;

④沟通良好;

⑤职能组织为项目作好保障服务;

⑥优秀的人员能在多个项目中发挥作用,能充分发挥项目人员积极性和创造性;

⑦企业能够保持强大的技术基础和专业化,为项目攻关提供技术支持;

⑧能够在时间、费用和效益之间更好地平衡。

矩阵式组织形式的缺点体现在以下几点:

①需要提供多重工作信息和流程;

②存在着冲突;

③需向项目经理和职能经理双重汇报;

④职能管理目标和项目目标时常存在着不一致;

⑤项目经理和职能经理的权力平衡是难题；

⑥在对待项目优先权的认识上时常达不成统一；

⑦对项目人员的管理较为复杂，而且项目人员受项目和职能部门的双重领导，项目人员对自己的晋升无法把握，前途未卜，对双重管理常常无所适从。

4.项目组织形式的选择

职能式、项目式、矩阵式组织形式哪种形式更好，或对于某一项目来说有没有唯一的最优选择呢？任何一种组织形式都有它的优点和缺点，没有一种形式是能适用于一切场合的，甚至是在同一个项目的寿命周期内。所以，项目管理组织在项目寿命周期内为适应不同发展阶段的不同要求而加以改变也是很自然的。项目应围绕工作来组织，工作变了，项目组织的范围也应随之改变。

项目组织形式的选择要本着战略决定结构的原则，从对实现结果的承诺程度和对项目资源的利用程度两个方面来衡量选择的合理与否。

不同的项目组织形式对项目实施的影响互不相同，表 2.1 列出了主要的组织结构形式及其对项目实施的影响。表 2.2 列出了项目经理特征在职能式、项目式、矩阵式组织类型中的差异。

表 2.1　项目组织结构形式及其对项目的影响

特征＼组织形式	职能式	矩阵式			项目式
		弱矩阵	平衡矩阵	强矩阵	
项目经理的权限	很少或没有	有限	小到中等	中等到大	很高甚至全权
全职工作人员的比例	几乎没有	0% ~ 25%	15% ~ 60%	50% ~ 95%	85% ~ 100%
项目经理投入时间	兼职	半职	全职	全职	全职
项目经理的常用头衔	项目协调员	项目协调员	项目经理	项目经理	项目经理
项目管理行政人员	兼职	兼职	半职	全职	全职

表 2.2　项目组织结构的项目经理特征

组织结构		特　征
职能式		没有项目经理、没有项目联络人
矩阵式	弱矩阵式	没有项目经理、但有一个队员扮演项目联络人的角色
	平衡矩阵式	没有专职的项目经理，但是有一个队员扮演项目经理的角色
	强矩阵式	有专职的项目经理，但是无专用的项目资源
项目式		有专职的项目经理和专用的项目资源

在具体的项目实践中，究竟选择何种项目的组织形式没有一个可循的公式，一般只能在充分考虑各种组织结构的特点、企业特点、项目的特点和项目所处的环境等因素后，才能作出较为适当的选择。因此，在项目组织形式的选择时，需要了解哪些因素制约着项目组织的实际选择。表 2.3 列出了一些可能的因素与组织形式之间的关系。

表 2.3　影响组织形式选择的关键因素

组织结构 影响因素	职能式	矩阵式	项目式
不确定性	低	高	高
所用技术	标准	复杂	新
复杂程度	低	中等	高
持续时间	短	中等	长
规模	小	中等	大
重要性	低	中等	高
客户类型	各种各样	中等	单一
对内部依赖性	弱	中等	强
对外部依赖性	强	中等	弱
时间限制性	弱	中等	强

2.1.3　“三师”系统

“三师”系统是在国防型号项目管理过程中针对行政、技术/质量和经济建立的相应的行政总指挥系统、总设计师（总工程师）/总质量师系统和总会计师系统。行政总指挥（项目经理）是项目的总负责人，对型号研制负全责，指挥型号研制过程的整体管理；总设计师（总工程师）作为总指挥在技术上的助手，是型号工程系统的技术负责人，总指挥应支持其在技术上的决策，并积极创造条件，以保证其得以实施；总质量师在总指挥领导下，在总设计师的指导下，严把质量关；总会计师在总指挥的领导下，做好经费的管理与控制工作。

“三师”系统的主要职责如下：

(1)制订型号管理规章制度，对与项目有关的人、材、物实行有效的组织管理；

(2)签订型号主承包合同，签订项目分承包合同；

(3)制订型号或工作包管理计划；

(4)组织编制型号或工作包经费年度计划及项目拨款计划；

(5)对产品质量和安全工作负责；

(6)会同有关部门搞好人力资源管理；

(7)负责项目团队的绩效管理原则。

“三师”系统是我国国防项目管理几十年实践的经验总结，在我国国力较为匮乏，工业与经济基础较为薄弱的年代，这种组织管理模式能够快速地集结各种资源和人才，集中力量从各方面保证国防型号项目的成功实施。因此，“三师”系统的组织管理方式在保证国防项目研制成功方面发挥了巨大作用，推动了我国国防项目管理的发展。这其中以技术指挥系统和行政指挥系统两条线特点最为鲜明。

(1)技术指挥系统。某一型号任务一旦被确定为项目，在研制任务下达的同时要建立该项目的技术指挥系统，针对项目设计工作任命项目的总设计师、副总设计师，任命各分系统的主任设计师和单项设备、部件的主管设计师，建立起相应的设计师系统。随着研制工作的开展，该系统设置技术总工程师，负责有关项目技术的总工作，加上各级行政系统的技术负责人，共同组成了国防项目研制工作的技术指挥系统。技术指挥系统承担国防项目的技术方案论证，确定技术指标、技术途径，审查试验项目、试验大纲，组织技术交流、技术协作等技术指导与管理工作，组织各种专业会议等。

(2)行政指挥系统。行政指挥系统是指坚持行政领导负责制，技术指挥系统对行政领导负责、行政领导对上级主管部门负责。行政指挥系统以各级行政部门中主管该项目的领导为首，以计划及其调度系统为主，由机关职能部门有关人员共同组成，是项目研制工作的行政组织者和指挥者。行政指挥系统要协调项目与项目之间，项目内部所涉及各职能部门之间的关系，其主要任务有：确定研制任务的组织与分工；组织研制协作配套网络，落实重大技术措施，制订项目研制计划并组织实施；进行日常的指挥调度，按行政管理渠道提供人、财的保障等，以保证技术指挥系统技术决策的实现与项目研制任务的按期完成。

在国防项目研制过程中，技术指挥系统和行政指挥系统相互支持，密切配合，两者既有明确分工，各负其责，又相互交叉，是项目统一指挥中两个相得益彰的侧面。一方面，计划、调度必须以技术为先导，行政指挥系统必须以技术指挥系统的设计与技术思想为依据，保证技术指挥系统设计与技术意图的贯彻与实现；另一方面，技术指挥系统在技术上进行决策时，必须以现实条件为前提，兼顾项目需要与可能，尊重行政指挥调度系统的意见。

一般国防项目承制单位行政正职对本单位质量工作和军工产品质量负全责。型号总指挥对型号研制质量负责；总设计师在型号总指挥领导下对型号设计试验质量负责。在国防项目研制过程中，项目管理组织必须突出以项目为中心。要具备强有力的组织领导和统筹力量，并与有关部门的决策机构结合起来，按系统原则进行组织，充分利用信息技术、计算机技术的最新发展成果，进行并行式的全方位动态管理，建立健全技术责任制和目标管理责任制，并使之具有可操作性和可检查性。型号任务的组织运作仍以职能部门为基础，设置项目专职人员或项目管理专职机构。按照相对于职能结构的矩阵式组织结构进行运作，以纵向(行政管理)与横向(项目管理)相结合的办法来处理专业与任务之间的关系，如图2.6所示。纵向是行政部门的指挥线，横向是项目研究的指挥线，纵横交叉形成矩阵。这种组织使专业人员处于专业和任务两个系统的管理之中，要对两个系统的领导负责，一旦分工不明确就可能造成两个系统的责任不明，也有可能在两种管理人员之间造成矛盾和冲突。因此，工作中要特别注意明确任务分工、职责，管理权限和作用范围，同时加强两系统之间的协调和信息沟通，使冲突与矛盾消除于未然。按照科研工作的规律管理科研，重视专家在组织管理上的作用，充分发挥他们的决策咨询和学术带头作用。

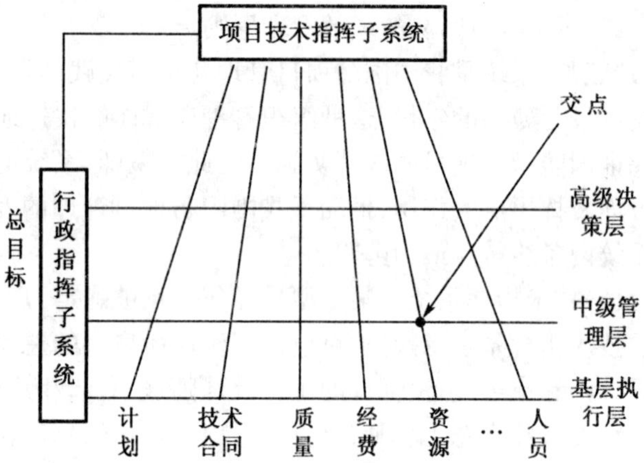

图 2.6 二维矩阵式项目组织

2.1.4 项目管理办公室

项目管理办公室是国防项目的管理组织，它是由项目经理领导的，负责按总装备部或军种规定的目标完成国防项目的管理任务的最基层管理部门。

项目管理办公室要根据项目的目标、性质、规模、管理原则、资源条件等进行项目办公室的业务部门设置、职务与岗位分析、工作设计等工作。

由于项目的目标、资源和环境的不同，所以不可能为所有项目的管理办公室都找出一个理想的业务部门设置模式。为此需要研究项目目标、项目任务、项目组织结构、项目组织的职位、组织职位间的责权利关系、组织协调和组织信息沟通等方面的各种要素之间的关系，需要合理地安排和配置这些要素，从而完成项目管理办公室业务部门的设置。为了确保项目工作在预算范围内按时、优质地完成，从而使项目的用户满意，每个项目都需要根据项目的具体情况对项目管理办公室进行科学的业务部门设置。

在初步确定了项目管理办公室的基本结构以后，需要进行职务与岗位分析。职务与岗位分析也称职位分析，它是将项目组织中每个职务或岗位的工作加以分析，以便清楚地把握该岗位或职务的特性，以及它在项目组织中与各职务或岗位之间的关系，从而确定该职务或岗位的工作规范和考核标准，同时确定这一职务或岗位在履行职责上所要求的技术、知识、能力与职责。职务与岗位分析的根本目的是确定项目组织中所需的职务和岗位及这些职务和岗位所需的任职条件，以便选拔和任用合格的项目人员去构成一个项目团队。职务与岗位分析的结果是形成一系列有关项目组织职务(或岗位)的工作描述和任职要求说明等文件。

工作设计是指为了有效地实现项目目标和满足项目工作者个人的需要而开展的有关工作内容、工作职能和工作关系的设计。它同职务与岗位分析既有区别又有联系。职务与岗位分析是对项目组织职务或岗位的客观描述，而工作设计是对各个职务或岗位的工作内容、工作方法与要求、工作关系、工作绩效要求等的设计、认定、修改或重新调整。工作设计需要利用职务与岗位分析所得到的信息，它是在职务与岗位分析的基础上，所做的各个项目职务或岗位的工作任务的细化。

在确定了项目管理办公室的结构以及各职位之后，按照需要配备相应的项目人员，组建项目的团队，履行项目管理办公室的职责，以确保项目在预算范围内按时、优质地完成，从而使项目的用户满意。

国防项目管理办公室的主要组织与管理职责有四个方面。

1.组建工作班子，配备各类管理人才

完成国防项目不仅需要钱，而且需要人。从实施有效管理角度来说，高质量的人才队伍可能比充足的物质条件更为重要。项目经理上任的第一件事就是根据项目的性质和规模，招揽各类管理人才，组建项目的管理班子——项目管理办公室（或武器型号办公室）。配置符合项目特点的管理机构（即搞好组织落实）是保障项目发展与成功的根本条件，是项目经理所面临的最重要的任务之一。项目办公室组成后，随着项目的进展和工作重点的变化，在项目各个阶段要适时地对项目办公室的组织结构进行考察并作出相应的调整。例如，在项目工作的早期阶段，项目办公室的人员配置需突出规划、合同签订和工程设计等方面的力量，而到了项目的后期阶段，工作班子专业人才的侧重点则要转移到试验鉴定、生产和后勤保障等方面。

2.制订规划、计划和策略，明确项目的目标与途径

对一个庞大复杂、周期漫长的国防项目来说，没有周密的计划，工作就不可能有条不紊、按部就班；只有制订了全面的、系统的和切实可行的计划，项目管理组织中各方面才能协同行动，各项工作才能有效开展，整个项目才能获得成功。规划、计划或方针策略不是一成不变的。随着项目的推进、情况的变化，要不断地对它们进行修订、调整。在项目管理过程中要考虑的规划、计划主要有以下几类：

(1)策略。这是整个项目必须始终遵循的统一的综合性策略，是实施各阶段计划和各类业务计划的指导文件。项目经理负责制订其所管项目的策略。

(2)计划。计划不同于指导整个项目过程的策略，它主要涉及项目下一阶段的工作安排，为阶段性工作计划。其主要内容是下一阶段所要考虑和解决的技术、进度、后勤、经费和商务等方面的问题。

(3)各项业务计划。项目管理组织除了制订统一的概述性的项目策略和项目计划之外，还要制订各类业务计划，以详细说明各项工作的具体部署。这类计划包括系统工程总体计划，综合性后勤保障计划，试验与鉴定总体计划，软件开发计划和技术状态管理计划等。另外，项目办公室还要审批承(研)制单位按合同规定所拟订的有关工作计划。

(4)进度计划。规定项目的进度安排是计划工作的重要内容。为了反映项目的重大活动和关键阶段，必须制订项目的总的进度计划。另外，还必须制订各阶段业务工作的日程计划。这些计划要经常修订，以反映目前状况和行将发生的事件。日程计划可用简单的图表和复杂的网络表示，形式不限。

(5)编制预算计划。编制预算计划是计划工作的关键部分，因为只有获得了经费，项目才能启动。预算编制过程是“规划—计划预算系统”的一部分，每年都要进行，贯穿于整个项目的始终。在制订出项目的管理策略并且根据总的进度计划划分了项目的阶段之后，即可编制项目的预算计划。编制预算要以切合实际的费用估计为基础，估计过高或过低对项目都不利。

3.监督和控制项目的进展，保障各项目标的落实

监督与控制是项目经理为确保各项业务按既定计划实施所采取的一切活动。首先是监督活动，这是实施控制的基础。项目经理必须掌握一套有效的监督、核查措施，以便检查和判断各项工作是否符合原定的计划要求。只有建立起灵敏的早期预报系统，项目组织才有望按照预先指导的方式而不是消极被动的方式实施有效的管理和采取切实的行动。可采用的监督手段包括：召开项目评审会，审察各业务报表，进行现场考察与审计。组织试验与鉴定，搜集或听取各基层单位(如驻厂买方机构)的资料、信息。

项目经理开展各项监督活动，不仅是为了掌握项目的进展状况、保证如实回答上级有关部门的询问，更主要的还是为了针对实际情况采取控制措施。例如，费用或进度监测系统一旦发现项目背离了既定指标，就要随即通过控制机制发挥抑制、调整作用，使之返回预定的行动范围或目标要求。项目经理所用的控制手段主要是与承(研)制单位约定的各种合同条款，诸如变动的限制因素、奖励与惩罚规定、按进展支付费用和终止合同的权力等。

4.指挥与协调内外力量，争取各方支持

项目管理办公室要负责对内指挥与对外协调工作，或纵向领导与横向平衡工作，或全方位(上下、左右、内外)的宣传鼓动工作。所谓领导/引导功能，是指项目经理及其工作班子对其他有关人士及组织施展影响、使之支持与配合项目的过程。这个过程虽然比较抽象，不如其他必备的物质条件那样具体，但如果没有它或者进行得很差，项目同样有可能告吹或失败。

(1)领导、指挥工作。项目经理对其主管项目的领导/指挥权表现在对内(项目管理办公室)和对外(承(研)制单位)两个方面。项目经理犹如公司的总经理，直接领导其所有部下。领导方式以对日常工作的口头指示为主，同时也通过书面指示和内部工作规程来指导和管理下属的业务活动，有时还可利用不太正规的备忘录指导其所属部门的工作。项目经理对项目组织外部的指挥，主要是指根据合同规定和有关法规授权对承(研)制单位的履约情况进行检查、

监督和指导。按法规要求,项目经理要通过有关部门而不是亲自签订或修改合同,但他最终要对合同的内容和执行承担主要责任。另外,项目经理还通过其他方式,如买方内部采购申请、订单、协议和谅解备忘录等,指导或取得其他军事部门对项目的支持。

项目经理及其工作班子,经常收到上级部门和有关领导人士对项目的种种指示和要求,其中有些意见可能是相互矛盾的,有些要求可能是代表不同利益集团的,如何协调和平衡它们,则是项目管理者发挥领导才能的又一表现形式。作为项目的实施者,他必须能结合项目的具体情况,对来自外部的指示和要求作出实事求是的解释和适当的反应。影响和协调外部指示的有效方法之一,是在项目出现问题和在上级拟改变政策之前,抢先一步进行解释、说服和引导工作。

(2)协调、保障工作。搞好对外联络,求得各有关方面对项目的一致看法和普遍支持,是对项目管理者领导艺术的严峻考验,也是项目管理方式有别于其他管理方式的主要特征。尽管大多数管理教材对此论述不多,但这方面的职能却占去了项目经理的一半精力和时间。为了让别人了解和支持自己所管理的项目,项目管理者不惜在军内外、相关部门之间奔走呼号,反复游说;他要参加无数次的协商会议和情况介绍会,向外界说明项目的重要性,解答别人对项目的质询,以便保障项目继续获得足够的经费支持。这方面的工作任务十分繁重,项目经理常常叫苦不迭。但为了使自己的项目在众多的竞争对手中站稳脚跟,为了不让各种不同的主张影响项目的进展和效能,项目经理不得不经常牺牲很大一部分内部业务管理而去忙于应付外界的平衡、协调工作。

上述每一方面都有其特殊的作用和意义,在不同的时期也可能需要突出不同的职责,但从项目管理的总体要求来说,它们密切联系、相互制约,因此不可顾此失彼,过分强调某一方面而忽视其他方面。一个全面负责的项目经理,对每一方面都应予以适当关注。项目经理应根据任务的轻重缓急,妥善安排各项工作;其本人在集中力量抓某项中心任务时,要委托或责成助手,协助自己搞好其他方面的工作,以便项目管理组织形成一个有机的整体,使各方面业务都能相互配合、协调发展。

2.2　项目团队管理

2.2.1　项目团队

1.团队的概念

团队是指在工作中紧密协作并相互负责的一小群人,他们拥有共同的目的、绩效目标以及工作方法,且以此自我约束。或者说团队就是指为了达到某一确定目标,由分工与合作及不同层次的权力和责任构成的人群。

团队是相对部门或小组而言的。部门和小组的一个共同特点是:存在明确内部分工的同时,缺乏成员之间的紧密协作。团队则不同,队员之间没有明确的分工,彼此之间的工作内容交叉程度高,相互间的协作性强。团队在组织中的出现,根本上是组织适应快速变化环境要求的结果,团队是高效组织应付环境变化的最好方法之一。为了适应环境变化,企业必须简化组织结构层级和提供客户服务的程序,将不同层级中提供同一服务的人员或服务于同一顾客的不同部门、不同工序人员结合在一起,从而在组织内形成各类跨部门的团队。

2.项目团队及其特点

项目团队就是为适应项目的高效实施而建立的团队。项目团队的具体职责、组织结构、人员构成和人数配备等方面因项目性质、复杂程度、规模大小和持续时间长短而异。项目团队的一般职责是项目计划、组织、指挥、协调和控制。项目团队要对项目的范围、费用、时间、质量、风险、人力资源和沟通等进行多方面管理。

从项目团队的定义中可以看出,这种组织有如下特性:

(1)项目团队是为完成特定的项目而设立的专门组织,它具有很高的目的性。这种组织的使命就是完成特定项目的任务,实现特定项目的既定目标。这种组织没有或不应该有与既定项目无关的其他的使命或任务。

(2)项目团队是一种一次性的临时组织。这种组织在完成特定项目的任务以后,其使命即终结,项目团队即可解散,在出现项目中止情况时,项目团队的使命也会中止,可以解散或暂停工作,待到项目解冻或重新开始时,项目团队可重新开展工作。

(3)项目团队由项目工作人员、项目管理人员和项目经理构成。其中项目经理是项目团队的领导、决策人物和最高管理者。对于大多数项目而言,项目的成败取决于项目经理的人选及其工作。

(4)项目团队强调的是团队精神和团队合作,这是项目成功的精神保障和项目团队建设的核心工作之一。因为项目团队按照团队作业的模式开展项目工作,这是一种完全不同于一般运营组织中的部门、机构或队伍的特定组织和特殊工作模式,所以需要强调团队精神与合作。

(5)项目团队的成员在一些情况下,需要同时接受双重领导,即既受原有职能部门负责人领导又受所在项目团队项目经理的领导。这种双重领导会使项目团队的发展受到一定的限制。有时还会出现职能部门和项目团队二者组织指挥命令不统一的情况,对项目团队造成影响。

(6)不同组织中的项目团队具有不同的人员构成、不同的稳定性和不同的责权利构成。一般项目型组织中的项目团队的人员构成多数是专职的,项目团队的稳定性高,而且责权利较大;直线职能型组织中的项目团队的人员构成多数是兼职的(包括项目经理和项目管理人员),项目团队的稳定性低,而且责权利较小;矩阵型组织介于这二者之间。

(7)项目团队还具有渐进性和灵活性等方面的特性。其中渐进性是指项目团队在初期多由较少成员构成。随着项目的进展,任务的展开,项目团队会不断地扩大。灵活性是指项目团队的人员多少和具体人选会随着项目的发展与变化而不断调整。这些特性与一般运营管理组织是完全不同的。

(8)项目团队建设是项目获得成功的组织保障。因为项目团队的工作是由项目团队成员完成的。项目团队建设的主要内容包括:项目经理的选择,项目工作人员的挑选,项目经理和工作人员技能培训与提高等方面的工作。

2.2.2　项目经理

1.项目经理的概念

项目经理即行政总指挥,又称项目主任。任何一个重大工程项目或计划,都要有一个人全面负责。如同公司要有经理、工厂要有厂长一样,国防项目也必须有一个总管。全权负责某一国防项目或武器型号的角色,称为项目经理(或型号主任、计划主任)。项目经理是军兵种在国防项目管理过程中项目的代理人,是处于管理体系最基层、站在研制/生产第一线的指挥官,是日常负责项目实施的直接监管者。项目经理按照总装备部或军兵种确定的政策和计划行事。为了保证项目管理的连贯性与一致性,在项目各阶段(如立项论证、研制)的关键时刻,项目经理不应易人。必须更换时,新、老主任应有一段交接过程。

项目经理对其所管辖的国防项目,要通盘考虑、全面安排、兼顾各方、把握大局。他要在上级大政方针的指导下,在项目管理组织各部分助手的协助下,做好规划、组织、控制、指导和协调等方面工作。具体地说,根据项目的特点制订适当的管理策略和具体的业务计划,选择经验丰富、训练有素的管理干部和专业人员分担各部门、各领域的管理和业务工作,通过竞争选择理想的承(研)制单位并商定适当类型的合同,在听取各方面建议的基础上对国防项目的费用、性能、进度、后勤保障和环保要求等进行综合平衡,并想方设法打通渠道争取多方面的支持。

国防项目周期相当漫长,各个阶段的工作要求与特点不尽一致。在立项论证或研制阶段适合于当项目经理的人到了生产阶段未必仍然合适,善于生产管理的人不一定善于后勤保障管理。所以,随着国防项目的进展,项目经理要作适当的更换。一个项目管理办公室可能存在一二十年或更长时间,其领导人由于任期和经验等限制,不可能长期不变,更不可能永远由一人担任。项目经理要经常易人是不可避免的。关键的问题是,在不同的阶段,对不同的工作,要选择最恰当的人担任这个重要角色。

根据项目管理的要求,按照计划承(研)制单位承担了买方的国防项目,则承(研)制单位就要选择一位项目经理,负责拟订技术方案,组建工作班子,确定竞争策略,同买方项目管理部门进行对话,负责同买方商定具体合同条款,并组织领导项目办公室按合同规定完成项目指标。在国防项目整个筹划、设计、研制、试验与生产过程中,承(研)制单位项目经理都始终起着关键作用。项目经理对企业是否能赢得合同、项目实施是否顺利和利润是否理想,负有很大责任。

买方项目经理和承(研)制单位项目经理的中心任务都是确保实现项目的既定目标。但两者工作的侧重点大不一样。承(研)制单位项目经理在合同签订后,基本上集中全力一门心思地落实约定要求,他所冥思苦想的主要是工程技术问题,日常从事的绝大部分是业务管理,是项目本身应有的事务。而买方的项目经理,如前所说,他绞尽脑汁所寻求的是上级和外界的继续支持,他的精力和时间不是花在项目本身的业务管理上,而是花在维护项目的外事活动上。

在国防项目管理过程中,买方处于主导地位,对项目事务起支配作用。买方和承(研)制单位项目经理是负责同一项目的搭档,他们的工作关系是对应的,但对项目的决定权却不是对等的。在性能、进度和后勤保障等变动方面,承(研)制单位项目经理一般要听从其买方项目经理的意见。因此,买方项目经理实际上可以指导或影响承(研)制单位项目经理的工作。这种关系体现了买方市场"买主是上帝""用户至上"的经济活动法则或特征,更何况这个买方不是一般平民,而是代表全民利益的政府部门;这个用户不是普通消费者,而是以血肉之躯为国家安全服务的武装部队。

2.项目经理的素质要求

项目经理是项目管理的主要责任人,他的能力、素质和工作直接关系着项目的成败。项目经理的根本职责是确保项目的全部工作在项目预算范围内按时、优质地完成,从而使用户/客户满意。项目经理在项目管理中责任重大,要求具备很高的素质。理想的项目经理应具备以下素质:

(1)具有较强的灵活性和适应能力;

(2)具有卓越的领导能力,能够影响、带领一般人完成组织的目标;

(3)具有较强的决策能力;

(4)有较强的沟通协调、处理冲突的能力;

(5)有进取心、自信心,有较强的语言表达能力和感染力;

(6)知识面广,是"T"型人才;

(7)富有想象力和创造力;

(8)具有吃苦耐劳的精神;

(9)具有强健的体魄,精力旺盛。

3.项目经理的主要职责及权力

项目经理的主要职责是:

(1)利用可用资源,在规定时间、成本和技术条件内带领大家共同完成一定的任务;

(2)完成合同所要求的效益目标;

(3)进行项目的决策;

(4)传递和沟通外部与项目内部之间的信息;

(5)处理可能出现的矛盾和冲突。

具体来说,项目经理的职责主要表现在界面管理、资源管理、计划和控制等方面,项目经理的职责可概括为:

(1)界面管理。交界面包括产品界面、项目界面、用户、公司职能部门、信息流、物资接口等。

(2)资源管理。资源管理包括时间(进度)、人力、资金、工具、设备、信息/技术等管理。

(3)计划和控制管理。主要包括制订计划和进行过程控制管理,提高设备利用率,增加成果效益,减少风险,识别问题,确定解决矛盾的方式等。

在明确项目经理的责任的同时,应该明确项目经理的权力,项目经理拥有的权力应该包括:

(1)项目的核心地位;

(2)参与企业的主要管理与技术决策;

(3)具有项目的人事、资金支配权;

(4)具有选择子承包商的权力;

(5)解决冲突的权力;

(6)解决与职能经理之间矛盾的权力;

(7)建立项目组织的权力;

(8)建立项目计划,并实施监督的权力;

(9)保持与主要客户的联络和接触。

2.2.3　团队发展与建设

一个项目团队从开始到终止,是一个不断成长和变化的过程,这个发展过程可以描述为五个阶段:组建阶段、磨合阶段、正规阶段、成效阶段和解散阶段。几乎所有的项目都经历过大家被召集到一起的初始阶段,这是一个短暂的时期。很快进入磨合阶段,这时成员之间互相还不了解,时常感到困惑,有时甚至会产生敌对心理。接下来在强有力的领导下,团队的工作方式在正规阶段得以统一,随后团队以最大成效开展工作,直至项目结束,项目团队解散。

1.组建阶段

在组建阶段,团队成员从原来不同的组织中被调集在一起,大家开始互相认识,这一时期的特征是队员们既兴奋又焦虑,而且还有一种主人翁感,他们必须在承担风险前相互熟悉。一方面,团队成员收集有关项目的信息,试图弄清项目是干什么的和自己应该做些什么;另一方面,团队成员谨慎地研究和学习适宜的举止行为,他们从项目经理处寻找或相互了解,以期找到属于自己的角色。

当成员了解了团队的基本情况后,就为自己找到了一个合适的定位,并且有了自己作为团队不可缺少的一部分的意识,当团队成员感到他们已属于项目时,他们就会承担起团队的任务,并确定自己在完成这一任务中的参与程度。当解决了定位问题后,团队成员就不会感到茫然而不知所措,从而有助于其他各种关系的建立。

这一阶段的领导角色是组织者,领导行为主要是指导、组织和指导班子成员的工作,使每个人都对具体活动负起责任,在解释每个人的任务时激发其责任感,并将项目团队建立起来。

2.磨合阶段

团队发展的第二阶段是磨合阶段。团队形成之后,队员们已经明确了项目的工作以及各自的职责,于是开始执行分配到的任务。在实际工作中,各方面的问题逐渐显露出来,这预示着磨合阶段的来临。现实可能与当初的期望发生较大的偏离,于是,队员们可能会消极地对待项目工作和项目经理。在此阶段,工作气氛趋于紧张,问题逐渐暴露,团队士气较组建阶段明显下沉。

团队的冲突和不和谐是这个阶段的一个显著特点。成员之间由于立场、观念、方法、行为等方面的差异而产生各种冲突,人际关系陷入紧张局面,甚至出现敌视、抵触的情绪以及向领导者挑战的情形。冲突可能发生在领导与个别团队队员之间,领导与整个团队之间以及团队成员之间。这些冲突可能是情感上的,或是与事实有关的,或是建设性的,或是破坏性的,或是争辩性的,或是隐瞒的,不管怎样,应当力图采用理性的、无偏见的态度来解决团队成员之间的争端,而不应当采用情绪化的态度。

在这一时期,团队队员与周围的环境之间也会产生不和谐因素,如队员与项目技术系统之间的不协调,团队队员可能对项目团队采用的信息技术系统不熟悉,经常出差错。另外,项目在运行过程中,与项目外其他部门要发生各种各样的关系,也会产生各种各样的矛盾冲突,这些都需要进行很好的协调。

在这一阶段领导行为以支持为主,建立切实可行的行为和工作标准,向成员解释应当做哪些工作,通过反馈激发成员的行为动机。一旦团队安定下来,领导角色就变成了顾问和困难解决者。

3.正规阶段

经受了磨合期的考验, 团队成员之间、团队与项目经理之间的关系已经基本确立,绝大部分个人矛盾已得到解决。总的来说,这一阶段的矛盾程度要低于磨合时期。同时,随着个人期望与现实情形(即要做的工作、可用的资源、限制条件、其他参与的人员)的统一,队员的不满情绪也就减少了。项目团队接受了这个工作环境,项目规程得以改进和规范化。控制及决策权从项目经理移交给了项目团队,凝聚力开始形成,有了团队的感觉,每个成员觉得自己是团队的一员,同时也接受其他成员作为团队的一部分。每个成员为取得项目目标所作的贡献得到认同和赞赏。

这一阶段,成员之间开始相互信任,广泛地交流信息、观点和感情,合作意识增强,他们可以自由地、建设性地表达他们的想法和意见。团队经过这个社会化的过程后,建立了忠诚和友谊,也有可能建立超出工作范围的友谊。

这一阶段项目进入正常运作时期,领导行为以指点为主,让其他队员构造任务,共同进行工作。团队还需要有鼓舞人心的领导者以保持团队发展的势头。

4.成效阶段

经过前一阶段,团队确立了行为规范和工作方式。项目团队积极工作,急于实现项目目标。这一阶段的工作绩效很高,团队有集体感和荣誉感,信心十足。项目团队能开放、坦诚、及时地进行沟通。在这一阶段,团队根据实际需要,以团队、个人或临时小组的方式进行工作,团队相互依赖度高;他们经常合作,并在自己的工作任务外尽力相互帮助;团队能感觉到高度授权,如果出现问题,就由适当的团队成员组成临时小组,解决问题,并决定如何实施方案。随着工作的进展并得到表扬,团队获得满足感。个体成员会意识到为项目工作的结果是他们正获得职业上的发展。

相互的理解、高效的沟通、密切的配合、充分的授权,这些宽松的环境加上队员们的工作激情使得这一阶段容易取得较大成绩,实现项目的创新。团队精神和集体的合力在这一阶段得到了充分的体现,每位队员在这一阶段的工作和学习中都取得了长足的进步和巨大的发展,这是一个 $1+1>2$ 的阶段。

这阶段的领导行为以委托为主,将工作和相应的权限交给成员,放手让成员自主完成项目任务,通过有效地控制、尊重和信任来激发成员。

5.解散阶段

对于完成了某项任务,实现了项目目标的团队而言,随着项目的竣工,该团队准备解散。这时,团队成员开始骚动不安,成员们考虑自身今后的发展,思考"我以后可怎么办",并开始作离开的准备。有时,团队仿佛回到了组建阶段,必须靠改变工作方式才能完成最后各种具体任务。需由项目经理告诉各成员还有哪些工作需要做,否则,项目就不能圆满完成,目标就不能成功实现。

此时,项目经理要采取措施收拢人心,稳住队伍,调动团队的凝聚力,让大家"站好最后一班岗";同时,也要考虑以后如何安排成员的问题,把项目的结束工作做好。

2.2.4　绩效评估与激励

绩效评估与激励是项目人力资源管理的一项重要工作,是调动项目成员积极性和创造性的最有效的手段之一。

1.绩效评估

绩效评估就是工作行为的测量过程,即用过去制定的标准来比较工作绩效的记录并将绩效评估结果反馈给职工的过程。它是以工作目标为导向,以工作标准为依据,对员工行为及其结果的综合管理,目的是确认员工的工作成效,改进员工的工作方式,奖优罚劣,提高工作效率和经营效益。

绩效评估一般分为三个层次进行:组织整体的、项目团队或项目小组的、员工个体的绩效评估。其中,员工个体的绩效评估是项目人力资源管理的基本内容,也是本节讨论的对象。

为了充分发挥绩效评估的作用,达到绩效评估的目的,在绩效评估中必须遵循公开、客观、公正、多渠道、多层次、全方位考评的原则。由于绩效考评的对象、目的和范围复杂多样,因此绩效考评的内容也比较复杂。一般绩效评估的基本内容包括工作业绩考评、工作能力评价、工作态度评价三个方面。

一般来讲,项目组织的绩效考评工作大致需要按照以下程序进行:首先要制订考评工作计划,接下来要制定评价标准和评价方法,再进行数据资料的收集,然后要开展分析与评价,最后公告和运用绩效考评的结果。项目组织绩效考评的方法有很多,不同方法的侧重点不同,所适用的考核目标和考核对象也不同。在开展绩效考评时,要根据具体项目的实际情况,综合运用各种考评方法。一般常用的方法有:评分表法、工作标准法、排序法、描述法等。

2.激励

人的行为是由动机决定的,而动机是由需要支配的,有需要才能产生动机。因此,在管理中如何进行激励,以满足项目成员的需要,使个人行为与组织的目标相一致,这是管理中要解决的首要问题。马斯洛的需求层次论和麦克里兰的成就动机理论等阐释了人的需求有哪些以及人的需求的层次问题,赫茨伯格的双因素理论、弗隆姆的期望理论和亚当斯的公平理论等激励理论对激励过程的具体实施起了指导作用。

激励一般分为三种:物质上的激励、精神上的激励和竞争机制下的激励。物质激励的作用主要产生于对物质、财产和金钱等方面的占有欲,表现为一种发自内心的动力。物质激励是基础,它的激励作用是表面的、深度有限的,而且随着人们物质性财富的增长呈现边际递减的趋势。精神上的激励作用主要产生于追求精神、心理上和事业上满足的一种内在动力,人的素质越高,这种激励的效果越大。竞争机制下的激励作用主要产生于外界强大的竞争压力,通过这种竞争压力,形成了一种合理公平的竞争环境,使人们的行为受到制约,如果干得不好,将会受到解雇、惩罚等。

竞争机制产生的压力(*CP*)、物质性激励(*MI*)和精神性激励(*SI*)可以转变成人们行动的动力。从图 2.7 中可以看出,如果处于 *B* 状态的人没有更高的期望,感到维持现状很不错,但也必须努力工作,否则不进则退,他会在竞争中失去已有的东西而降至 *A* 状态。竞争压力(*CP*)相当于一种维持力，使你不得不努力工作。如果处于 B 状态的人不满足现状，有到达 C 处的更高期望，则他不仅受到了竞争的压力，而且还受到了精神和物质两方面的激励，从而使人从 B 状态达到 C 状态。因此，可以定义人们行动动力 $M=f(MI,SI,CP)$。

一般情况下，M 是 MI，SI，CP 的递增函数，SI，MI，CP 越大，则 M 越大。当然如果 CP 过大，超过了人的忍受能力，M 就会变得很小；如果期望 C 状态过高，可望不可及，则 M 也会变得很小。

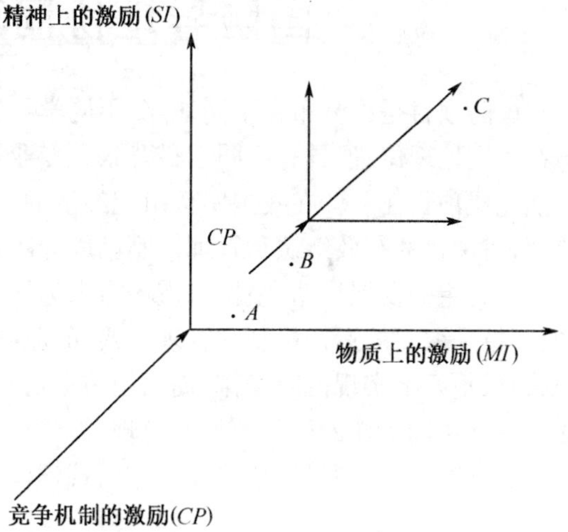

图 2.7　激励模型

根据激励模型，在国防项目的组织管理中，应建立一种涵盖这三种激励因素的激励机制，其要点包括以下三个方面：

(1)建立公平合理的分配制度。彻底打破平均主义和大锅饭，树立效率优先、兼顾公平的观念，在一定范围内，拉开收入差距，设立关键岗位津贴，让真正能干的人得到合理的报酬，建立项目奖励基金，重奖那些在项目实施中有突出贡献的人。通过建立公平合理的分配制度，从物质上激励项目管理、技术等人员以百倍的工作热情投入工作。

(2)建立有效的精神激励机制。首先，对那些表现出色的人员要创造适合他们发展的机会，多压担子，让他们从事具有挑战性的工作，并给予较大的自主权，使他们产生成就感和自我实现感，并根据实际情况，推荐其到更高层次的管理和技术位置上去。其次，要加强培训工作，对项目人员进行专业和技术培训，这既是完成项目的需要，也是满足个人发展的需要，是一举多得的激励手段。要根据各个项目的实际需求和对各项目人员培养发展的需要，对各层次项目人员进行不同等级、不同方面、不同需求的培训，努力创造一个有利于人才成长的良好环境。在当前，要尤其注重对项目管理知识和方法体系的培训，各个层次的项目人员对项目管理知识和方法体系的掌握和了解是项目管理方法能够得以贯彻的根本基础，项目的成功是靠先进项目管理思想武装起来的项目人员的共同努力来实现的。再次，通过设立各种荣誉称号和精神上的激励，满足人们的自尊和希望得到尊重的需要，从而激励人们奋发向上。

(3)建立能上能下的竞争机制。要建立科学、客观、公平、公正、公开的项目评价体系，对项目人员适时进行考核和评价。根据考评结果，对各层次项目人员进行动态调整，充分运用“鲶鱼效应”，建立公平的竞争环境，做到位置能上能下，人员能进能出，收入能多能少，职务能高能低，做到有奖、有罚、有聘、有不聘、有解聘，真正建立起催人上进的、有竞争压力的环境。

2.3 国防异地协同项目管理的组织模式

国防项目是由分布在不同地点、不同学科领域的众多研制单位共同参与来实施的,需要分布在不同地理位置、具有不同学科背景和专业知识与实践经验的多个部门人员共同协同工作才能完成项目任务。在我国实行市场经济的今天,特别是在加入 WTO 和逐步与国际接轨的形势下,对项目的有效组织和管理控制已成为决定国防项目生命力的关键。因此,为了贯彻"坚持以我为主的发展道路,坚持以市场需求为导向,坚持充分利用全行业的优势,开展全国大协作,坚持采取新的运作机制和管理模式"的原则,从整体上合理地利用人力、物力资源,增强资源共享,更好地实现协同工作,提高国防项目开发的成功率,提高研制效率,保证项目成功。对面向异地协同工作的国防项目的管理,需要从项目的整体角度对各要素进行系统分析,基于系统思想,建立国防项目异地协同工作的管理模式框架。

2.3.1 异地协同项目管理结构模型

1.异地协同工作项目管理结构模型的提出

面向异地协同工作的国防项目研制是一项复杂的系统工程。对于大型复杂的国防项目总是按照性质或需要分成若干子项目,由分散在异地的参研单位分工负责其中的一个或多个;异地协同的参研单位根据分工,运用相关的知识、技术、方法、工具和流程完成项目任务。在这个过程中,为了达到国防项目预期的目标,分散在异地的各参研单位必须进行有效地交流、协作,项目目标能否实现,项目能否成功很大程度上取决于各参研单位对项目变化、控制与管理等有关信息及时准确的传递。在信息时代,要充分利用现代信息技术,保证全面及时的信息传递,实现信息共享,提高项目管理能力与水平。根据异地协同项目管理的特点和实际管理的需要,面向异地协同工作的项目管理结构模型(如图 2.8 所

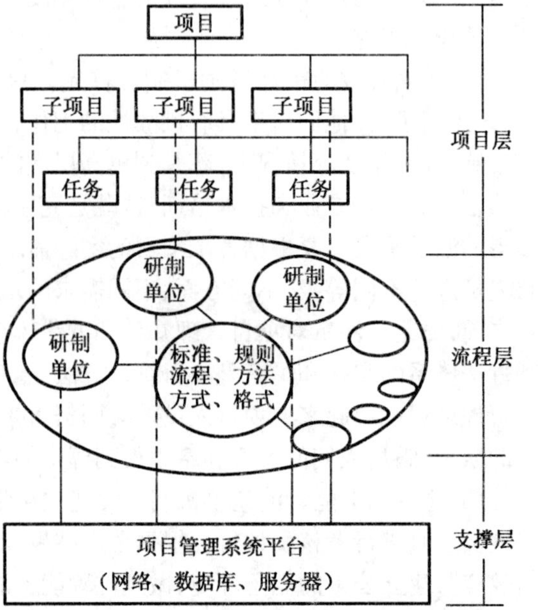

图 2.8 异地协同工作项目管理结构模型示意图

示),是由项目层、流程层和支撑层构成的。

2.项目层

项目层就是依据系统的原则对大型复杂的国防项目进行全范围的分解,并根据项目需要确定各参研单位,并将分解后的项目任务和责任分配给各参研单位。

国防项目的提出是出于国防发展的需要,一般都投资巨大,包含的任务多,涉及的技术领域多而复杂,任何一个单位都不可能独自完成这样大规模的项目。同时随着国防工业发展的需要,国防项目越来越复杂,规模越来越大,要求越来越高,这导致研制周期不可避免地加长,但出于科学技术的发展和国际环境与形势的需要,又必须缩短项目的研制周期,注重国防项目的时效性,避免出现还未交付使用,该项目产品就成为性能上的过时货。因此,一般大型国防项目由众多的参研单位分工协作,根据自身的优势和特长共同参与研制,通过并行协同工作加快研制进程,缩短项目研制周期,使项目产品尽快发挥作用。

国防项目的主管部门根据项目的构成或工作过程,按照系统分解的思路,运用工作分解结构方法,将国防项目分解为若干个子项目,在综合协调的基础上确定各参研单位,与各参研单位签订合同,实行指令性计划下的合同制管理模式。

国防项目的各参研单位分布在不同的地区,在一定时间内,为了共同完成一个项目而联合在一起,充分发挥各自的优势,通过合作关系中正式、非正式的联系和相互沟通交流以及协同工作,使项目顺利并有效地完成,其组织形态如图2.9所示。

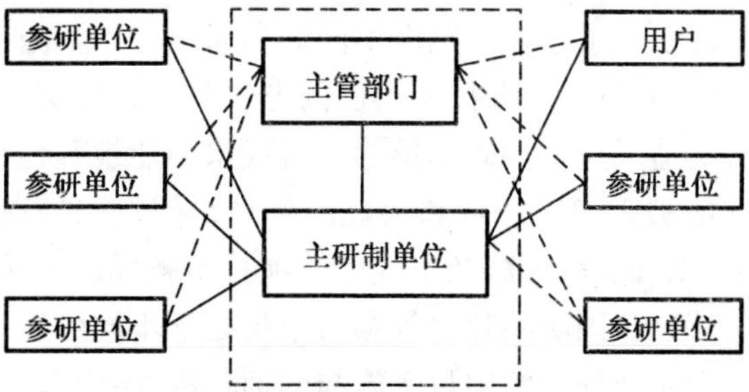

图 2.9　国防项目参研单位组织形态示意图

按照分工,国防项目的各参研单位要在规定的时间、费用等约束条件内完成各自的项目任务。在这个过程中各参研单位需要定期与项目的主研制单位就项目的进展、变化等情况进行沟通、汇报和交流;项目主研制单位需要定期向主管部门汇报项目的进展情况和资金的使用情况,从而使主管部门能够从整体上把握项目的进度和成本,以便进行协调控制管理。

3.流程层

流程层是国防项目的各参研单位按照规定的标准,规范的流程、方法与工具完成项目任务,并提交符合标准规范的项目成果,在这个过程中,各参研单位按照标准规范的方式、方法、流程与格式,依据相应的授权权限就项目的变化、控制管理等各方面信息进行沟通交流与汇报。

在国防项目实施过程中,为了管理的方便和缩短研制周期,将项目分解成许多子项目,并由各参研单位分别来实施这些子项目。国防项目本身就是一项复杂综合的系统工程项目,分解后的各子项目不是割裂开来毫无关系的,而是相互之间存在着衔接、交叠及并行交错的复杂关系,这些关系不仅表现在各子项目之间,而且在子项目内部各项目任务之间也存在,某子项目的成果可能是另外一个子项目完成的基础,其实施过程中产生的信息数据又对其他子项目有着重要影响,如图 2.10 所示。

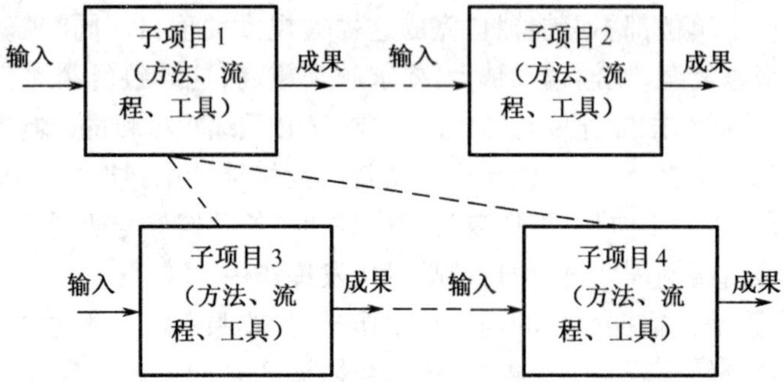

图 2.10 子项目相互影响示意图

由于各子项目分别由不同的参研单位来实施,如果各单位都按照自己的方式、方法与流程来完成项目任务,并按照自己的方法与格式来交付项目任务成果,进行项目有关信息的沟通,势必会造成这个参研单位的项目成果不能被其他单位很好地接受与使用,其有关的项目信息也不能被正确地理解和很好地处理,导致项目管理混乱。因此建立一套系统完善的,包括方式、规则、流程、方法及格式等的项目实施标准是项目成功实施的保障。

特别是国防项目的各参研单位处于不同的地区,很多事情不能进行面对面的沟通,如果没有一套系统规范的项目实施与沟通标准,不仅各参研单位间的沟通存在弊端,而且项目的主管部门也难以对各参研单位进行有效监控,项目的按期实现就难以得到保证。因此,为了提高项目的执行效率,面向异地协同工作的项目管理必须建立一套系统、详细的项目实施、沟通规范与标准,各参研单位都必须按照规定的标准、规范、流程、规则与格式来实施项目任务,交付项目任务成果,进行项目信息的沟通、交流与汇报。

4.支撑层

支撑层是支持异地协同工作的项目管理系统平台,包括网络、数据库、服务器等软、硬件环境条件。

处于不同地区的协同工作的项目团队,在项目实施过程中需要相互传递大量的项目信息、数据与文档,而网络与项目管理信息系统平台是项目团队协同工作的支撑,保证全面及时的信息传递,实现信息共享的基础。

为了保证项目信息与文档的及时有效传递，各参研单位必须建立统一的计算机软、硬件环境，安装使用相同版本的计算机软件，使用同一种支持异地协同工作的项目管理系统，这样才能真正实现项目信息数据的有效处理与传递，提高项目执行效率，保证项目按期、成功地实现。

通过异地协同项目管理系统可以实现的功能如下：

(1)为各个项目划分子项目，子项目中再划分各类任务，并限定各项任务的完成期限；

(2)项目、子项目和任务各种信息的输入、修改以及管理；

(3)由于完成等原因所需项目、子项目和任务信息的删除；

(4)按照某种条件查询统计符合条件的项目、子项目和任务信息；

(5)快速得到有关正在进行中的以及已完成的项目、子项目、任务的信息，显示每个项目中的相关人员的工作进度及状态；

(6)为同一项目、子项目中的任务负责人划分等级，并可以重新指定新人员来完成任务；

(7)根据选择的工作组来区分用户的权限，快速浏览有关人员的重要信息等；

(8)项目管理系统的使用帮助。

由于国防项目的特殊性，在项目实施过程中，项目信息与数据的保密性以及传递的保密性是必须重点考虑与管理的内容。

2.3.2　异地协同项目管理控制模型

异地协同项目研制是一项复杂的工程项目，涉及研制的各个方面。从技术角度看，不管研制过程多么复杂，都可以应用项目管理中的项目层次分解来简化研制过程的管理。异地协同研制强调的是群体工作方式，因此除了对复杂项目按项目管理进行分解简化管理外，在项目研制的不同阶段、不同 IPT 之间需要传输大量产品设计信息，即数据流程。如何根据异地协同研制业务流程来组织和控制数据流程的高效运行是国防项目组织管理的一个重点内容。图 2.11 是异地协同研制过程管理控制的四层次模型。

图 2.11 中，项目层是异地协同项目研制过程中的最高层次，它直接服务于异地协同项目研制实施总目标；子项目层是一种基于 IPT 群体协同工作方式的逻辑结构层，它从组织上保证异地协同项目研制的敏捷性和并行性；任务层是从粗粒度上对项目进行的一种划分，面向参与异地协同项目研制过程的某一协作群体；最底层的活动层是从细粒度上依据不同任务的不同要求进行划分的，面向参与项目研制的特定角色。整个异地协同项目研制过程管理由上层的项目管理和下层的工作流所组成，上层的项目管理主要完成项目的“宏观过程”管理，下层的工作流则主要完成“微观过程”的管理。由图 2.11 可知，从项目层到任务层表现为完成复杂异地协同项目研制时群体成员之间的分工与合作，而从任务层到活动层则表现为完成具体任务时小组之间交互行为的协调。通过对异地协同项目研制过程不同层次的抽象，可以将某一具体异地协同项目研制看成是由多个 IPT 组织管理的一个彼此相关的任务集合，而在任务层下又

可将某一任务分解为基于工作流管理范畴的一个有机活动的操作序列。这种根据异地协同项目研制过程的层次化抽象的最大好处在于可将异地协同项目研制的应用逻辑和过程逻辑进行分离,不修改具体功能的实现而只修改任务模型即可改变项目的执行流程,以提高过程管理的柔性,适应不同项目的具体应用需要。

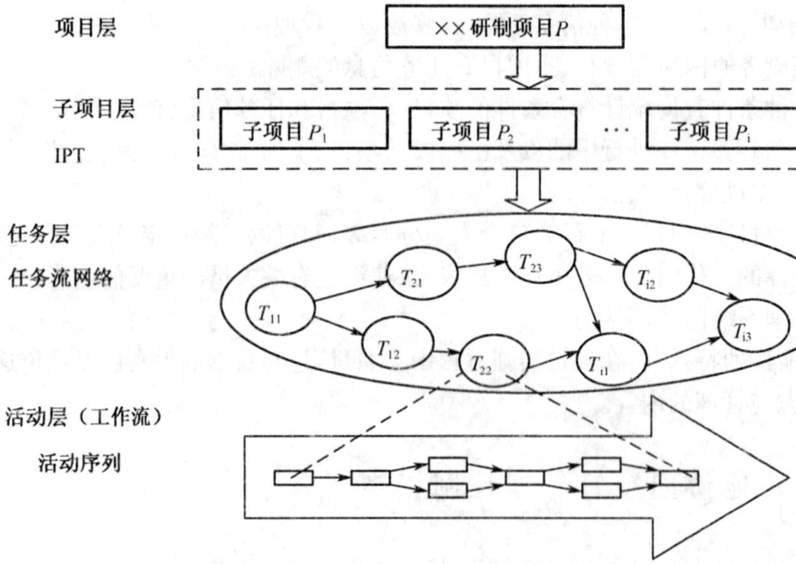

图 2.11　异地协同项目管理控制模型

2.3.3　异地协同项目的组织管理

1.管理机制

我国国防项目由总装备部负责项目全寿命管理,实行国防项目合同订货制度。在总装备部的统一领导下,实行计划管理与合同管理相结合的分层次管理的管理体制。总装备部与军兵种及有关管理机构之间是计划管理的关系,军兵种及有关管理机构与任务承担单位之间是合同管理的关系。

国防项目的管理采取项目管理方式,即根据某个国防项目发展的需要而建立的特定的组织形式或管理方式。这种管理方法由美国创立并随着第二次世界大战时致力于作战任务的军事战术特编组织的出现而诞生。由于其效果良好,很快被各国普遍推广应用。采用项目管理方式可以充分调动项目执行单位的潜力。

根据我国实际情况,国防项目管理的组织结构为直线结构与矩阵结构相结合的组织形式,其上半部分为行政管理结构(直线结构),下半部分为项目结构(矩阵结构),这种组织结构的优点是便于统一指挥,决策效率高,避免条块分割,实现资源共享,以充分协调和利用现有的技术力量。国防项目实行集中领导下的分级、分责、分层次管理体制。国防项目管理组织机构的示意图如图2.12所示。这种模式实际上是一种复合结构形式:宏观上实行集中管理和统一指挥,对项目管理则实行灵活的矩阵制。这样既可以保证从系统整体上把握全局,用国家指令性计划保证国内有实力的承(研)制单位能打破条块分割而加入到国防项目的行列中来,保证了经费等资源地集中调配和重点保障,有利于项目的开展,避免了重复研究和浪费;又可充分利用全国各行业部门的人才和设备等资源,使其优势互补,联合攻关,以获取整体最佳效益。

国防项目管理过程中,应由一位负责的管理者(项目经理)按照项目管理的概念进行指导。

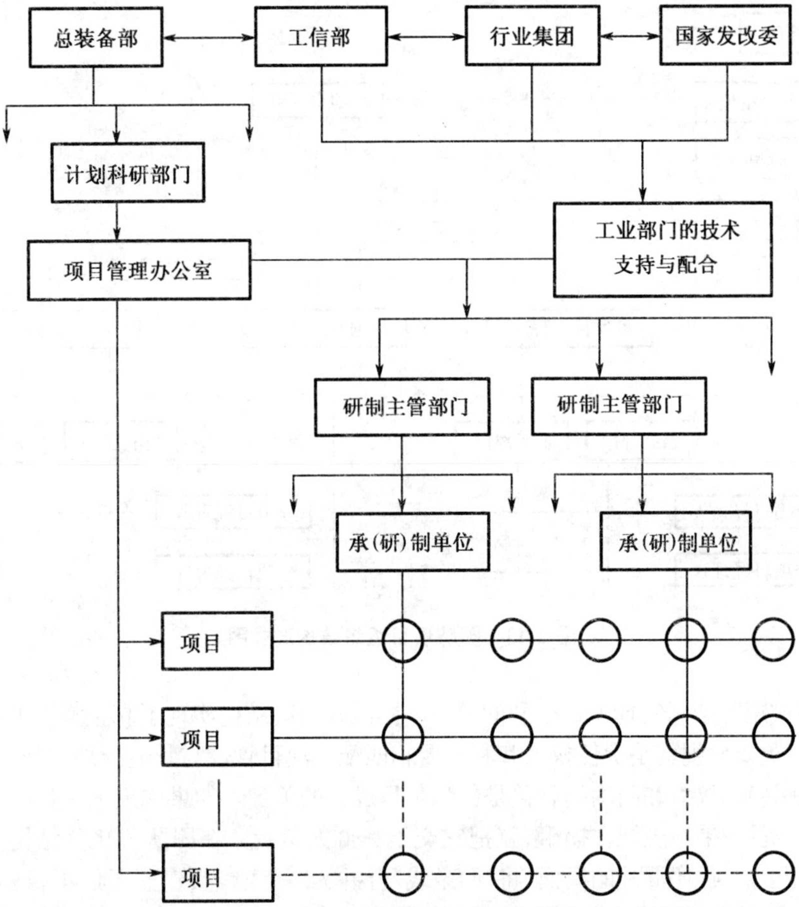

图2.12 国防项目管理组织示意图

项目经理的作用,就是通过项目管理手段,指导国防项目的研制、生产和部署以及与项目密切相关的其他活动。

国防项目管理办公室是国防项目管理的主体部分,行政上接受军兵种装备部的领导,业务上接受总装备部指导,行使对国防项目的日常管理职权。

2.组织结构

根据国防项目的特点,综合所有因素,国防项目组织应建立一种团队式矩阵组织结构,如图 2.13 所示。从形式上看,它介于项目型组织与矩阵组织之间,更为重要的是,从管理思想和理念上,它又吸收了组织学习、流程重组、并行工程和团队管理等新理念,使国防项目组织从形式到内涵有较大的飞跃。其主要特点有以下三点。

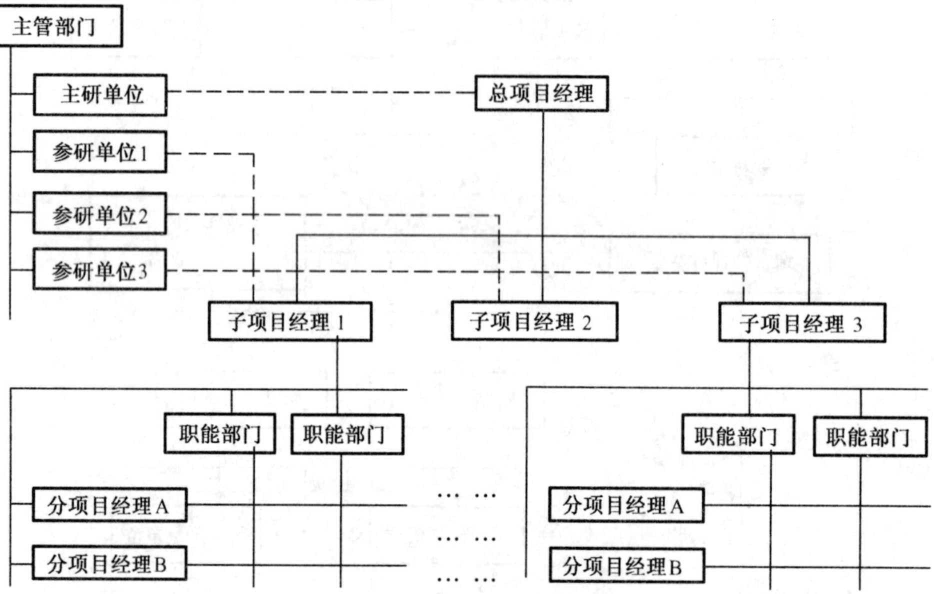

图 2.13 国防项目组织结构形式图

(1)团队式矩阵结构实现了责权利的统一。团队式矩阵结构实现了真正意义上的项目管理,管理学的一个重要原则就是责任权力和利益要相匹配。项目管理与其他管理一样,明确的目标、明确的责任、明确的权力和明确的利益是保障项目成功的关键。如果你想把一件事做成,就把它交给一个人负责;如果你想把它搞砸,就把它交给一群人负责。在团队式矩阵结构中,消除了目前存在的责任不清、程序混乱的局面,将“两条线”合并为“一条线”,建立了以项目经理为核心的管理机制,项目经理真正地“到位”,改变了项目经理由各级领导兼任的局面;设立项目技术负责人,在项目经理领导下,进行有关的技术管理工作;加强技术论证部的地位和作用,把它定位为项目技术工作的“总参谋部”,为项目经理和项目技术负责人提供决策咨询。

(2)团队式矩阵结构的核心是团队结构。团队矩阵组织区别于以往的专业化、职能化的组织结构,它打破了传统部门之间的壁垒,它强调跨部门、跨功能和跨人员的横向集成,并建立了跨职能部门的一体化小组。该团队小组作为对项目流程重组的组织单元,废除了传统的垂直等级体制,突出了工作的协调和集成,使组织呈现柔性和扁平化的特点,提高了信息的传递速度和组织对环境的响应速度。团队小组如同一个星系,项目经理是星系中的恒星,在项目的实施中始终处于组织的核心,对项目负责;围绕项目经理的是项目小组成员,是星系中的行星,主要由设计、制造、营销、可靠性设计、后勤保障、外协和用户等人员组成,构成了一个能够自由交换信息的环境,从而有利于形成新的思想,能够及早解决项目实施中出现的矛盾和错误,并为实施并行工程系统管理打下了组织的基础。

团队结构根据实际,可以分成多层次的团队小组,正像人体的形态结构和发展规律一样,在团队式矩阵组织结构中,该组织结构的决策机构相当于人的大脑,企业信息系统对应人的神经系统,团队一体化小组(分为四个层次)分别对应人体的系统、器官、组织和细胞。在人脑的指挥下,借助中枢神经系统,各个组织和器官有效完成各种机能活动,保证了人体内、外环境的高度统一。

(3)团队式矩阵组织是有层次的。团队式矩阵组织可以分为三个层次:战略层、项目层和职能层。战略层主要由企业最高层人士担任(即图中的项目高级经理),其主要职能是对多个项目进行协调,达成企业资源在各个项目之间优化配置的目标,既要消除职能部门之间的界面,又要消除项目之间的界面。团队式矩阵组织又是一个矩阵组织,因此可以分作项目层和职能层。人类社会正在步入信息化时代,信息资源已经成为一种重要资源,权力的大小决定于信息掌握的多少。项目经理作为项目的负责人,掌握了项目的各种信息资源,而职能部门经理只掌握了本部门局部的信息,因此职能部门只能作为一个辅助部门,充当“蓄水池”作用,应围绕着项目层这个核心展开工作,为项目提供人力、物力和技术。项目经理要负更大的责任,与此同时分享着较大的权力,对项目的过程进行管理,承担着项目成败的责任。

(4)团队矩阵组织是一个学习型的组织。学习型组织是指通过培养充满整个组织的学习气氛,充分发挥员工的创造性思维能力而建立起来的一种有机的、高度柔性的、扁平化的、符合人性的、能持续发展的组织,它的本质是一个具有持久创新能力去创造未来的组织。

团队式矩阵组织是一个学习型组织,应当在项目实施的过程中,努力倡导这种管理理念,并努力把组织塑造成为学习型组织。空军武器装备项目是团队式矩阵组织,它通过组织学习,具备以下特点:

①全体组织成员拥有一个共同的愿景,它能在组织中起到鼓舞人心的巨大凝聚作用。如果一个企业缺少全体员工衷心共有的目标、价值观和使命感,那么它必定难成大器;

②二是组织由多个创造性一体化的团队小组组成,通过工作学习化,使成员活出生命意义;通过学习工作化,使组织不断创新发展;

③自主管理。人具有主体性,这就在某种程度上决定了外部管理和控制的无效性,因此,管理的使命是依靠人的主体性的充分发挥并通过帮助人们实现自主管理来实现管理的目标。一个聪明的领导人不是考虑自己怎么辉煌,而是考虑怎样为员工提供实现辉煌的机会,通过实施自主管理,使人的主体性得到充分的发挥,让员工体会到成功的乐趣,从而激发他们更大的工作热情,作为领导也就成功了;

④领导者应有新的角色。企业领导者要扮演好三个角色:优良系统的设计师、共同愿景的仆人和好的教师。

学习型组织还改变了以往等级权力控制型的管理模式,学习型组织强调"学习+激励",而不是"制度+控制"的管理模式 。国防项目组织,要建立学习型组织的管理理念,通过组织学习提高组织各方面的水平,促使整个组织大跨步前进。

国防项目采取团队式矩阵组织,它吸取了职能组织和项目组织的优点,项目在全过程开发中有专门的人员和机构负责, 建立了明确了责任制,大大加快了项目的研制周期;该组织又能充分利用各个职能部门的资源,并创造了一种适合专业人员全面发展的环境;富有一定的弹性和柔性,易于适应环境和项目任务的变化;该组织由于进行了分层管理,能够使企业高层摆脱项目的日常工作,集中精力思考一些全局性的和战略性的问题;该组织把一些先进的管理理念融入到组织的内涵之中,适应了科学技术发展和环境变化对管理科学的要求。当然,这种组织界面关系交叉复杂,对项目经理要求很高,组织内的冲突现象较普遍,组织内还存在着多重信息流和多重领导等问题。

3.组织过程

国防项目由各军兵种负责,各军兵种根据国防发展战略、内外情况和自身的状况提出项目要求。主管部门任命项目的负责人——项目主任或型号主任,组建项目管理办公室。联合计划由总装备部指定牵头部门,由牵头部门任命项目主任,并在牵头部门建立统一的管理机构。

项目管理办公室牵头负责项目的立项论证、综合论证等项目上马前的前期论证工作。

项目被批准立项后,项目管理办公室在项目主任领导下负责确定项目的基本目标,拟定实现项目目标的策略和业务规划、计划,编写技术建议征求书(招标书),发给有资格参加的承(研)制单位。

承(研)制单位按买方规定的项目性能、经费、进度和后勤保障等主要指标提交技术建议(投标书)。买方项目管理办公室的承(研)制单位选择部门通过招标或谈判,按既定的选择标准,选择一家(或两家)最理想的投标承(研)制单位,商订研制或生产合同。项目合同管理部门代表政府(买方)签署合同,但项目主任要对最后签订的合同负责。

合同签订后,买方项目管理办公室对承包商进行检查,督促其认真履行合同,并协助其解决履约中出现的问题。

在国防项目实施过程中,项目管理部门按项目进展情况,要对项目进行阶段审查与决策。

国防项目管理是在项目主任及其所领导的管理组织的指导下，利用分配给项目的资源，对国防项目全寿命进行管理的过程。这个过程的最终目标，是获得符合买方各项要求的产品。

对买方(用户)来说，项目管理的基本目标是，确保所要投资研制的项目要求明确，规划/计划周密，组织健全，经费落实，确保在项目管理过程中不断获得军兵种、总装备部、政府其他有关部门对国防项目的支持，并确保承(研)制单位按规定的费用、性能和进度等要求执行合同。

承(研)制单位项目管理的宗旨是积极响应用户项目管理组织的要求，努力支持和配合其管理目标及行动，尽可能根据约定条款完成项目的研制和生产。根据合同，买方和承(研)制单位是买卖关系，他们共同的愿望是，买卖双方密切合作，最终研制出双方都很满意的产品。

习　题

2-1　常见的国防项目组织结构形式有哪些，它们各自有什么优缺点？

2-2　如何进行项目组织结构形式的选择？

2-3　简述国防项目管理的"三师"系统。

2-4　项目管理办公室的内涵是什么，项目管理办公室的职责有哪些？

2-5　项目团队的特点有哪些？

2-6　请说明项目团队的发展过程及每个阶段的主要工作与领导风格。

2-7　国防项目经理的责任和权力有哪些？

2-8　一个合格的国防项目经理应具备哪些素质和能力？

2-9　如何做好国防项目的绩效评估与激励？

2-10　简述国防异地协同项目管理结构模型的框架与内容。

2-11　简述国防异地协同项目管理控制模型的层次。

2-12　简述国防异地协同项目的组织管理机制、组织结构和组织过程。

2-13　王力是一个ERP系统开发项目的项目经理，目前正与另一个合作伙伴一起合作一个项目。王力主要负责系统分析、开发，对方主要负责业务需求分析，实施是双方一起共同合作进行的。目前项目处于业务需求阶段，但王力发现对方的业务能力比想象的要差，对ERP的管理理念不清，很难进行业务分析，所以业务分析的工作就自然落在了王力的头上。这就出现了王力及自己的项目人员日夜兼程地疯狂工作，而对方却帮不上什么忙的情况，团队的合作就将会出现问题。

(1)请分析，在这种情况下，项目组该如何协调工作。注：双方不在同一个地方工作。

(2)王力作为项目经理，他存在哪方面的失误或不足？

(3)假如你是项目经理，你将如何组建项目团队、管理项目团队？

第3章　国防项目管理工作流程

根据国防项目的特点,结合国防项目生命周期过程及其主要工作内容,从工作过程的维度看,国防项目需要经历预研与论证、计划与控制以及定型、试用、使用、退役与后评价的工作流程,即国防项目正式立项前的主要工作是进行项目的预研与论证工作,正式立项后主要进行项目产品的实现,项目实施完成后主要进行项目定型、试用工作,然后是批生产、项目产品的使用与维护、退役以及后评价工作。本章就是按照上述工作流程,对各工作过程的工作内容、工作流程以及方法工具等进行阐述说明。

3.1　国防项目预研与论证

3.1.1　国防项目预研管理

国防项目的预先研究(简称国防预研)工作,是指国防项目研制计划正式开始之前的一般技术准备活动,其主要任务是增长科学知识,发展高新技术,为开发新型国防项目奠定坚实的技术基础,为改进现有国防项目的性能提供实用的技术成果,为推动国防项目建设提供技术储备,促进高新技术成果转化为工程中的现实项目能力,以缩短国防项目开发周期,降低国防项目开发风险。与国外一些国家国防项目在激烈的竞争中飞速发展的局面相比,我国国防科研起步晚,基础差;多年来国防项目偏重于上型号,对预先研究投入不足;技术储备少,关键技术的预研演示验证不充分;科研试验手段落后,至今尚未形成自己的标准规范体系。

1.国防预研项目类型

根据预研项目过程中的不同阶段和不同目的,预研项目基本范围包括应用基础研究、应用研究(探索性发展)和先期技术开发三类。这三类的主要内容及特点如表3.1所示。

按照上述研究类型,国防项目预先研究项目体系如图3.1所示。

2.国防预研项目特点

国防预研项目是以科学的发现、技术的发明和技术问题的解决为目标的一种创造性活动。所以它除了具有一般项目的特征外,还具有如下特点:

表 3.1 国防预研项目类型说明

项目类型	主要内容	周期	成果形式	研究特点
应用基础研究	以军事应用为目的而进行的探索新思想、新概念或新原理的研究活动,为解决国防项目研制的新问题提供基本知识和科学依据	远期（10 年左右）	书面形式(科学论文、论著式研究报告之类)	解决科学问题
应用研究	运用第一类或其他科学成果探索新思想、新概念或新原理并应用于军事的可行性与实用性,确定其主要参数的科学研究活动,为国防项目提供技术基础	中期（5 年左右）	可行性分析报告、试验报告、样品、原理样机等	解决技术性问题
先期技术开发	运用前两类的研究成果和实际经验,通过新技术项目(部件或分系统)的研制、试验、测试或计算机仿真等实物的演示,验证新技术在国防项目研究中的可行性和实用性	近期项目	部件或分系统原型、示范工艺流程、验证或鉴定性试验报告等	是从“技术基础”通向型号研制的桥梁

(1)创新性。预研项目的主旨是探索国防项目方面的新知识、新规律、发现和发明,为国防项目系统的发展奠定基础。没有创新,项目就失去了意义。

(2)探索性强、难度高。预研项目的整个研究过程实质上就是探索未知的过程,它面对的是国防项目研制和生产运用中有待解决的关键技术问题,因此探索性强,难度高。

(3)多学科性、综合性强。预研项目所涉及的科技领域相当广泛,反映了从探索基本自然现象(基础研究)到论证科学原理的军事应用在技术上的可行性(应用研究)乃至演示具体技术项目在国防项目系统上的实用性(先期技术演示)三个层次上的纵深配置。

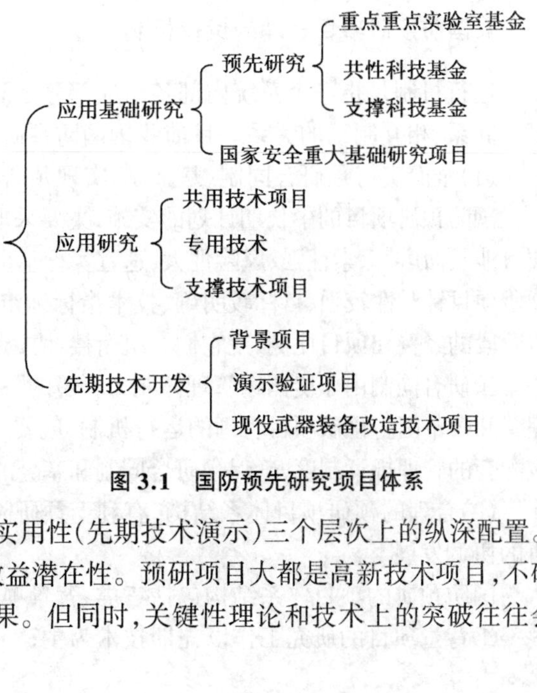

图 3.1 国防预先研究项目体系

(4)技术风险大、应用面广、具有较高的效益潜在性。预研项目大都是高新技术项目,不确定因素较多、技术风险较大,很难保证预期结果。但同时,关键性理论和技术上的突破往往会导致国防项目的换代和作战方式的变革。

(5)周期较长。预研项目,尤其是基础研究项目属于开创性、探索性活动,从开始到取得成果再到实际应用往往要经历很长的时间(如10年、20年甚至更长的时间)。

(6)项目多、投入经费少。国防预研项目涉及面广、项目数量多,但其费用却相当有限。

3.国防预研项目管理体制

国防预研项目管理实行的是决策系统、咨询系统、执行系统三个职能系统的管理机构。三个职能系统的内涵和任务界定如下:

(1)决策系统。是指在国防项目发起和批准的顶层领导部门的统一领导下,以顶层领导机关为主,由各执行及有关部门参加并组成的,对国防项目预研规划、计划及其他重大问题进行决策的系统。

(2)咨询系统。是指由国防系统有关专家组成,对预研发展的重大问题进行软科学研究,为决策系统提供军事需求、技术经济可行性、政策法规等方面的咨询意见的系统。

(3)执行系统。是指由预研合同管理机构和预研基金管理机构组成。采取合同制和基金制的管理方式,具体负责预研项目的组织实施的系统。执行系统相对于决策系统来说,就是实施决策的系统。

决策系统、咨询系统、执行系统三者是紧密联系、相互促进的有机整体。决策系统是预研管理的核心,咨询系统是决策系统和执行系统的技术支持,执行系统是贯彻预研决策的有力保证。

4.国防预研项目管理的运行机制

运行机制是指一个系统内部各组成部分之间、系统和外部环境之间在系统运行过程中的相互联系、相互制约的关系。目前我国国防预研项目管理运行机制主要包括如下要点:

(1)全面实行预研合同制、基金制,实现预研项目管理的良性循环。

国防预研项目的中长期计划的实施,主要采取合同制和基金制。应用基础研究阶段的预研项目涉及面广、探索性强、风险性大,适宜实行基金制的管理,而应用研究和先期技术发展阶段的预研项目针对性较强、目标较明确、技术指标确定,适宜实行合同制管理。通过合理安排三个科研阶段的经费和项目比例,使它们有机衔接、协调发展,实现预研项目管理的良性循环。

预研合同制由于受国家管理体制大环境的限制,还没有充分发挥合同制的管理效能,因此要完善和改革国防预研项目管理的运行机制,就要全面实行预研合同制,完善预研基金制,制定相应配套的管理规章制度,确保预研合同制和基金的实施,充分发挥合同制和基金制的管理效能。

(2)合理的预研项目体系结构,有利于预研阶段与型号工程研制阶段的衔接,促进国防预研的协调发展。

国防预研的项目体系结构包括三类:背景项目、技术发展项目、基础项目。

①背景项目的研究工作以先期技术为主;

②技术发展项目研究工作以应用技术研究为主；

③基础项目研究工作以应用基础研究为主。这样的预研项目体系结构，既体现了国防项目发展的需求，又强调了技术的长远发展，有利于预研阶段与工程研制阶段的衔接，有利于预研项目三个阶段的协调发展。

(3)科学合理的竞争和评价机制是促使国防预研项目与市场经济有效结合的主要手段。

国防预研项目的发展过程必然要引入市场经济的运行机制，而竞争机制是市场经济的基础，完善公平的竞争机制可以有效促进国防预研项目的整体发展水平。评价机制作为竞争机制的辅助手段，可以有效保障竞争机制的有效实施。在国防预研项目的管理过程中引入竞争和评价机制，适应了现代经济发展的要求。

(4)系统完善的激励和约束机制是促进国防预研项目高效运转的主要手段。

在国防预研项目的运作过程中，建立一套系统完善的激励和约束机制是国防预研项目运作的基础，也是促进其高效运作的基本手段。国防预研项目的运作过程需要多阶段的考核和评价，根据考核和评价的结果，对项目组实行一定的奖励措施。特别是对于整个项目出色完成的项目组，将来要给予较大力度的支持，以提高整个国防预研项目的整体实施效果。

5.计划编制与管理程序

预研办在上级领导的授权下可利用层次分析的方法负责专家组成员的挑选；专家组进行预研项目的战略调查研究，在此基础上编写预研重点项目选题预案；在预案的基础上，可利用WBS方法编制重点项目计划指南并发布给有可能承担项目的单位；有可能承担项目的单位根据指南编写任务申请书并提交预研办；预研办组织专家组进行项目立项评审，给出项目可行性评价结论和选优排序结果并上报决策部门；根据决策部门对项目的取舍情况、国家的经济状况和技术水平编写预研项目中长期规划和年度计划；与承担单位签订中长期合同和年度合同。

项目承担单位每年向预研办报告项目进展情况。每个五年计划执行的中期，预研办组织专家组对项目合同执行的情况进行中期评估，如有偏差提出解决方案。项目终结时，预研办组织专家组对项目成果进行评估，对重大科研成果进行鉴定。具体管理程序见图3.2所示。

6.先期技术演示(ATD)

技术演示，是指在预定的使用环境中，利用仿真和实物等手段，对新开发的技术进行实验、试验或演习，并按既定标准评审其是否达到要求。先期技术演示(advanced technology demonstration，ATD)是指在国防项目采办过程先期技术开发阶段，对来自探索性发展阶段的成果(多为部件或分系统)进行实验或试验，以评审其技术可行性、使用适应性和经济承受能力，它是考核预研成果的主要手段，是确认向国防项目研制部门输送合格技术项目的重要步骤。

先期技术演示在国防项目采办过程中处于预研计划的后期阶段，是连接技术基础和国防项目研制的桥梁。演示本身不是预研工作的最终目的，而只是验证预研成果的一种手段。

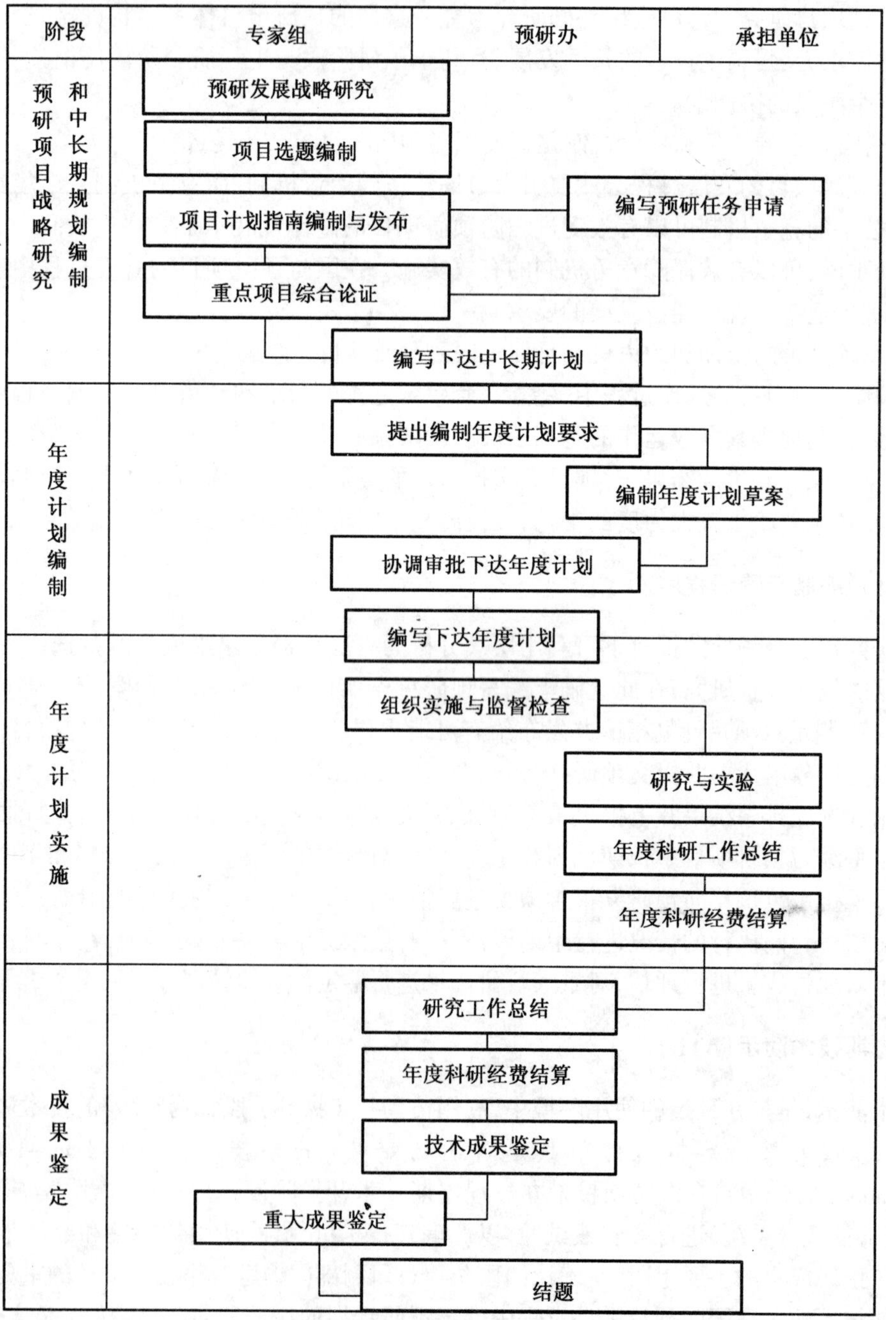

图 3.2 预研项目计划流程图

在整个预研阶段存在着不同层次、不同类型的演示,不同的演示有不同的要求。按照作用划分,先期技术演示大体有两种类型:一是着眼于技术储备的,可称为原理验证性技术演示,其具体用途一时尚不明确,预期日后可用于武器系统的改进或新系统研制项目,一般在非作战环境中进行;另一类是面向新系统概念(或方案),可称为先期概念性技术演示,其目的是加速成熟技术向新系统的过渡,要尽可能在逼真的作用环境中进行。

根据美军经验,先期技术演示的管理工作应着重解决以下几个问题:

(1)明确职责,集中领导与分散实施相结合。美军先期技术演示乃至整个科技计划是在国防部统一领导和协调下,由各军种分头制订并实施的。在国防部中,全军各项科技计划的方针政策是由国防研究与工程署署长负责统一制定的。

(2)保障经费,单独立项与申请预算。如同其他科研项目一样,先期技术演示计划也需要单独立项,按项目申请经费预算。美军将先期技术演示项目的经费纳入预研计划,在预研计划中,先期技术演示经费是保障的重点。

(3)制订计划,规定切实可行的目标。根据军事需求、技术机遇和经费额度,各军种提出自己的演示项目建议,作为科技计划的一部分报国防部审定。所提项目一般是从探索性发展项目中筛选出来的,有可能满足近期研制需求的项目。国防部要求,提议者要阐明项目目标,指定演示策略,规定进度要求和成果鉴定标准。成果鉴定标准,就是计划应达到的最终目标,或项目出口要求。它是评审演示计划成败的依据,必须认真确定,既要有所创新,又要切实可行。所以,一开始就制订比较稳妥的、能获得支持的计划是保障成功的关键。

(4)用户参与,加强预研与型号研制之间的联系。先期技术演示计划是由预研部门主管的,为防止部门阻隔造成的技术演示同型号研制的脱节,增加新技术为用户所了解与采纳的机会,整个演示过程必须有未来用户的广泛而深入的参与。

(5)检查监督,按审定结果提出处理建议。国防部和各军种依据立项时制定的目标与评审标准,检查演示计划落实情况,发现问题,设法加以解决或适当调整计划目标。对大有希望的项目,及早考虑其过渡安排。

7.先期概念技术演示(ACTD)

先期概念技术演示(Advanced Concept Technology Demonstration,ACTD)是在原有先期技术演示工作基础上形成的一项综合工程,其目的在于使使用人员尽早参与国防项目的采办过程,协调用户与科研部门的想法,加速将实验室中的新技术转化为实用装备。如果说 ATD 是预研阶段的后期项目,那么 ACTD 则是 ATD 项目中较为成熟的可望登台亮相的部分。也就是说,ACTD 是国防项目发展过程中新技术向型号研制过渡的最后演练工作,有时它本身可能就揭示了正式研制的序幕。

按照美国国防部的说法:“ACTD 计划是把用户和科技界的努力结合起来的工作”,其主旨是加快成熟技术向装备的转化,或是为新出现的特定作战问题迅速提供技术解决方案。其基本做法是在新构思的武器研制计划正式上马之前,由研制与使用部门一起,对采用新方案的项目进行早期使用性试验或演示,以验证其技术的成熟程度和实用价值。有关部门如果对演示结果满意,新系统即可迅速进入正式的研制与采购过程。

ACTD计划的最根本特点是综合利用业已成熟的技术,强调要完全面向未来的用户,集中为具有特定型号背景的项目服务。因此,ACTD计划所列的都是可望转入型号研制的项目,是在广泛的先期技术演示项目中精选出来的项目。通过加强投资力度进行综合试验,这些项目便可很快转化为新的武器系统。与一般ATD项目相比,ACTD具有如下特征:

(1)与重点军事需求关系更密切,项目都为重中之重,费用最为优先;

(2)型号背景更明朗,目标更具体、更集中;

(3)用户对他们的兴趣更浓,参与程度更深,发言权也更大;

(4)技术更为成熟,包含的子项目或相关项目更多,综合性与系统性更强;

(5)试验规模更大,环境更逼真,更符合实际要求,因而能更生动、有效地揭示新技术项目的使用效果。

一般地说,ACTD具有四种核心作用:

(1)能让用户在正式研制新技术装备之前深入了解和全面评估其潜在使用效果;

(2)能使用户根据演示情况提前拟订与新技术装备相应的最佳使用方案与原则;

(3)能为用户提供日后可用的使用手段;

(4)有利于采办管理和决策层依据演示验证的结果作出明智的决策。

ACTD计划所列的各个项目,一般是单独审批和分别管理的。为了加强对演示项目选择及实施的指导、监督和管理,美国的做法是从上到下共设顶层、中层和基层三层监管结构:

顶层设一个总体指挥组,由国防部负责采办与技术的副部长和参谋长联席会议副主席联合主持,成员包括国防部长办公厅和各军种的高级代表,其职责是对ACTD计划及其实施过程进行全面指导与监督。采办与技术副部长之下新设的负责先期技术的帮办负责ACTD项目的选择与审批过程,协助副部长统一协调与监督全军ACTD项目的实施。

中层监督机构被称为先期技术顾问组,由负责先期技术的副部长担任领导,成员包括三军和联合参谋部的将领,主要负责为ACTD工作的一般程序和项目选择提供建议,其建议要与各联合司令部和联合参谋部的意见协调一致。

基层的项目监督组是负责监管每个特定ACTD项目的机构,帮助解决项目进展中的具体问题。为使项目顺利进行,项目的实施者一般都要根据项目的性质和特点制订适当的管理计划,明确规定项目的进度要求、验收标准和有关方面的职责等问题。这种管理计划,实际上就是项目参与各方应遵守的协议或合同。

对ACTD项目美国国防部确定了四条判断标准:

(1)所提技术项目和演示方法必须有可能解决重要军事问题或提供一种新的重大能力;

(2)备选技术必须较为成熟,并有助于解决正在考虑的问题;

(3)每个 ACTD 项目必须制订可行的实施方案和管理计划;

(4)所选 ACTD 项目必须是在 2~4 年内可见成效的短期工程。

为了帮助技术人员和指挥官明确急需解决的问题,使所提项目有的放矢,美军负责审议武器采办需求的联合需求监督委员会和各联合司令部参与演示项目的选定过程。在美军已实施和新上的 ACTD 项目中,有许多是根据战争中行动的经验教训而选定的。

3.1.2 国防项目论证

国防项目的论证是指对拟实施的国防项目技术上的先进性、适用性,经济上的合理性、营利性,实施上的可能性、风险性进行全面科学的综合分析,为国防项目的决策分析提供客观依据的一种技术研究活动,主要是对国防项目提出战术技术要求和论证技术可行性,探索各种备选方案。国防项目论证可分为立项综合论证和方案论证。

1.立项综合论证

国防项目立项的综合论证一般是列入装备建设计划和装备体制中的新上项目,由使用部门组织进行研制立项综合论证,立项综合论证的结果直接决定该项目是否可以立项。经批准的国防项目立项批复,作为开展研制、列入年度计划和订立研制合同的依据。有关装备部门可依据研制立项的批复,在一定范围内采取招标竞争的办法,与具备研制条件的承研单位订立项目研制合同。承担研制的单位按照双方订立的合同实施。

(1)项目的立项

国防项目的立项工作主要是在甲方及相关部门进行的。立项最初是由有关单位根据中、长期发展规划和重点项目计划指南等提出,研制主管部门召集有关专家反复评审,对项目的软、硬件环境和技术手段以及国际技术引进与合作的可能性提出评审意见和建议,采用科学的立项评价方法(例如采用模糊评价法对项目的经济技术可行性进行研究并排序),为相关部门决策提供依据,最终作出是否立项的决策。

(2)论证内容

一般来说,国防项目的开发多数属于重大项目的开发范畴。为了使所开发出的国防项目达到预定的目标,就必须对国防项目进行充分的可行性论证,使开发的项目在技术上可行、战略上有领先优势。

国防项目立项论证是指正式开展项目研制前的综合论证,目的是从军事/技术/经济等多方面探索开展项目研制的可行性和效益。从这一阶段开始,新项目概念将明朗化和具体化,项目科研生产逐渐进入大规模投资过程。所以,该阶段是从项目性能和技术途径还不完全确定的概念探索和技术攻关阶段,过渡到项目使用、技术性能比较明确、技术途径比较明朗、需要投入的财力和物力比较庞大的工程研制阶段的重要桥梁,其地位非常重要。在这一阶段要在对项目概念研究与技术攻关进行总结的基础上，对新项目研制前必须解决的问题(如军事需求的紧迫性，技术上的成熟性和科学性，经济上的可承受性，以及战术技术指标，研制进度，研制费用和全寿命费用，配套和综合技术保障要求等)进行详尽的分析论证，给出明确的结论，以便有利于后续各阶段的顺利实施。

研制立项论证的任务涉及到项目全寿命过程的一系列重大问题，主要包括如下方面：

①项目需求和研制必要性；

②作战使命任务；

③主要作战使用性能和作战效能；

④技术可行性和关键技术突破情况；

⑤经济可行性；

⑥研制进度和风险；

⑦配套设备、部件、电子元器件的需求和可行性及经费预算；

⑧经费(包括研制保障条件经费)概算和全寿命费用分析；

⑨项目初步总体方案；

⑩试生产费用、项目订购价格与数量预测；

⑪可靠性要求和维修保障设备研制安排；

⑫项目在全寿命期间的改进潜力分析；

⑬项目命名建议；

⑭承(研)制单位预选方案。

当然，这一阶段所讨论的问题将更加深入、更加具体化，而且对项目部署生产和使用保障问题也将予以尽可能充分的考虑，这也是先进国家国防项目采办的成功经验。如美国的F-16战斗机，由于在较早阶段就考虑了生产问题，并作了较好的准备，使该飞机顺利地从研制转入生产，生产成本比较稳定；而“黑鹰”直升机由于生产准备不足，使生产成本比预计增长了60%多，并推迟了生产交付日期。

项目技术性能、费用、进度、保障和风险之间存在一定的制约关系。提高性能通常会增加费用，推迟进度；而在短期内以较低费用研制高性能的装备，风险之大是可想而知的。因此，从研制立项论证阶段就应当对这四个指标进行科学的综合权衡。这一阶段结束时，应当基本确定国防项目的作战使用性能，同时对总体技术方案、研制费用、研制进度、配套保障和研制风险，也有一个比较科学的结论。对于项目的性能、进度、费用和保障指标进行综合平衡是项目研制生产阶段的主要任务，也是项目全寿命管理的核心目标。项目研制生产必须确保用户能及时得到作战所需、性能先进的设备，同时又要确保用户买得起、用得起、用得好，有利于战斗力的提高。如果片面地追求其中一个指标，而不对它们进行全面综合权衡，是得不偿失的。美军专家认为，国防项目研制管理人员的任务就是在经费、时间、风险、管理机构、人员配备、职权范围等条件的限制下，权衡分析费用、进度、技术性能和保障这四个因素，以达到满足军事需求的目标。确定研制方案的真正目的不是获得性能最佳的武器系统,而是以投入适当的人力、物力和财力为代价,使国防项目“更省、更好、更快”。

(3)战技指标的论证过程

战术技术指标的论证主要是指所研究项目对付威胁并完成战术任务的一些主要指标,它是由使用部门提出的,因此应与研制主管部门、承担单位和专家进一步调协,力求保证这些战术技术指标在技术上、经济上的可行程度,而且只有在初步的论证方案形成以后,才能较为深入地分析各个战术技术指标的相互影响,完善指标要求。其主要过程如下:

①目标。通过充分分析论证,明确产品的战术技术指标要求以及实现这些指标的可行性条件。

②主要工作内容。使用部门应提出如下战术技术指标要求。

a.作战使命、任务、环境和对象;

b.战术技术指标要求及综合后勤保障要求;

c.初步装备编制方案、计划采购数量及服役年限;

d.采购经费与使用经费要求;

e.研制进度与交付要求。

决策咨询研究机构应组织有关专业和主要协作单位进行技术经济可行性论证,其主要工作内容如下:

a.经充分分析论证,明确该产品在未来战争中的作战使命和应具备的战术技术性能;

b.提出初步的技术方案设想,对关键设备提出初步战术技术要求;

c.提出必须突破的关键技术、新技术和技改计划;

d.进行风险分析,确定有潜在风险的领域和解决途径;

e.进行初步的可靠性、维修性、可测试性、安全性和综合后勤保障分析;

f.估计研制周期,确定初步研制计划,并绘制零级网络图;

g.进行经济可行性分析,测算研制经费和产品成本。

③完成标志。形成产品立项综合论证报告,报上级正式批准立项。立项综合论证报告主要包括:该项目的使命任务、主要使用性能(含主要战术技术指标)、初步总体方案、时间周期、经费概算、预研关键技术突破和经济可行性。

2.方案论证

项目总体方案可行性的论证是根据使用部门提出的任务要求和战术技术指标形成各种能满足任务需求和战术指标的可行的各种方案,并且要科学评价各种可能方案的优缺点,其关键是确定研究项目的基本特性、物理特性、环境支持条件和技术状态等,并形成初步可行的规范。

方案论证的主要工作是进行产品方案的论证、验证,形成项目任务书。方案论证、验证工作由研制主管部门或研制单位组织实施,进行系统方案设计、关键技术攻关和新部件、分系统的试制与试验，根据产品的特点和需要进行模型样机或原理性样机研制与试验。在关键技术已解决、项目方案切实可行、保障条件已基本落实的基础上，由研制单位编制项目任务书，报研制主管部门和使用部门。经批准的方案，作为工程研制和组织定型考核的依据。

(1)工作内容

战术技术要求是工业部门进行研制方案论证的依据。这时总设计师和总体设计部门要会同国防项目所涉及的各个分系统等研制部门共同论证研制方案。在方案论证过程中，会有多种可能的方案，然而，每一种方案都会导致所研制的产品在尺寸、重量、作战效能、维护使用、加工工艺、研制周期和费用上有很大的差别。但无论何种方案，都既要有指标的先进性，又要有实现的可能性，同时还要估计研制周期和所花费用等因素。

确定的研制方案要建立在现实的基础之上，尽可能不要所有分系统都从头搞起。譬如，发动机和制导系统这两部分是组成导弹方案的基础，在确定导弹方案时，当已有的东西不能满足设计要求时，可以对它们进行改进，以便通过改进提高性能。但是，这一改进必须尽快地形成成果。因为要研究一种新型的发动机和制导系统不仅需要很长的时间，而且在没有研究成功之前，也无法为导弹系统地设计并提供准确而可靠的数据。如果现有的东西通过改进仍达不到要求，就应该考虑研制新品，并且应提前安排预研。

研制方案论证工作一般应包括所研制的国防项目系统的技术方案，系统组成的技术说明，实现方案需要采取的技术途径，关键技术攻关项目及其措施，确定产品质量和可靠性的指标及控制措施，估算研制经费、成本和价格，提出研究、试制和试验的部门以及关键原材料、元器件、设备、后勤保障条件等要求，制订计划网络图，明确研制周期，最后编制项目任务书。

(2)论证过程

①目标。经过充分权衡论证，确定该型产品的最佳研制方案。

②主要工作内容。在国家正式批准该型产品立项以后，使用部门应依据国家正式批准的作战使用要求和战术技术指标，通过工作说明(SOW)和技术要求文件(TRD)，对研制部门的技术要求、工作要求和管理要求进一步明确、完善、细化。在此基础上，总设计师单位进行总体方案论证工作，主要工作内容有：

a.经分析、计算、类比、论证、综合、权衡，确定最佳总体研制方案；

b.确定并编制产品配套技术状态文件；

c.绘制总体布置图；

d.确定产品各系统的方案、原理和配套状态；

e.制定初步的型号规范、系统设备设计要求和初步的各系统制型号研制任务书；

f.编制新成品项目表；

g.制订新技术、新结构、新材料、新工艺项目的风险分析及解决的措施计划；

h.制订标准体系表；

i.制订研制工作总计划，绘制零级计划网络图，给出关键质量控制节点；

j.编制产品及各系统试验工作计划；

k.进行研制条件分析，提出重大技术改造项目和技术引进项目的论证意见；

l.进行系统或分系统功能开发试验或技术攻关试验；

m.制订系统、分系统的主要设备的接口控制文件；

n.选择关键成品承制单位并进行初步协调；

o.制订产品可靠性大纲、维修性大纲和综合后勤保障大纲；

p.制订产品质量保证大纲；

q.估算研制经费；

r.制订有关产品研制的管理文件；

s.配合试制部门进行工艺方案论证。

③完成标志。总体研制方案经评审通过，评审结果经有关部门审批。

④项目任务书的主要内容应包括：

a.主要战术技术指标和使用要求；

b.总体技术方案；

c.主要系统和配套设备、保障设备方案；

d.总进度及分阶段进度安排意见；

e.试制数量；

f.经费概算(附成本核算依据和方法说明)；

g.需要补充的主要保障条件及资金来源；

h.试制、试验任务的分工和生产定点及配套产品的安排意见；

i.需试验基地和用户提供的特殊试验的补充条件。

3.论证的主要方法

(1)资金时间价值

资金数额在特定利率条件下，对时间指数的变化关系称为资金时间价值。例如资金和其他生产要素相结合，投入项目的建设和运行，经过一段时间发生增值，价值大于原始投入的价值。

对于资金时间价值可以从另一方面对它加以定义，即从量的角度来说明资金时间价值究竟是什么。同等数量的资金由于处于不同的时间而产生的价值差异，我们称之为资金的时间价值。

资金时间价值的大小受到三个因素的约束：资金投入量、资金投入方式和利息计算方式。

资金时间价值涉及的基本参量有三个：现值、终值和年值，已知其中的任何两个都可进行第三个参量的计算，因此涉及六个计算公式。

在项目论证时，对比不同的备选方案，会发现其现金流量存在两种性质的差异：一是现金流量大小的差异，即投入及产出数量上的差异；二是现金流量时间分布上的差异，即投入及产出发生在不同的时点。如果只是简单地对比两个方案的现金流量，或将前期费用和后期收益直接作静态对比，是不可能得出正确结论的。为了保证项目寿命期内不同时点发生的费用和收益具有可比性，必须运用资金时间价值的理论，将不同时点的现金流折算成相同时点的有可比价值的现值(或终值)，才能科学地判断方案优劣。

现金流量图是把项目生命周期内现金流量用时间坐标轴表示出来的示意图，如图 3.3 所示的三种基本类型。

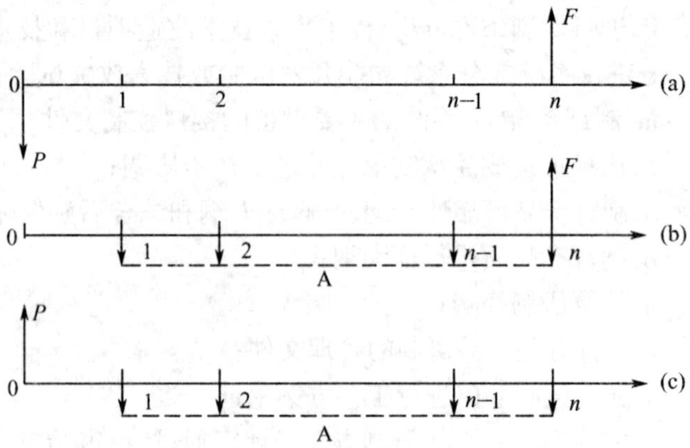

图 3.3 现金流量图的三种基本类型

(2)静态评价法

静态评价法是指不考虑资金的时间价值的分析方法。其主要指标有投资收益率与投资回收期。

①投资收益率 E，又称投资利润率，它是项目投资后所获的年净现金收入(或利润)R 与投资额 K 的比值，即

$$E = \frac{R}{K}$$

②投资回收期 T，是指用项目投产后每年的净收入(或利润)补偿原始投资所需的年限，它是投资收益率的倒数，即

$$T = \frac{1}{E} = \frac{K}{R}$$

若项目的年净现金收入不等，则回收期为使用累计净现金收入补偿投资所需的年限，投资收益率则是相应投资回收期的倒数。

③投资项目的评价原则：投资收益率越大，或者说投资回收期越短，经济效益就越好。

不同部门的投资收益率 E 和投资回收期 T 都有一个规定的标准收益率 $E_{标}$ 和标准回收期 $T_{标}$，只有评价项目的投资收益率 $E \geqslant E_{标}$，当投资回收期 $T \leqslant T_{标}$ 时项目才是可行的；否则项目就是不可行的。

(3)动态评价法

①净现值法。现值(PV)即将来某一笔金的现在价值。

净现值法是将整个项目投资过程的现金流按要求的投资收益率(折现率)折算到时间等于

零时,得到现金流的折现累计值(净现值 NPV),然后加以分析和评估。

$$NPV = \sum_{t=0}^{n} A_t \frac{1}{(1+i_0)^t} = \sum_{t=0}^{n} (B_t - C_t) \frac{1}{(1+i_0)^t}$$

式中 A_t ——第 t 年的净现金流量;

B_t ——第 t 年收入额;

C_t ——第 t 年支出额;

n ——项目寿命期;

i_0 ——期望的投资收益率或折现率。

NPV 指标的评价准则是:当折现率取标准值时,若 $NPV \geqslant 0$,则该项目是合理的;若 $NPV < 0$,则是不经济的。

②内部收益率法。内部收益率法又称贴现法,就是求出一个内部收益率(IRR),这个内部收益率使项目使用期内现金流量的现值合计等于零,即

$$NPV = \sum_{t=0}^{n} A_t \frac{1}{(1+i)^t} = 0$$

内部收益率的评价准则是:当标准折现率为 i_0 时,若 $IRR \geqslant i_0$,则投资项目可以接受;若 $IRR < i_0$,项目就是不经济的。对两个投资相等的方案进行比较时,IRR 大的方案较 IRR 小的方案可取。

③动态投资回收期法。考虑到资金的时间价值后,投入资金回收的时间即为动态投资回收期 T_d,即

$$T_d = \frac{-\log\left(1 - \frac{P \times i}{A}\right)}{\log(1+i)}$$

式中 A——投产后年收益;

P——原始投资额。

相应地,项目动态投资收益率为

$$E_d = \frac{1}{T_d}$$

动态投资回收期和动态投资收益率的评价准则是:当动态投资回收期 $T_d \leqslant T_{标}$ 或动态投资收益率 $E_d \geqslant E_{标}$ 时,项目投资是可行的;当 $T_d > T_{标}$ 或 $E_d < E_{标}$ 时,项目投资是不可行的。

(4)不确定性分析

①不确定性分析的概念。不确定性分析是以计算和分析可能的各种不确定因素的变化对项目经济效益的影响程度为目标的一种经济分析方法。通过不确定性分析,可以推测项目可能承担的风险,进一步确认项目的可能性及可靠性。

常用的不确定性分析方法有盈亏平衡分析、敏感性分析与概率分析。

②盈亏平衡分析。盈亏平衡分析又称量本利分析法,它是通过盈亏平衡点分析工程项目成本与收益的平衡关系的一种方法。

盈亏分析的主要步骤如下所述。

a.建立基本的盈亏平衡方程

$$PQ = F + VQ$$

式中 P——产品价格;

Q——设计产量;

F——固定成本;

V——单位产品变动成本。

b.计算各种盈亏平衡点。盈亏平衡点又称盈亏分界点或保本点,它是指当项目的年收入与年支出平衡时所必需的生产水平,在盈亏平衡图上就表现为总销售收入曲线与总销售成本曲线的交点,如图3.4所示。当 $0 < Q < Q_{BEP}$ 时,企业处于亏损状态;当 $Q > Q_{BEP}$ 时,企业处于盈利状态。

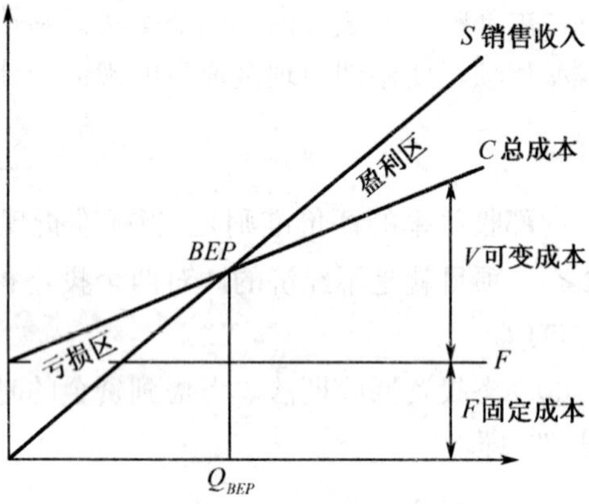

图 3.4 盈亏平衡图

常用的盈亏平衡点有以下几种。

以产品产量表示的盈亏平衡点

$$Q = \frac{F}{P - V}$$

以价格表示的盈亏平衡点

$$\text{保本价格 } BFP_P = \frac{F}{Q} + V$$

以设计生产能力利用率表示的盈亏平衡点

$$BEP_Q = \frac{F}{Q(P - V)} \times 100\%$$

c.盈亏平衡点及经营风险分析。以产量表示和以生产能力利用率表示的盈亏平衡点越低,项目未来的经营风险越小;而以价格表示的盈亏平衡点越低,则表示项目未来经营风险越大。通过盈亏平衡方程的推导分析还可以得出固定成本比率越高,项目生产经验的风险越大的结论。

③敏感性分析。敏感性分析是论证方案中一个或多个因素发生变化时,对整个项目经济评价指标所带来的变化程度的预测分析。敏感性分析时要考虑资金的时间价值,采用现值分析法,所以这是一种动态分析法。它又可以分为单因素敏感性分析和多因素敏感性分析。

主要步骤和内容如下:

a.计算基本情况下备选方案的净现值和内部收益率。净现值是该项目效益现值的总额减去投资和生产成本现值总额的余额。净现值用绝对数表示,以大于零、等于零、小于零来判断该项目的可取程度。如果净现值大于零,说明此项目有利可获,数越大获利越多;净现值小于零,说明该项目投资成本大于效益,项目不可取。

内部收益率(内部报酬率)是指项目效益现值总额等于投资成本现值总额时的贴现率。

b.选定需要分析的不确定性因素。常选的因素有投资总额、建设年限、项目寿命期、生产成本、销售价格、投产期和达产期等。选定的原则是:选取因其变化将较大幅度影响经济评价指标的因素;选取项目论证时数据准确性把握不大或今后变动幅度大的因素。

c.单因素敏感性分析。分别假设只有某一个因素变化而其他因素不变,将新预测的数据取代基本情况表的相关内容,重新计算变动后的净现值和内部收益率,从而考虑评价指标的变化大小对项目或方案取舍的影响。

d.多因素敏感性分析。计算有两个或多个因素变化,其他因素不变的情况下,对项目经济效益的影响。一般是先通过单因素敏感性分析,确定出两个或多个主要因素,然后用双因素或多因素敏感性图来反映这些因素同时变化时对项目经济效益的影响。

e.对整个项目的敏感性分析进行汇总、对比,从中确定各因素的敏感程度和影响大小的先后次序,以便决策项目是否可行以及实施时应重点防范的因素。

④概率分析。敏感性分析固然可以考察各不确定性因素对经济指标的影响程度,然而,却不能表明该不确定因素发生的可能性有多大,以及在综合考虑同一因素的不同变化幅度时,会对项目产生多少影响。利用概率分析方法,可以得出各种因素发生某种变动的概率,并以概率为中介进行不确定性分析。

概率分析的一般步骤为:

a.在许多不确定因素中经过分析判断先选出一个最不确定的因素,或影响程度最大的因素,将其他几个因素假定为确定因素。

b.估计这种不确定因素可能出现的自然状态的概率。概率估计的准确度直接影响概率分析的可靠度,并影响项目决策的正确与否。因此分析人员必须通过认真细致的调查、收集整理数据,作出慎重的估计。

c.计算经济效益期望值。经济效益期望值是指在参数值不确定的条件下,项目经济效益可能达到的平均水平。

d.计算方差与标准差。方差是反映随机变量与实际值的分散程度的数值。标准差是概率分析中必用的指标,它能反映随机变量变异程度或分散程度,从而有助于判断项目的风险程度。

e.计算变异系数。标准差是绝对值,用它来衡量项目风险大小有时仍会有局限性。例如两个备选方案投资规模、预期净现金流量相差都很大,用标准差就不能准确反映风险大小。此时可以通过变异系数反映单位期望值可能产生的离差(变异)。

f.再选择一个影响程度大一些的不确定因素,假定其他因素为确定数,重复上述b,c,d步的工作。

g.进行综合分析,判断备选方案中的优劣顺序,供决策者作为选择方案时的依据。

3.2 国防项目计划与控制

国防项目计划与控制在国防项目管理流程中有着举足轻重的地位,如何合理制订国防项目计划并对其进行有效控制,是国防项目管理必须面临的重要问题。

3.2.1 国防项目计划

国防项目具有技术含量高、时间要求严、涉及众多技术学科和众多参与单位等特点,因此,在对国防项目实施项目管理时,制订可行的国防项目计划尤为重要。

1.国防项目计划的编制原则

在编制国防项目计划时,一般应遵循以下原则:

(1)预见性。在立足于现实的情况下,着眼于项目的长远发展。有创造性地、准确地预测未来一段时间内的国防要求、发展途径、可用经费、条件及可能遇到的问题等,据此作出总体安排。

(2)科学性。是指项目在制订计划时,必须最大限度地贴近实际。结构要合理,比例要协调,各种要素要达到最佳组合,做到最大程度地利用有限资源,发挥整体效能。

(3)可行性。可行性原则是指能使项目计划顺利地实施。它要求项目计划必须是明确、具体的,便于操作和检验。

(4)协调性。协调性原则是指项目计划的制订过程中,必须处理好计划之间的关系。只有协调好各种关系,才能实施计划并如期实现,计划才能产生最大效益。为此,制订项目计划,要着重处理好数量与质量、局部与全局、当前与长远、一般与重点等关系。

(5)经济性。项目计划的制订,必须进行"投入产出"分析,做到"少花钱,多办事"。经济是一切军事活动的基础,项目的实施必然受到社会经济的发展及经费支撑能力的制约。随着国防项目结构的日益复杂、性能不断提高、价格持续上涨,项目的进行对经济的依赖性也越来越大。因此,在制订项目计划时,必须考虑其经济性,精心策划,量力而行。

2.国防项目计划的作用

国防项目计划的作用主要表现在以下几个方面:

(1)可以确立国防项目各参与部门及工作的责任范围和地位以及相应的职权,以便按要求去指导和控制项目工作,减少风险。每个参与部门只有按要求抓紧相关工作,在规定的时间内完成任务,才能使整个项目任务的完成成为可能,否则会出现局部影响全局的现象。例如某国防项目在系统研制工作中,由于某分系统系统研制交付推迟了半年,而导致该国防项目总系统推迟两年,浪费了国家大量人力、物力、财力。

(2)可以促进项目组成员及管理部门之间的交流与沟通,使项目各工作协调一致,并在协调中了解关键因素。在微观上,每一项成品和成果的研制工作,涉及到多门技术学科、众多的研制人员,涉及到各单位之间的相互协调,涉及到各类器材、设备、试验室等资源的使用,要发生采购、承包及二次承包等事件,还要进行一系列的研发活动……在这些研发活动中必须有一条主线,对这些所有的活动进行分解、说明和约束,所有的活动都围绕着这条主线进行,这就是计划。

(3)可以为国防项目的实施中控制项目的时间进度、资源配置、成本费用等提供一条基线,根据项目计划,可以及时调整和纠正。

(4)可以使项目组成员明确自己的奋斗目标,实现目标的方法、途径及期限,并确保以时间、成本及其他资源需求的最小化实现项目目标。

3.国防项目计划的形式与内容

(1)国防项目计划的形式。国防项目由于计划工作的重要作用,形成了一个复杂的计划体系。按照不同的分类标准,计划可以有不同的形式。

按计划的制订过程分,通常可分为概念性计划、详细计划、滚动计划、年度计划等。

按国防项目的全寿命期性质分,通常可分为预研计划、研制计划、采购计划、使用维修计划、退役报废计划等。

按国防项目的分层管理,通常可分为总计划、系统计划、分系统计划、子系统计划等。

按国防项目的研制管理,通常可分为进度计划、费用计划、技术计划、质量计划、标准化计划、管理分工计划、资源计划、试验计划等。

(2)国防项目计划的内容。国防项目计划内容一般可分为9个方面:

①工作计划。工作计划也称为实施计划,是为了保证项目顺利开展、围绕国防项目目标的最终实现而制订的实施方案。

工作计划主要说明采取什么方法组织实施项目,研究如何最佳地利用资源,用尽可能少的资源获取最佳效益。具体包括工作细则、工作检查及相应的措施等。工作计划也需要时间、物资、技术资源,要反映到型号项目的总体计划中去。

②人员组织计划。人员组织计划主要是表明工作分解结构图中的各项工作任务应该由哪个部门或个人来承担以及各项工作间的关系如何。

③设备采购供应计划。在项目管理过程中,多数项目都会涉及到仪器设备的采购、订货等供应问题。有的非标准设备还包括试制和验收等环节。如果是进口设备,还存在选货、订货和运输等环节。设备采购问题会直接影响到项目的质量和成本。

④其他资源供应计划。国防项目是一个大型项目,不仅需要设备的及时供应,还有许多项目所需的材料、半成品、物件等资源的供应问题。因此,预先安排一个切实可行的物资、技术资

源供应计划，将会直接关系到项目的工期和成本。

⑤变更控制计划。由于国防项目具有一次性、高风险性的特点，在项目的实施过程中，计划与实际不符的情况将可能经常发生，这是由下列原因造成的：项目开始时预测得不够准确；在项目的实施过程中控制不得力；缺乏必要的信息等。国防项目的周期一般都较长，从某种程度上讲，国防项目或多或少都会有一定的变更。有效处理项目变更可使国防项目获得成功，否则可能会导致国防项目失败。国防项目变更控制主要是规定处理变更的步骤、程序，确定变更行动的准则。

⑥进度计划。进度计划是根据实际条件和委托方的要求，以拟进行国防项目的交付使用时间为目标，按照合理的顺序所安排的实施日程。其实质是把各活动的时间估计值反映在逻辑关系图上，通过调整，使得整个项目能在工期和预算允许的范围内最好地安排任务。

进度计划也是物资、技术资源供应计划编制的依据。如果进度计划不合理，将会导致人力、物力使用的不均衡，影响项目整体的经济效益。

⑦成本投资计划。成本投资计划包括：各层次项目单元计划成本，项目的"时间——计划成本"曲线和项目的成本模型(即时间——累计计划成本曲线)，项目现金流量和项目资金计划等。

⑧文件控制计划。文件控制计划由一些能保证项目顺利完成的文件管理方案构成，需要阐明文件控制方式、细则，负责建立并维护好项目文件，以供项目组成员在项目实施期间使用。文件控制计划包括文件控制的人力组织和控制所需的人员及物资资源数量。

项目管理的文件包括全部原始的及修订过的项目计划、全部里程碑文件、有关标准结果、项目目标文件、进度报告文件以及项目文书往来。项目一结束，文件需全部检查一遍，有选择地处理一些不再相关的文件，并保存已完成项目的工作分解结构图和网络图，收入文件库以备为将来项目作参考。

⑩支持计划。项目管理有众多的支持手段，如软件支持、培训支持和行政支持，还有项目考评、文件批准或签署、系统测试、安装等支持方式。

4.国防项目计划的过程

在项目计划的制订过程中必须清楚五个基本问题：项目必须做什么，如何做，每项工作由谁来做，何时做及花费多少。

(1)必须做什么(技术目标)。要完成什么是项目主管和项目成员在检查技术目标是要回答的问题。

(2)如何做(工作分解结构图)。技术目标是要靠制订工作分解结构图实现的，该图是必须完成的各项任务的一张清单。

(3)谁来做(人员使用计划)。讨论谁做什么事的问题，并把机构的相关单位负责何项工作具体化到工作分解结构图中去。

(4)何时(进度表)。计划工作更进了一步，讨论每一项工作需要多长时间，在何时实施及每项工作需用哪些资源等问题。

(5)多少(预算)。实施这一项目需要多少经费。国防项目计划的制订通常需要多次反复协调,且事先也不可能安排得太具体,主要是抓住重点,随着情况的进展而逐步明朗、充实。安排具体工作进度,时间不宜过长,也不宜过短,一般要根据管理的需要和能力而确定。在编制计划时要以项目主管为主,并和职能部门共同协商决定。

国防项目计划制订的基本过程如图3.5所示,具体如下:

(1)明确地界定项目目标——预期的结果或最终产品。目标必须明确界定并要在执行项目的组织或委托方之间达到一致意见,必须明确、可行、具体并且可以度量。项目目标的各种指标、交付物必须被委托方和参加单位识别。目标主要涉及时间、费用和技术,它要求在一定期限和预算内完成这项工作。

(2)项目分解。一旦项目确定,下一步就是对项目进行分解,以明确项目的各项工作,为项目进度计划的控制打下基础。

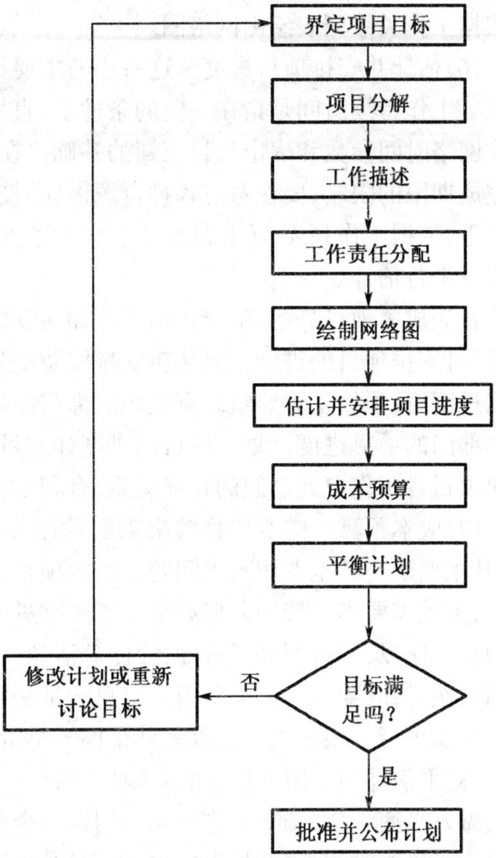

图3.5　国防项目计划制订基本过程示意图

(3)工作描述。在项目分解的基础上,为了更明确地描述项目所包含的各项工作的具体内容和要求,需要对工作进行描述。工作描述是编制项目计划的依据,同时便于在项目实施过程中更清晰地领会各项工作的内容。工作描述的依据是工作分解结构,其结构是工作描述表及项目工作列表。工作描述表是对工作或任务的具体描述,工作列表是项目所有工作的汇总。

(4)工作责任分配。为了明确各部门或个人在项目中的责任,便于项目管理部门在项目实施过程中的管理协调,应根据项目工作分解结构图表和项目组织结构图表对项目的每一项工作或任务分配责任者或落实责任。工作责任分配的结果是形成工作责任分配表。

(5)绘制网络图。网络图的绘制主要是依据项目工作关系,用网络图来描述活动,表明各活动之间的必要次序和相互依赖性,即工作关系。为此需根据项目的工艺、技术、空间关系等因素,并考虑资源利用、环境等因素,对任务进行尽可能正确的估计,尤其是对设计开发活动的工作量予以充分估计,而且必须考虑采用新技术、新器材、新工艺、新材料所引起的工作难度。

根据项目内容的分解，找出国防项目各组成要素工作的先后顺序，得出项目的工作关系列表，再依据工作关系列表绘出网络图。

(6)估计并安排项目进度。这一步的主要目的是进行时间估计，控制进度并确保项目按时完成。工作持续时间是指在一定的条件下，直接完成该工作所需时间与必要停歇时间之和，是计算网络时间参数和确定项目工期的基础。在估计工作时间时，不应受到工作的重要性及项目完成期限的限制，要在考虑各种资源供应、技术、工艺、现场条件、工作量、劳动定额等因素的情况下，依据工作列表、项目的约束和限制条件、资源需求、历史信息，将工作置于独立的正常状态下进行估计。

在完成了项目分解、确定各项工作和活动的先后顺序并估计出各项工作持续时间的基础上，即可安排项目的进度。要从粗安排国防型号项目总的远期进度，从细安排近期进度。安排时间进度时，项目主管要组织有关职能部门参加，明确对各部门的要求。据此各职能部门可拟定本部门的项目进度计划。项目的进度计划目前多采用网络计划技术的形式，其有助于明确反映项目各工作单元之间的相互关系，有利于项目执行过程中各工作之间的协调与控制。

(7)成本预算。成本预算解决需要动用多少资源，对完成国防项目的费用规定具体的要求，其主要研究的是费用支出问题。明确项目任务、选定技术方案后，就能知道需要动用多少资源，大致需要多少费用。但如果为了压缩进度，把任务在较短的时间内赶出来，费用就会大大增加。所以，只有明确了进度，才能搞清楚要支出多少费用。项目主管在与各职能部门协议费用限额时，既要认真考虑费用支出总额是否符合预算要求，原定的利润指标能否得到保证，又要切实可行。项目主管还可另外掌握一笔资金，用于无法避免的超支。

(8)平衡计划。因为资源的有限性，项目与常规工作及项目内部之间都可能存在冲突，故需要做好平衡工作。质量、进度和费用这三个项目管理中最重要的因素之间也存在平衡问题：不能为了争取时间，降低技术要求，而影响产品质量；同时又不能为保证质量而无限期的延长进度，这样不仅会使成本加大，还可能造成待装备研制出后，其先进性已不存在。

(9)批准及公布计划。把总体计划发给项目组成员、管理部门及其他相关部门。等待审批，获得批准后公布计划。

国防项目计划的制订不可能一次就得出非常合理的方案，它需要不断地沟通与协调。

5.国防项目计划的工具

国防项目计划的工具主要有工作分解结构、责任分配矩阵、甘特图、网络计划技术、里程碑事件图及计算机管理软件等。

3.2.2 国防项目的实施与控制

国防项目多数涉及众多的科研和生产单位，所运用的高新技术较多，是一项庞大的系统工程,只有通过有效的项目控制,才能保证国防项目顺利实施。有效的项目控制的关键是及时测量实际进程,并与计划进程相比较,如有必要,立即采取纠正措施。希望没有纠正措施的干预,问题就自动消失的想法是幼稚的,问题越早发现就越好改正。基于实际进程,就有可能准确地预测进度计划与预算,以便顺利完成项目。如果这些参数超出项目目标的限制,必须马上采取纠正措施。

1.国防项目控制的内容

国防项目控制包括许多方面的控制,但最主要的是进度控制、费用控制、质量控制。

(1)国防项目的进度控制。国防项目的进度控制是指在规定的时间内,拟定出合理且经济的进度计划(包括各级管理的三级计划)。在执行该计划的过程中,要经常检查实际进度是否按计划要求进行,若出现偏差,要及时找出原因,采取必要的补救措施或调整、修改原计划,直至项目完成。

由于国防项目对工期的要求更严,故进度控制是国防项目控制的重要内容,其控制的好坏直接关系到项目能否如期完成。如果进度控制不成功,使项目工期拖延,除了直接导致费用增加外,还会引起合同规定的处罚。所以,进度控制在相当程度上关系着国防项目的成功与否,进度控制就是采取措施来保证项目按计划的时间表来完成工作。但是,由于国防型号项目总是处于一个变化的环境中,大到天文、地理,小到组织、人员等,这些因素的变化总是随时影响着项目的进展,项目活动的时间是一个随机变量,即使经验丰富的项目管理专家事前也无法确知项目实际进行所需要的时间,而只能作近似的估计,因此国防项目的实施过程中出现偏差是经常的,关键是具有控制和调整项目的能力。

对于不同层次的项目管理部门,他们对项目进度控制的内容也是不同的。一般来说,较高层次的管理部门,对进度的要求比较泛泛,它只要求控制项目进程中的主要事件,亦即里程碑事件(或称阶段性事件)的进度;而较低层次的管理部门,对进度的要求就较为详细;具体的作业单位就应该对项目中与之有关的所有工作的进度负责。

不同管理层次对进度控制的要求分为三类:

①项目总进度控制。指项目高层次管理部门对项目中各里程碑事件的进度控制。

②项目主进度控制。主要是指项目部门对项目中每一主要事件的进度控制。在多级项目中,这些事件可能是各个分项目。通过控制项目主进度并使其按计划进行,就能保证项目总进度的如期完成。

③项目详细进度控制。主要是指各作业部门对各具体作业进度计划的控制,这是进度控制的基础。只有详细进度得到较强地控制才能保证主进度按计划进行,最终保证项目总进度按计划进行,使项目目标得以顺利实现。

国防项目的进度控制解决的主要问题是避免工期延长,但实际进度与计划不符的情况还有另外一种,即工作的过早完成。一般来说,这是有益无害的,但在有些特定情况下,某项工作的过早完成会造成资金、资源的流向问题,或支付过多的利息。所以,在可能出现这些问题时,项目经理应该控制工作的开始日期,直到需要时再开始。此外,项目办公室应该控制项目的节奏,合理控制项目计划的自由时差,保证项目优质顺利地实施。

(2)国防项目的费用控制。费用控制就是要保证项目在预算范围之内按时完成,并保证质量达到规定标准。费用预算是费用控制的基础。

随着高新技术革命中涌现出的大量科技成果在国防项目上的应用,一些高、精、尖国防项目产品不断出现,同时也导致了国防项目的成本越来越高,这对大多数国家而言,经济可承受性无疑成为其国防项目发展的重要障碍之一。另外有些国防项目预研论证不充分、经费投入不足、成本控制不严、非项目建设事业开支过多等现象屡有发生。因此,必须加强对国防项目费用的控制与管理。

费用控制主要关心影响、改变费用基线的各种因素,确定费用基线是否改变、管理和协调实际的改变。有效费用控制的关键是经常及时地分析费用执行指标,尽早地发觉成本差异和无效率,以便在情况变坏之前能够采取纠正措施。一旦成本失控,要在预算内完成项目是非常困难的。

费用控制包括如下内容:

①分析成本绩效以确定需要采取纠正措施的工作包;

②决定要采取哪些特别的纠正措施;

③修订项目计划,包括工期和成本估计,综合筹划纠正措施。

(3)国防项目的质量控制。项目质量控制主要是监督项目的实施结果,将项目的结果与事先制定的质量标准进行比较,找出其存在的差距,并分析形成这一差距的原因。

质量控制贯穿于项目实施的全过程。国防项目的质量控制工作是一个系统过程,必须创造必要的资源条件,使之与产品质量要求相适应。同时各职能部门及研制单位要保证工作质量和产品质量,实行业务工作程序化、标准化和规范化,支持质量部门独立、有效地行使职权,对项目全过程实行质量控制。

国防项目的质量控制包括以下几方面的内容:

①质量审核是为确定质量活动及其有关结果是否符合计划安排,以及这些安排是否有效贯彻并适合项目目标而进行的系统的独立的检查。

质量审核可以分为质量体系(或要素)审核、产品质量审核、过程(或工序)质量审核、监督审核、内部质量审核及外部质量审核。

通过质量审核,评价型号研制过程的现状对规定要求的符合性,并确定是否需采取改进纠正措施,从而达到保证产品质量符合规定要求,保证研究、设计、生产、试验过程符合规定要求的目的。

②质量监督,是为确保满足规定要求,对型号研制的状况进行连续的监视和验证并对记录进行分析的过程。可分为抽查型质量监督、评价型质量监督和仲裁型质量监督三种形式。

③质量控制，主要是针对项目合同的质量指标和质量要求，考察是否有质量保证能力，各职能部门要对合同的质量条款进行确认。合同生效后，因故变更质量条款要履行相应的手续。

由于成本、进度、质量密不可分，必须在成本、质量、进度三者之间作综合平衡，实现全过程控制(事前、事中、事后)和全方位控制(成本、质量、进度)。

2.国防项目控制的程序

项目控制过程包括定期收集有关项目完成情况的数据，把实际完成情况数据与计划绩效相比，如果实际完成情况比计划绩效差，就应当采取纠正措施。这一活动在项目期间应定期进行。

项目控制的具体工作包括对未来情况的预测，对当时情况的衡量，预测情况和当时情况的比较以及及时制订修正方案。国防项目计划控制步骤如图 3.6 所示。

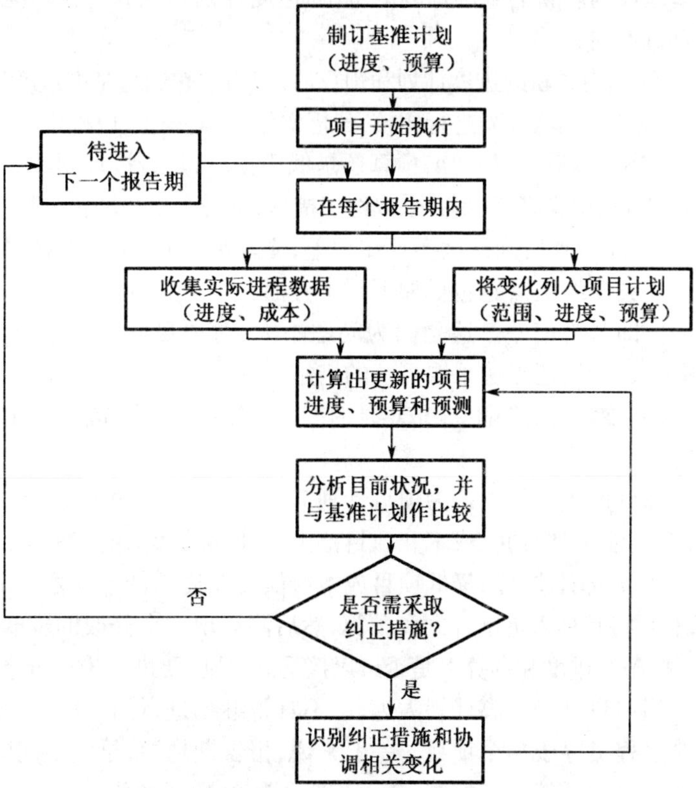

图 3.6　国防项目计划控制步骤示意图

(1)建立基准计划。基准计划表明项目范围(任务)怎样能按时(按进度计划)在预算范围(成本、资源)内顺利完成。这是我们在计划阶段所做的工作。

(2)检查项目的真实情况。定期收集项目完成情况的数据,通过正式和非正式的报告,围绕项目目标确定项目实际已达到的进展程度。

为了合理地进行控制,应当确定固定的报告期,以比较实际进程与计划进程。报告期根据项目整个期限的长短及复杂性而定,可以是每天、每星期、每两周或每个月报告一次。如果项目周期仅为一个月,则报告期可能短为一天;如果项目预期要运行五年,则报告期可能是一个月。

每个报告期内要收集以下两种信息或数据:

①实际进程资料。包括活动的实际开始时间和实际完成时间,实际费用或已拨付的款项。

②有关项目范围、进度计划和预算变更方面的信息。这些变更可能由委托方或项目团队提出,也可能是预料之外的事件结果,如自然灾害、项目团队关键人员离职造成的。

应当注意的是,如果已经根据变更修订了计划,并已经经过有关部门批准同意,那么就应当建立一个新的基准计划。新的基准计划的范围、进度计划和预算与原基准计划的范围、进度计划和预算可能有所不同。

(3)发现偏差。测算出最新的进度计划和预算后,应当拿它们与基准进度计划和预算进行比较,即将实际完成情况的数据与计划进行比较,分析变化,暴露偏差,以确定项目的实际进展情况是比计划进度提前了还是落后了,是超出预算还是低于预算,是否按计划使用人员,是否已取得预期的成果。如果项目状况良好,就不必采取纠正措施,下一个报告期再分析一下现状即可。

(4)处理偏差。若经检查后确认确实存在偏差,则需要采取纠正措施,作出如何修订进度计划或预算的决定。具体纠正措施包括如下几个方面:

①不采取行动。即忽略偏差。这是因为问题不大,对项目的冲击很小,没有必要采取措施;或是因为问题尚未明了,还无法采取可行的措施。

②修改计划。探讨变动的可能性,采取增加时间、人员或经费的措施,以回到计划的正确轨道上来。

③修订计划以修订偏差。如果认为项目计划需要采取纠正措施,必须作出如何修订进度计划或预算的决定,会涉及到时间、成本和项目范围。如缩减活动的工期可能需要增加资源从而增大成本或缩减任务范围;同样,降低项目成本可能需要使用低于计划原定质量的材料。一旦采取纠正措施,必须将其列入进度计划和预算,然后测算出一个修改的进度计划和预算,以判定计划采取的纠正措施在进度和预算上是否可以接受。否则,要进一步进行修改。

④取消项目。当项目已经偏离计划太远,已不具备继续进行的条件时,要考虑取消项目。

项目计划控制过程贯穿于整个项目。一般来说,报告期越短,早发现问题并采取纠正的机会越多。如果一个项目远远偏离了控制,就很难在不牺牲项目范围、预算、进度或质量的情况下实现项目目标。明智的做法是增加报告期的频率,直到项目按进度进行。

(5)公布修改计划。修订计划一旦形成后,经报批应尽快下达,使项目相关单位和人员了解计划的改变情况,制定相应实施策略,按修订计划组织实施。

3.国防项目控制的方法

国防项目控制的方法有很多,常用的有以下三种:

(1)挣值分析法。

(2)可视化图表。主要包括里程碑事件图、甘特图、费用成本曲线、资源负荷图、项目成本纪录、工作绩效图、项目报告表、质量控制图等工具。

(3)项目分系统和项目组成员的控制。项目控制的唯一方法是使项目分系统和项目团队的每一成员控制自己的工作。只有当项目在微观水平上达到控制,项目才能在宏观水平上达到控制。这意味着应当建立能使每一分系统或项目组成员能控制项目的环境。

3.3 国防项目定型、试用、使用、退役与后评价

3.3.1 定型管理

国防项目在研制阶段后期,项目承制单位将其成果交付给使用者之前,项目甲方主管单位会同项目承制单位等有关方面对项目的工作成果进行试验和审查,查核项目计划规定范围内的各项工作或活动是否已经完成,应交付的成果是否达到战技指标的要求,此阶段大型项目通常由专门的定型审查机构负责,这个阶段通常被称之为设计定型阶段。在设计定型阶段后期,一般国防项目即开始小批量生产,直至形成批量生产能力以及这个阶段通常被称为生产定型阶段。

1.定型的标准及依据

国防项目的产品定型是军方对新产品(含改型、革新、测绘仿制和功能仿制产品)进行全面考核,确认其达到规定的标准,并按规定办理手续。产品定型包括设计定型和生产定型两种,设计定型是军方对项目成果的性能进行的全面考核,以确认其达到研制任务书和研制合同的要求;生产定型是军方对项目成果的批量生产条件进行的全面考核,以确认其达到批量生产的标准。

无论是设计定型还是生产定型,项目验收标准的基本性质都是判断项目成果是否达到目标要求的依据,因而应具有科学性和权威性。只有制定科学的标准,才能有效地验收项目结果。作为项目验收的标准,一般选用项目合同书、国标、行业标准和相关的政策法规、国际惯例等。由于国防项目成果的特殊性,国标、行业标准以及国际惯例在大多数情况下,都只能作为参考标准。

在对国防项目进行定型时,主要依据项目的工作成果和成果文档。工作成果,是项目实施后的结果,任何一个国防项目结束时,都应当提供一个令人满意的工作成果,而项目定型的重

点就是针对工作成果进行检验和接收。同时,在进行项目定型时,项目承制方还必须出示与项目成果有关的文档,如在进行设计定型时,需要准备的文件通常包括设计定型报告、产品研制总结,各种试验报告、故障分析报告、产品设计资料、图纸、技术文件,各种目录、技术说明书、使用文件等,以供审查。一般而言,不同类型的国防项目,成果文档包含的文件也不同。

对武器装备研制项目而言,定型依据的文件包括研制总要求、研制任务书、产品方案、技术状态报告、方案报告、技术攻关报告、阶段技术进展报告、质量与可行性分析报告、标准化报告等。

对于国防科学技术预先研究项目,定型依据的文件包括研究报告、可行性分析报告、试验报告、样品或原理样机研制的总结报告、演示验证报告、验证总结报告、论著、论文等。

对于科学技术基础研究和软科学研究项目,定型依据的文件包括论证报告、研究报告等。

2.定型的组织和程序

国防项目对项目成果的验收和定型工作由军方设立的专门的定型委员会执行。

(1)申请定型的国防项目应具备的条件

在定型阶段,凡要定型的国防项目产品,首先要符合研制前论证报告形成的并经上级批准的战术技术指标和要求。具体来说,在不同定型阶段,申请验收的项目成果应具备相应的不同条件。

国防项目进行设计定型应具备下列条件:

①通过设计定型试验能够证明国防项目成果的性能已经达到研制合同的要求;

②设计成果符合标准化、系列化、通用化的要求;

③设计图纸、技术说明等相关文件完整、准确;

④产品配套齐全;

⑤构成产品的所有配套设备、零部件、元器件、原材料等有供货来源。

国防项目进行生产定型应具备下列条件:

①具备成套批量生产条件,质量稳定;

②经试验和部队试用,产品性能符合批准设计定型的要求和实战需要;

③生产与验收的各种技术文件齐备;

④配套设备及零部件、元器件、原材料能保证供应。

(2)国防项目定型程序

不同类型的国防项目,依据其大小、性质、特点的不同,程序也不尽相同。但一般而言,它们遵循一个共同的基本程序。为了做好定型工作,在研制、试制单位领导下,可以成立定型小组,检查定型工作的准备情况,并按有关规定和定型标准进行鉴定。在实施定型工作的过程中,进行设计定型和生产定型的具体执行程序如下:

①申请进行国防项目定型。申请的主要内容应包括项目研制任务的审批情况,研制单位,项目研制情况,主要战术技术指标达到的程度等内容。

②制定定型试验大纲。

③实施定型工作。包括组织定型试验,准备定型审查资料、进行定型审查。

④由上级定型委员会提出审查意见,进行审批。

3.定型工作的内容

在进行国防项目的定型过程中,其工作的主要内容包括两个方面,即项目交付物的验收(也就是对项目成果的技术性能是否达到要求的验收)和与项目相关文件的验收。

(1)项目交付物验收

项目交付物验收是依据项目计划中的范围划分、指标要求和采购合同中的条款,遵循相关的交付物评定标准来对项目的交付物进行认可评定和办理验收交接手续的过程。交付物验收是控制项目最终质量的重要手段,也是项目验收的主要内容。通过对项目的不同阶段采用不同的方法,包括文件审阅、实物观测、性能测试等,对项目的交付物进行验收,验收的结果将产生验收评定报告和项目技术资料。在整个验收过程中,进行交付物验收的范围包括以下几个方面:

①项目预研论证阶段的验收。在这一阶段,主要是检验项目进行可行性研究和机会研究时是否收集到足够多的和准确的信息,使用的方法是否合理,项目评估是否科学,评估的内容是否全面,是否考虑了项目的进度、成本和质量三者之间的制约关系,等等。

②项目研制阶段的验收。在这个阶段,对单个工序依据规划阶段对质量验收评定的标准、范围和依据进行验收,对验收结果进行汇总、统计,形成上道工序的质量结果(合格率或优良率),以检验项目的等级,依此类推,最终形成全部项目交付物的验收结果。

③项目定型阶段的验收。对于大型、复杂的国防项目的交付物,可采用对项目实施阶段中每个工序的验收结果进行汇总、统计、澄清,得出项目最终的、整体的交付物验收结果。

(2)项目文件验收

项目文件是项目整个生命周期的详细记录,是项目成果的重要展示形式。项目文件既作为项目评价和验收的标准,也是项目交接、维护和后评价的重要原始凭证。因而,项目文件在项目验收工作中起着十分重要的作用。

在项目验收过程中,项目承制单位必须将整理好的、真实的项目资料交给项目验收方,项目验收方只有在对资料验收合格后,才能开始项目验收工作。项目验收合格后,接受方应将项目成果及项目文件一同接收,并将其妥善保管,以备查阅和参考。

在国防项目的设计定型阶段,需要验收的文件主要包括申请设计定型报告,产品研制总结各种试验报告,各种设计计算资料和产品图纸以及产品技术说明书等相关资料。

在国防项目的生产定型阶段,需要验收的文件主要包括申请生产定型报告,产品试生产的总结,产品在设计定型后的试验,试用报告,通过小批试生产考核的图纸及技术条件,产品配套成品和产品的工艺鉴定报告。

3.3.2 试用管理

根据国防项目全寿命周期理论，在完成项目定型工作之后，批量装备部队使用之前，应该经过试用试生产阶段。这里的试用是指用户使用方的，试生产是指工业部门研制生产单位。试生产的过程实际就是生产定型的过程，上面已作介绍。下面主要介绍用户使用方在试用阶段的主要工作。

1.目的和任务

试用的目的是在用户的正常使用条件下，实际验证国防项目是否稳定地达到战术技术指标，能否满足作战使用要求，是否满足部队需要；检查项目成果是否能够达到批量生产的要求；检查新的国防项目与其他装备的配套情况；暴露并解决试用、试生产中产生的各种问题；积累使用经验并编写各种规程、手册，制定相关的标准。

试用的基本任务是拟订各项工作计划并组织实施，及时发现和解决各类问题，不断总结经验，汲取工作中的教训，掌握规律和方法，建立和完善国防项目使用管理工作的运行机制。

2.试用程序

在进行国防项目的试用工作时，国防项目主管单位和承担试用的单位都必须严格按照国防项目工作条例中的试用工作程序进行。一般而言，试用阶段主要包括预先准备、制定试用大纲、组织实施、评估等过程，为正式装备部队以及进行批量生产提供决策依据。在试用阶段，最主要的任务就是进一步考核国防项目的战术技术性能、可靠性、维修性、保障性和安全性是否达到设计定型的要求。从理论角度看，国防项目进行试用的工作，也可以看作是一个完整的项目，整个试用过程都贯穿了项目生命期理论，试用本身就是一个完整的子项目。

(1)预先准备阶段。国防项目主管单位根据新的国防项目的研制计划和实际进展情况，及时向进行项目试用的单位下达接装和试用的通知，进行试用准备，以便试用的主管部门早作准备，及早介入，超前计划，并根据实际情况，成立试用领导小组来负责此项工作。在试用的预先准备阶段，主要的工作内容包括试用配套设施修建、配备保障装备和配备检测设备等工作。

(2)制订试用计划。试用计划是进行试用的依据，在国防项目进行试用之前，必须制订试用计划。试用计划必须遵循“成套试用”的原则，根据试用原则、要求和验证作战使用性能的需要，并参照部队现行的条令、大纲制订，主要内容包括试用任务、目的、指导思想、试用时间、保障条件、措施要求等。

(3)组织实施试用。国防项目开始试用前，首先检查预先准备工作，在准备工作基本就绪后，正式组织实施试用。在组织实施过程中，试用单位要及时、准确、系统、详细地记载各种试用数据和资料，注意积累经验，重视培养、保留技术骨干，建立试用情况报告制度。在组织实施阶段结束时,要做到按照计划要求完成全部试用项目,获取系统、准确、可靠的数据和资料,编制相关的守则、手册、大纲并确保可以执行,上报试用总结。

(4)评估阶段。在国防项目试用的组织实施结束,试用单位上报总结后,国防项目主管部门应及时召集有关业务部门,对国防项目的试用情况,得出全面的评估结论。在评估阶段,主要内容包括产品是否满足作战使用要求,性能是否满足战术指标,可靠性、维修性、保障性和安全性指标是否达到设计要求,各种经费标准是否已经制定,各种技术法规是否可指导使用维修工作,各种保障装备、设备是否配套齐全,是否已形成持续、畅通的保障能力,以及是否可以批量装备部队等。

3.问题的处理

国防项目在试用中暴露的问题,都必须得出结论,根据问题的性质和职责进行分类,由国防项目主管单位提出处理意见,并与承制单位协商解决。除此之外,在试用中暴露出的重大问题解决后,还必须进行补充试用,采取同样的流程进行。在试生产中暴露出的问题,在生产单位无法解决时,应与承制单位共同解决,如果涉及对项目的重大改变,应上交国防项目主管单位解决。

在处理试用中暴露的问题时,应注意以下几个方面:

(1)试用中发现的不满足作战使用要求、战技指标等方面的问题,必需要求承制单位尽快解决;

(2)试用中发现的国防项目配套设备质量问题等,必需要求承制单位在批量装备部队前予以解决;

(3)试用中发现与国防项目相关的文件、资料、规程、手册等内容出现问题时,属于承制单位编制的,应在国防项目主管单位的督促下,限期解决。

在试用中暴露出的重大问题解决后,应进行补充试用。补充试用通常应在原试用单位进行,其计划、组织和实施,仍按第一次试用的管理办法进行。补充试用结束后仍须专门进行试用评估。在试用中暴露出的某些重大问题,如果因为条件限制确实一时难以解决,又需调整战技指标,应将问题上报原先的项目批准单位,获得批准后再予以执行。

3.3.3　使用与维修管理

国防项目试用工作完成以后,即可批量生产并装备部队使用。对国防装备的使用管理就是指该装备从接收到退役报废前的一系列管理工作过程,其工作范围主要包括武器装备的申请、补充、动用、封存、保管、维修、转级和技术革新等。国防项目试用管理工作的基本任务是保证武器装备经常处于良好的技术状态,保障部队执行平时和战时的各项任务。

在国防项目的使用管理中,比重最大的应该就是对项目的维修管理。国防项目的维修管理就是对项目维修工作的管理，是为了有效地实现项目维修目的，应用现代管理科学的理论和方法对项目维修工作进行政策指导、计划、组织、指挥和控制，协调维修过程中人员、部门之间的关系以及人力、财力、物力的合理分配，信息、时间和空间的充分利用，对维修过程各个环节进行预测、调节、检验和核算，增强维修保障系统的整体功能，以求实现全局上最佳的维修效果和经济效益。维修管理的最终目的就是科学地利用各种维修资源，以最低的资源消耗，及时、迅速地保持、恢复和改进国防项目的作战能力，保障部队作战、训练和执勤等任务的顺利完成。

1.国防项目维修管理的内容

从维修管理的内容上看，维修管理工作分维修总体与维修实施两方面。维修总体方面的工作主要是确定维修的指导思想及方针原则，统筹规划维修的全部活动，这主要由高级领导机关承担，并由专门的维修研究机构通过研究分析协助完成。其主要内容包括以下几个方面：

(1)明确维修思想。维修思想是人们对维修目的、对象、主体、活动的总认识，并用这个总认识去指导维修实践。

(2)确定维修方针原则。维修方针原则，是在维修思想的指导下，为开展维修工作所制定的一些原则和技术政策，它是维修思想在贯彻执行中的反映。维修方针包括总方针和具体方针，总方针是对整个维修系统所作的原则性规定，如常备不懈、积极保障、科学管理、抓好预防、迅速维修、保证安全；而具体方针是对某个方面、环节所作的具体的有明确指向性的规定和政策。

(3)拟定维修等级和制度。维修等级，是对维修工作的不同深度、广度而言的。它是把整个维修工作根据设计、制造和工艺规范的要求以及使用经验，按不同的维修深度、广度划分为若干维修等级。

(4)选择维修方式。维修方式是维修类型、维修内容和维修时机的综合表现，一般可分为定期、视情和事后三种。

(5)制定维修体制。维修体制是指维修系统中各个层次、环节、部门为实现维修目标所形成的组织体系，包括组织机构、人员编制、维修手段及设备、器材供应方式、维修任务等。从其担任的主要职能来说，又可分为维修管理体制和维修作业体制。

(6)组织制定和修改维修文件，筹措维修器材。文件是指组织实施装备维修的条例、条令、规范、细则、标准、大纲、手册、报表等各项文件的统称，它是保证维修质量的主要依据。其内容与格式随装备的类型和技术活动的深广度而各有不同，但就其内容来说，大致有三个方面：指导性维修文件，组织具体实施的维修文件，维修信息记载和反馈的文件。

维修实施工作具体也可分为两类：野战维修的组织管理和平时维修的组织管理。

2.基本要求和原则

根据维修工程的理论，项目维修管理的基本要求是应当在全系统、全寿命过程中，贯彻预防为主、科学维修、保证质量、注重效益的思想。这就是说项目维修管理中，对国防项目维修要

进行全系统和全寿命过程的管理。具体而言,有以下几个方面的内容:

(1)实行全系统和全寿命过程的管理。从国防项目系统的整体效益出发,把项目维修保障系统看作是国防项目的一个分系统,维修保障系统要与国防项目相匹配才能使国防项目真正形成战斗力。

(2)国防项目维修管理要以维修为主。项目维修管理的各项工作要从防止武器装备产生故障着手,防要重于修。

(3)项目维修管理要依靠科学,实行科学维修。

(4)项目维修管理要突出重点。这里所说的重点包括部队和武器装备。

(5)国防项目维修要保证质量。

(6)项目维修管理要注重效益。

与要求相对应的,国防项目维修管理的基本原则包括以下几点:

(1)统一领导、分级分部门负责;

(2)平时与战时相结合;

(3)军队与地方相结合;

(4)行政、技术和经济管理相结合。

3.3.4　退役与报废管理

国防项目产品的退役报废是指其性能、质量、技术状况不再适应使用要求而退出现役的过程,它与产品寿命、装备寿命密切相关。产品寿命通常又分为自然寿命、经济寿命、技术寿命和使用寿命,装备寿命又可分为自然寿命、经济寿命、技术寿命和使用寿命。装备的自然寿命是指某种装备型号从装备部队开始,到由于腐蚀、磨损、老化等物理和化学变化,造成质量不断下降,直到报废为止所经历的平均时间(或里程)。装备的经济寿命是指装备从装备部队开始,到单位平均时间(如年、季度等)使用维修费用(或一次大修费用)超出某一规定值所经历的平均时间(或里程)。装备的技术寿命是指某类型号的装备从装备部队开始,直至因技术落后而被淘汰所经历的平均时间。装备的使用寿命是指装备从装备部队使用开始,到退出部队现役为止所经历的时间。每类装备一般都有规定的服役年限,通常称做使用寿命期限。它是装备平均最大服役时间的限值,是由装备研制生产单位和管理决策部门根据装备的自然寿命、经济寿命等综合论证所确定的重要技术指标。

1.退役

装备退役是指根据装备的质量状况,依据军队装备建设的规划、计划,使装备退出现役的过程。装备退役的基本标准是:

(1)达到(或超过)使用寿命期限。

(2)技术性能下降,直接影响着装备的使用和战术性能的发挥。

(3)型号技术落后,不利于军队装备的现代化建设。

(4)效费比低。当装备在不断地使用、维修中,经济价值逐渐降低,即使进行再次维修也不能得到良好的效果,而所需维修、维护费用却大于其经济价值时,应当列入退役计划。

(5)部队精简整编、编制调整、换装或大规模裁军时,虽然有的装备尚未达到退役标准,但已接近退役标准,也可以考虑提前列入退役计划。

2.报废

装备报废是指装备在使用、储存过程中因不能正常使用又无法修复或无修复价值,或影响使用、储存安全而退出服役状态。装备报废的基本标准是:影响安全使用;无法修复;无修复价值。

3.装备退役报废管理的基本任务和原则

装备退役管理是指从制订装备退役规划、计划,到退役装备处理完毕等一系列管理工作过程。装备报废管理是指从对拟报废装备进行技术鉴定、申请报废到报废装备处理完毕等一系列工作过程。

装备退役、报废管理的基本任务是,以积极退出的思想,运用系统工程等方法,统筹安排、科学规划,做到军事效益、社会效益、经济效益的有机结合,使装备退役、报废工作正规有序、安全高效地进行。其主要内容包括制订装备退役计划,对拟报废装备进行技术鉴定,装备报废的申请与审批,以及退役、报废装备档案资料的收集、整理,退役、报废装备的调拨、运输、交接、储存、保管、统计、处理等。

装备退役、报废管理无论是与装备全系统、全寿命管理过程中的其他环节相比,还是与其他报废商品、废旧物资管理相比,都有着很大的区别,具有政策性更强、技术要求更高、程序更复杂、时限要求更严格等显著特征。因此,装备退役、报废管理应当坚持以提高部队在编装备质量、加强装备建设为目的,统筹规划、集中管理、确保安全、讲求效益为原则。

4.退役报废的处理途径

退役、报废装备的处理,按处理形式可分为整件利用和毁型利用。整件利用主要是指不改变退役、报废装备整体结构,只改变其用途和保管方法,以求最大限度地利用退役、报废装备价值的处置,如军援、军贸、训练、储备等。毁型利用主要是指通过一系列合适的方法对退役、报废装备进行技术处理,改变其形状或内部结构,销毁秘密,清除危险,并回收利用各种有用物资的过程,如处废、销毁等。退役、报废装备处理是退役、报废装备管理中一项重要工作,做好这项工作,对节约经费,提高军事、经济效益都有极其重要的作用。处理退役、报废装备应根据不同退役、报废装备的具体情况来具体分析,分别采取相应的途径、方式进行安全可靠的处理,尽可能做到既清除隐患，又物尽其用，变废为宝。

一般而言，退役报废的国防项目处置方法有以下几种途径(如图3.7所示)：

(1)定点回收；

(2)储存备用；

(3)用于教学和训练；

(4)用于武器预备役部队和民兵；

(5)用于开展国防教育和爱国主义教育；

(6)拆件留用；

(7)价拨作非军事用；

(8)作废旧物资处置；

(9)保密处置。

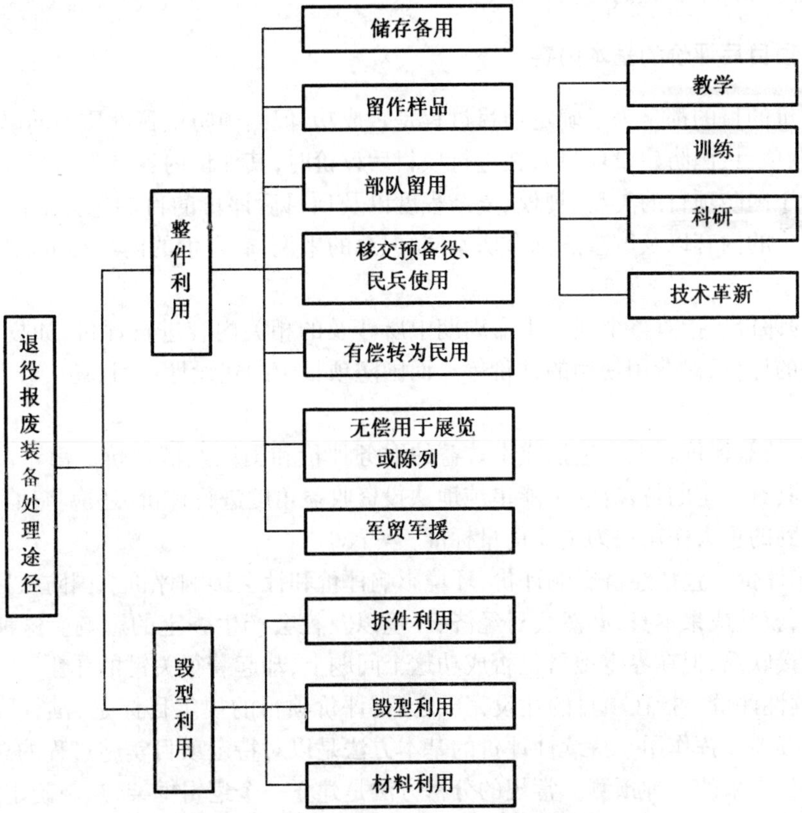

图3.7　国防项目退役报废处置方法

3.3.5 项目后评价

项目后评价是指对已完成项目(或规划)的目的、执行过程、效益、作用和影响所进行的系统的、客观的分析;通过对项目活动实践的检查总结,确定项目预期的目标是否达到,项目或规划是否合理有效,项目的主要效益指标是否实现;通过分析评价找出成败的原因,总结经验教训;并通过及时有效的信息反馈,为提高未来新项目的决策水平和管理水平提供基础;同时,后评价也可为项目实施运行中出现的问题提出改进建议,从而达到提高项目效益的目的。

对国防项目而言,进行项目后评价有着极为重要的战略意义和深远的历史意义。国防科技不仅是保障国家安全和促进国民经济发展的重要基础,而且是带动国家科技进步与发展的源动力。对每一个国防项目进行科学、系统的后评价,不仅是实现这一目的的关键之一,也是对国防建设进行科学管理的必要工作之一。

1.国防项目后评价的基本内容

尽管评价的目的都是为了确定项目过程是否成功,但因国防项目性质不同(如国防预研项目、国防研制项目、国防建设项目),在进行项目后评价时,其评价内容是不尽相同的。

尽管由于国防项目的类型、规模、复杂程度以及项目后评价的目的等方面的不同,导致每个项目后评价的内容以及侧重点都有所不同,但总的来说,后评价的内容都可从以下四个方面进行:

(1)过程评价。指对整个项目生命周期中所涉及的相关内容进行评价,如投资评价,对项目进度控制的评价,对费用使用的评价等。而国防项目中的建设性项目,还会涉及到施工评价等内容。

(2)经济效益评价。主要包括成本效益的财务评价和国民经济评价。由于国防项目成果在使用方面具有一定的特殊性,不能单纯地从投资收益角度进行评价,还应将项目成果在国防建设方面起到的重大作用列为主要衡量标准。

(3)影响评价。包括经济影响评价、环境影响评价和社会影响评价。国防项目成果的验收工作完成后,就其成果本身,必然会对经济、环境以及社会产生一定的影响。这种影响与项目本身没有直接联系,但在界定项目是否成功这个问题上,却起着很关键的作用。

(4)持续性评价。指在项目的建设完成之后,评价项目的规定目标是否还可以继续,项目是否可以持续地发挥作用。持续性评价的基本方法是以对特定项目实施过程的总结为基础所进行的对项目未来的一种预测。常规的分析方法是建立一个逻辑框架,从新确定的长远目标、效益、产出、实施工作和投入等几个层次来分析项目的相关条件和风险。

2.国防项目后评价的程序

如前所述，由于后评价内容可以根据项目的特点自行制定，因此，在进行国防项目后评价时，第一步就是要确定出后评价的方向和着重点。由此，国防项目后评价的步骤如下：

(1)制订后评价计划。后评价工作本身就是一个项目，它是在国防项目验收之后，为了及时总结项目管理各阶段的经验教训，进一步改进和完善项目管理工作，提高项目的投资效益而进行的评价工作。它本身所具有的项目特性要求我们在后评价工作开始之前，制订出详细的后评价计划，包括如何确定范围、选定方法，以及后评价工作的费用预算和进度安排等。

(2)后评价范围的确定。根据国防项目本身的特点，选定具有代表意义的内容进行后评价工作，这样既提高了工作效率，降低了费用损耗，还起到事半功倍的作用。如对一些军方立项的武器装备的研制性项目，项目后评价的重点就应该放在经济效益评价上；而对于一些国防工程项目，则应把侧重点放在影响评价和持续性评价上。

(3)确定后评价方法。后评价方法的种类很多，在下一节中将作具体介绍。在确定了后评价范围之后，应根据项目特点和实际工作情况，选用合适的后评价方法。

(4)选择项目后评价咨询专家。

(5)进行项目后评价。在国防项目后评价任务委托、专家聘用后，后评价即可开始执行。

(6)编写项目后评价报告。项目后评价报告是评价结果的汇总，是反馈经验教训的重要文件。

3.国防项目后评价的常用方法

常用的后评价方法有统计预测法、有无比较法、逻辑框架法、定性与定量相结合的分析法。

(1)统计预测法。项目后评价包括对项目已发生事实的总结，以及对项目未来发展的预测。在后评价情况下，只有具有统计意义的数据才是可比的，后评价时点前的统计数据是评价对比的对象，后评价时点以后的数据是预测分析的依据。因此，项目后评价的总结和预测是以统计学原理和预测学原理为基础的。基于统计原理，根据项目后评价的概念，后评价大量的基础资料是以统计数据为依据的，后评价的调查在许多方面与统计调查相同，其数据的处理和分析方法也与统计分析类似。因此，统计原理和方法完全可以应用在后评价实践中，这也是后评价方法论的原则之一。应特别指出，在经济和效益的统计中，统计学确定的不变价理论，使数据具有统计性和可比性，是项目后评价效益的一条重要原则。基于预测原理，用在后评价中的方法包括趋势外推法、参照对比法和专家调查预测法等。

(2)对比法。包括有无对比和前后对比。有无对比是将项目实际发生的情况与若无项目可能发生的情况进行对比，以度量项目的真实效益、影响和作用；前后对比是指将项目实施之前与项目完成之后的情况加以对比，以确定项目效益的一种方法。在项目后评价中则是指将项目前期的可行性研究和评估的预测结论与项目的实际运行结果相比较，以发现变化和分析原因。

(3)逻辑框架法(Logical Framework Aproach,LFA)。用一张简单的框图来清晰地分析一个复杂项目的、内涵和关系,使之易于理解。LFA 是将几个内容相关、必须同步考虑的动态因素组合起来,通过分析其间的关系,从设计策划到目的、目标等方面来评价一项活动或工作。LFA 为项目计划者和评价者提供了一种分析框架,用以确定工作的范围和任务,并通过对项目目标和达到目标所需的手段进行逻辑关系的分析。

LFA 的核心是事物的因果逻辑关系,即"如果"提供了某种条件,"那么"就会产生某种结果,这些条件包括事物内在的因素和事物所需要的外部因素。LFA 是一种设计、计划和评价的工具,是国际组织在援助项目中使用的计划管理和后评价的主要方法,是一种综合和系统地研究和分析问题的思维框架。在后评价中采用 LFA 有助于对关键因素和问题作出系统的合乎逻辑的分析。

4.国防项目的综合评价

对国防装备而言,后评价主要集中在装备质量评价上,采用综合评价方法可以全面地对其质量作出评价。综合评价就是通过对装备形成过程中有关活动的分析、衡量与判断,对影响装备质量的众多复杂因素的分析,从系统的整体观念出发,把无法计量的因素与定量分析所获得数据联系在一起,设计出科学、客观、全面的指标体系,并在单项指标评价的基础上,将结果进行综合,作出对装备质量的全面统一判断。

习　题

3-1　简述国防预研项目的特点和类型。

3-2　说明国防预研项目的计划管理流程。

3-3　什么是先期技术演示和先期概念技术演示?

3-4　简述国防项目论证的阶段及其论证内容。

3-5　举例说明国防项目计划的内容与过程。

3-6　说明国防项目控制的内容与过程。

3-7　简述国防项目定型的标准与依据以及组织过程。

3-8　试说明国防项目试用的目的和程序是什么?

3-9　简述国防项目维修管理的内容。

3-10　试说明国防项目退役报废处理的途径有哪些?

3-11　简述国防项目后评价的内容和程序以及常用的方法。

3-12　某国防企业因型号研制的需要,准备对生产线进行技术改造,生产一种零部件。该技改项目的基础数据如下:

(1)建设周期为 1 年,建设期的项目投资为 800 万元;

(2)项目第二年投产，运营期中，正常年份每年的销售收入为 600 万元，销售生产成本为 300 万元；

(3)投产的第 1 年生产能力仅为设计生产能力的 60%，所以这一年的销售收入与销售生产成本均按正常年份的 60%计算，投产的第二年及以后各年均达到设计生产能力。

(1)假设项目过程中，投资、成本和收益均按年末计算，折现率为 10%。根据上述数据，分析该公司从项目建设开始到第九年的现金流量情况，并编制项目现金流量表。

(2)根据现金流量表中的数据，计算项目的动态投资回收期(要求列算式)。如果该行业的标准投资收益率为 20%，请问该项目的投资是否可行。

(3)假设该产品投产后，正常年份生产的年固定成本总额为 400 万元，产品的销售单价为 5 000元/台，单位产品变动成本为2 000 元/台，设计生产能力为3 000 台/年，请计算该产品以设计生产能力利用率表示的盈亏平衡点。

第4章　国防项目管理工作方法

科学的管理方法和规范的管理流程是国防项目成功的保障。本章从职能要素的角度，介绍了国防项目管理核心要素的管理内容、管理方法和管理过程，包括目标与范围管理、进度管理、费用管理、质量管理、风险管理、技术状态管理、采办与合同管理、更改管理以及信息、安全与保密管理。

4.1　目标与范围管理

4.1.1　项目启动

国防项目经过预研和论证后被正式立项，在项目正式实施前需要进行项目启动工作。因此，项目启动就是确定并核准项目和项目阶段，是从实施项目管理的角度来谈项目启动、目标确定的，从而为项目管理工作的开始做好前期准备工作。

1.锁定利益相关者

项目是为了给其利益相关者创造价值并使其利益相关者满意，因此项目启动的出发点应从分析、识别和定义其利益相关者入手。

实践证明，识别清楚利益相关者并让他们承担起对项目的责任并不是一件容易的事，利益相关者的确定为下一步项目发起准备了条件。

2.项目发起

项目确定之后，还要有一个发起过程，才能使项目行动起来。所谓发起，就是让同项目有切身利益的相关方承认项目必要性，让他们根据自己的义务投入人力、物力、财力、信息或精力。发起过程本身也需要投入各种资源。

在发起一个项目，寻求相关部门或单位支持时，要有书面材料交给可能的支持者，使其明白项目的必要性和可能性。这种书面材料叫做项目发起文件。

3.项目核准

由于国防项目具有高科技、复杂艰巨性、多层次性等特点，因此项目确定之后，还需经过核准，即由项目实施组织最高决策者正式承认项目的必要性，给出关于项目的批复结论，把完成项目所需的权力交给项目管理班子的过程,即授权。

4.项目启动

项目启动就是项目管理班子开始项目或项目阶段的具体工作,包括项目或项目阶段的规划、实施和控制等过程。只有在项目可行性研究结果表明项目可行或项目阶段必备的条件成熟或已经具备的时候才可以启动。

项目启动过程完成的标志有两个:一是任命项目经理,成立项目管理办公室;二是发布项目许可证书。一般说来,应当尽可能早地选定项目经理,并将其委派到项目上去。项目经理无论如何要在项目计划执行之前到岗。项目许可证书就是正式承认项目的文件。项目经理和项目班子要明确和落实资金、权限、要求和时间。

5.明确项目要求

项目要求是项目发起人或项目用户对项目的期望。项目要求有多个方面,包括范围、进度、费用、质量、风险、技术状态、信息安全等,可以把这些不同的方面叫做项目变数或项目要求。项目经理在接受委托之后,准备启动项目之前,必须弄清各军兵种根据国防发展战略、内外情况和自身的状况提出的项目变数的要求。

要明确项目的要求,需要进行下面的工作:

(1)哪些组织或部门是项目的利益相关者?

(2)他们对项目的期望究竟是什么?

(3)我们打算如何满足这些期望?

(4)我们怎么知道他们的期望已得到满足?

(5)满足这些期望后我们能得到什么?

(6)策略提出并评价。评价项目策略的准则应当现实、可行,反映出项目的终极目标,通过评价选取最优或满意的行动路线,即项目策略。

6.初步计划的制订

项目启动阶段,项目管理者要制订初步的项目进度计划、质量计划和项目控制计划,制定项目管理规划文件和项目启动文件。

4.1.2　项目目标

确定项目目标是指在项目的假设条件和约束条件下,利益相关者描述他们对项目的期望和需求的过程,如图 4.1 所示。

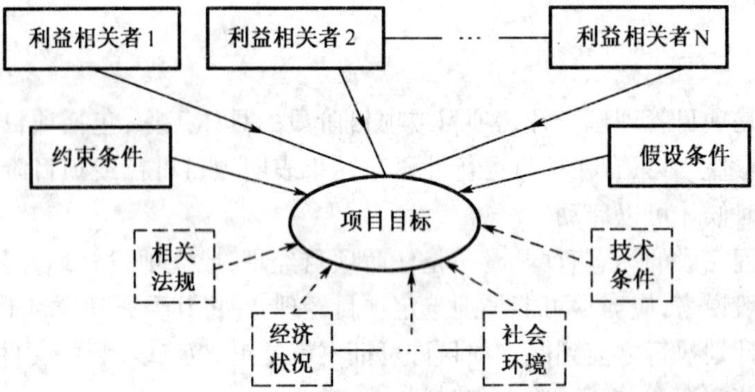

图4.1 项目目标的来源

1.国防项目目标特点

(1)国防项目目标是多因素之间权衡的结果。国防项目目标的确定,不仅要考虑时间、进度、质量三大因素,还涉及国防战略以及政治影响等多个方面,各种因素有所侧重,不容忽视。项目目标的确定是诸因素综合权衡的结果。

(2)国防项目目标含有优先因素。对不同的项目和项目的不同阶段,各个因素的重要性是不同的,所占的权重也不一样。一般来说,对国家安全和国防战略有重大影响的,应优先发展,其目标的确立要更多地考虑其政治因素和军事因素。

(3)国防项目目标具有层次性。国防项目目标的确定是一个由抽象到具体的过程,具有一定的层次性。通常,项目目标被描述为一个系统化的层次结构。最高层是主要目标,指明项目解决问题后的总的期望结果,它一般由使用方在项目初始阶段提出,具有模糊性和不可控性;最下层是具体目标,它是由项目承接方在项目实施阶段逐步细化的,具有确定性和可测量性;目标层次越低,目标越具体且可控。

2.确定国防项目目标的过程

(1)明确制定项目目标的主体。项目目标一般由项目发起人或项目提议人来确定。一般来说,项目目标的确定者即项目的发起方往往同时是项目的使用方,但是如果项目发起方和使用方并不是同一方,那么目标确立时,则要求双方共同协商,并且对于确定目标的理解应取得一致。

(2)分析识别项目需求。有了需求才会产生项目,需求是项目进行的前提。识别项目需求是确立项目目标的前提,需求不同,项目目标也会不同。国防项目的进行是为了满足国防现代化建设的需求,目的是实现我国国防建设的跨越式发展。国防项目需求分析要在装备发展方向、体制、系列论证的基础上,进一步明确项目目标。

(3)提出目标因素。目标因素通常由两方面决定:一是项目问题的定义,即按项目问题的结构,解决其中各个问题的程度,即为目标因素;二是有些边界限制也形成了项目的目标因素,由于边界条件的多方面约束,造成了目标因素的多样性和复杂性。目标因素的提出应尽可能明确、具体,并尽可能定量化,可以进行分析、对比。目标因素的确定有如下基本要求:

①真实反映上层系统的要求,情况分析透彻,问题定义贴切。

②反映客观,实事求是,切合实际,一般经过努力能实现。

③目标因素的提出、评价和结构化并不是在项目初期就可能办到的,各种选择被分析、讨论、对比后是逐渐修改、联系、变异、优化的。整个过程中一直与情况分析相联系。

④项目因素要有一定的可变性和弹性。既要考虑在进一步的研究论证中按具体情况能进行调整,特别是项目过程中边界条件的变化;同时要考虑一定的变动范围,如最高值、最低值区域的划定。

⑤目标确定必须重视时间因素及其影响。目标因素可以采用相似项目比较、指标(参数)计算法、费用/效用分析、头脑风暴法、价值工程等方法确定。

(4)建立目标系统。目标系统是在目标因素的基础上进行集合、排序、选择、分解和结构化形成的,并对目标因素进行定量化描述。目标因素按性质可以分为强制性目标和期望性目标,强制性目标即必须满足的目标,通常包括法律的限制、官方的规定、技术规范的要求等;期望性目标,即尽可能满足的目标,可以作优化的目标因素。目标因素之间经常有矛盾,例如环保要求和经济效益,自动化水平和就业人数等。通常在确定目标因素时尚不能排除目标之间的争执。但在目标系统确定时,则必须解决这个问题。在这个过程中,各目标因素被分析、对比、逐步修改、联系、变异、增删、优化,并与情况分析联系在一起,形成一个反复的过程。

(5)确定项目目标。项目目标是项目完成所必需满足的标准,包括定性和定量两个方面。一般而言,国防项目目标的确立以定量标准为主,附以定性的描述。定性描述则要求准确、明了,不产生歧义。确定项目目标应满足以下要求:

①项目目标要尽可能地量化,能采用定量标准的,就不使用定性描述;

②项目目标应是可实现的,是经过科学论证得出的;

③项目组成员都应明确项目目标并制定个人具体目标;

④项目目标描述应容易理解,并且不产生歧义;

⑤随着项目实施,项目目标要不断进行细化。

3.国防项目总目标的描述

在项目实施的开始项目经理最主要的任务是准确地界定项目的总目标,通过对总目标的分解便可得到项目实现的目标体系。它们分别涉及了项目的时间、费用、产品与技术三个方面,每个方面都可能有一些具体的要求及相对应的目标体系。总目标的描述应该具体、明确、

并尽可能量化。项目总目标的确定通常包括三方面内容:

(1)工作范围。即可交付成果、交付物的描述,主要是针对项目实施的结果——产品。

(2)进度计划。说明实施项目的周期、开始及完成时间。

(3)成本。说明完成项目的总成本。

下面是一个"某无人驾驶的小型气象探测飞机研制的项目"总目标描述的例子。

某飞机制造公司承担无人驾驶的小型气象探测飞机研制生产项目。项目拟于2004年7月开始实施,市场需求为30~80架,首架交付日期为2007年1月。项目目标包括飞机研制和为保证飞机性能的特性设备/设施采购,为保障小型气象探测飞机研制与试飞任务的顺利进行,项目总投资为0.9亿元人民币。按照目标描述的思路可以从以下三个方面进行描述。

(1)可交付成果:无人驾驶的小型气象探测飞机样品;

(2)工期:首架交付日期2007年1月,研制时间从2004年7月到2007年1月,总工期为2.5年;

(3)费用:研制总经费为0.9亿元人民币。

4.国防项目目标确定的结果

项目目标确定的结果是形成项目目标文件,其内容包括项目说明书、项目的各种限制条件和项目的假设前提条件。项目目标文件通过项目目标的详细描述,设定了项目成功的标准。对于国防项目来说,项目成功的标准最主要的是指是否实现了项目的使用性能和战术技术指标要求。项目目标文件还可以作为项目结束后验收的依据。国防项目最终确定的目标应体现在项目总要求中,为项目范围规划打下基础。

4.1.3 范围管理

1.范围管理的概念

国防项目范围,包括国防项目的最终产品或服务以及实现该产品或服务所要做的各种具体工作,其中涵盖了项目预研论证、方案选择、工程研制、定型、生产和使用维护、退役报废等。国防项目范围的确定就是为了成功地实现国防项目的目标,规定或控制哪些方面是国防项目应该做的,哪些是不该做的,即定义国防项目的范畴。

国防项目交付物(产品)范围和国防项目范围是两个不同的概念。前者是指确定用户对国防项目最终产品或服务所期望包含的功能和特征的总和,它的界定是对产品要求的度量;国防项目范围的界定在一定程度上是产生国防项目计划的基础,产品范围的完成是对照产品要求来进行衡量的,而国防项目范围的完成是对照国防项目计划来进行衡量的。这两者的区别一定要分辨清楚,它是国防项目范围管理工作开展的前提。

2.范围规划

范围规划的主要内容是确定国防项目范围和编写国防项目范围说明书及国防项目范围计划的过程,此阶段形成的文件都会作为将来项目决策和管理的基础。范围规划过程如图4.2所示。

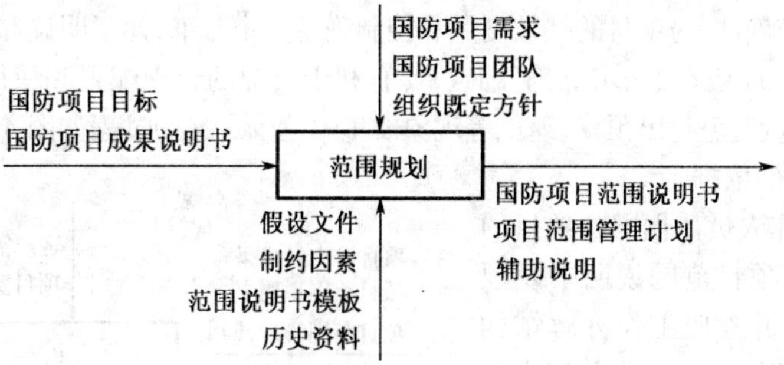

图4.2　范围规划过程示意图

(1)范围规划的依据

①成果说明书。可以直接进行分析得出,也可以通过参考其他文件来得出。在编写项目范围说明书及项目范围计划时必须有国防项目的成果说明书,即对项目成果的描述,项目合理性说明和可交付成果的清单。

②国防项目目标。确定了成功实现国防项目目标所必须满足的某些数量标准。

另外,有关项目和项目交付物描述的各种支持细节文件,以及项目启动阶段所明确的项目限制条件和假设前提条件等也是进行项目范围规划所必需的信息。

(2)项目范围规划常用的方法

①项目交付物分析法:主要通过分析项目交付物的特性,使项目提出方和承接方形成对项目交付物的准确和共同的理解,从而可编制出切合实际的项目范围计划。

②收益/成本分析法:指对不同的项目备选方案进行成本和效益的识别确认,核定项目方案的费用与回报,侧重于项目的财务评价,它在国防项目的选择和定义中有很大的作用。

③专家评判法:主要用于不易量化的指标的评判。由于国防项目一般都涉及到多个专业领域,因此,编制项目范围计划需要各个领域专家提供专业知识进行评判界定。

(3)范围规划的结果

项目范围规划的结果主要有三个说明文件:一是项目范围说明书,其内容包括项目需求背景、项目目标、项目可交付成果和项目工作内容和附加说明等;二是项目说明即范围管理计划,其内容包括项目范围变更的估计,项目变更的识别及说明,项目范围变更的管理计划及范围稳定性评价等;三是辅助说明即项目说明书的支持细节,其内容包括已识别项目的假设前提和限制条件,可能出现的项目变动等。这三个文件是项目后续阶段中重要的管理指导文件。

3.范围定义

范围定义就是把项目产出物进一步分解为较小的、更易管理的单元,以及分解定义出项目全部工作的一种项目管理活动。项目范围定义的目的在于提高对项目费用估算、项目进度和项目资源需求估算的准确性,为项目的绩效度量和控制确定一个基准,便于明确和分配项目任务与责任。国防项目范围的定义要力求准确、细致,要有利于资源的合理配置和使用,有利于成本和时间的正确估算,尽量避免超出预算、返工等现象发生。范围定义的过程如图 4.3 所示。

(1)范围定义的依据

国防项目工作人员依据国防项目的可交付成果、国防项目范围说明书及项目范围管理计划,并参照工作分解结构模板将国防项目范围内的工作分解为具体、细致、明确的执行单元。

(2)范围定义的工具和技术

①工作分解结构模板。工作分解结构(Work Breakdown Structure, WBS)模板是由项目各个部分构成的、面向成果的树形结构,该结构定义并组成了项目的全部范围。它主要应用于项目范围管理,是一种在项目全范围内分解和定义各层次工作包的基本方法。WBS 起源于美国军方的型号研制,在国防项目领域中,经过多年的工作积累基本形成了标准或半标准的工作分解结构模板。图 4.4 是美国国防部为国防装备项目制定的许多标准工作分解结构

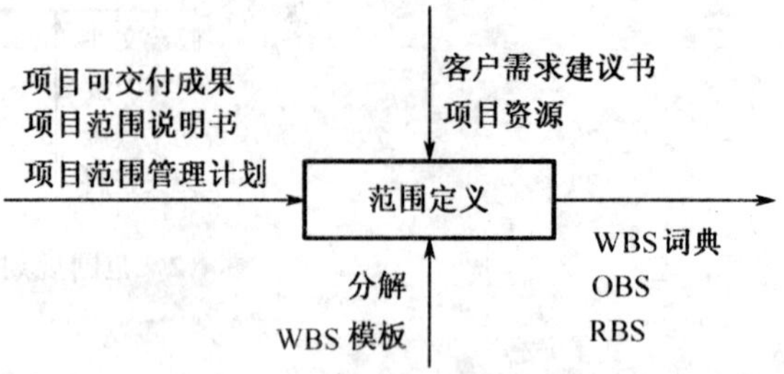

图 4.3 范围定义过程示意图

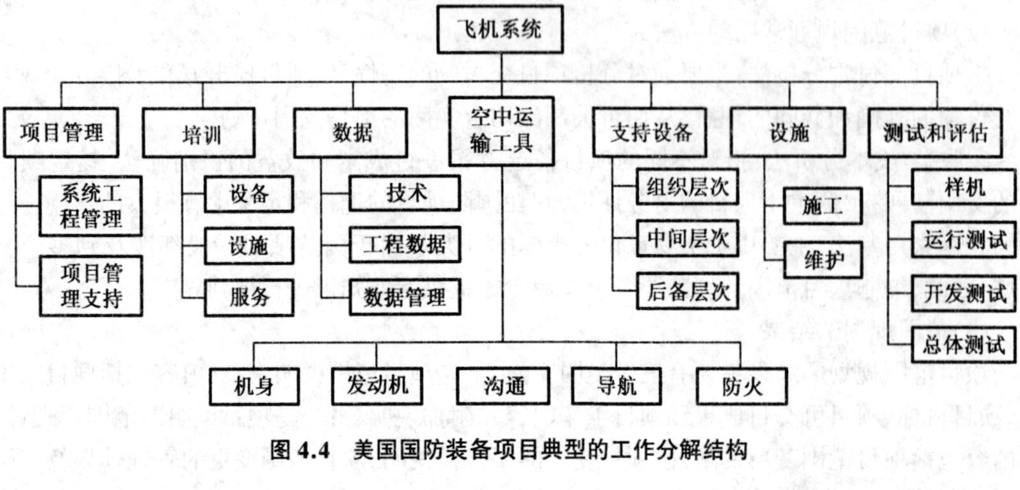

图 4.4 美国国防装备项目典型的工作分解结构

模板的一部分。

①分解技术。分解技术是将项目的主要交付物逐层细分为更小、更易管理的组成部分，直到可交付物定义得足够详细，足以支持项目将来的活动。项目分解的思路：首先要识别主要的项目要素或项目提交成果；其次，分解项目要素的构成，要便于项目绩效度量和责任分配；最后，检查分解结果的正确性，主要分为必要和充分性检查、完整和模糊性检查、可计划和控制性检查。

a.项目工作分解的步骤

步骤一：识别项目的主要组成部分

• 问题：要实现项目目标需要完成那些主要工作？

• 技巧：可以按照项目生命周期的阶段，项目的主要提交成果、产品、系统或者专业。

• 层次：在WBS中处于第二层上，并在结构图形上标示出来。

步骤二：判断

• 在已经分解的基础上，判断能否快速方便地估算各个组成部分各自所需的费用和时间，以及责任分配的可能性与合理性。

• 如果不可以，进入第三个步骤；如果可以，则进入第四个步骤。

步骤三：识别更小的组成部分

• 要完成当前层次上各个部分的工作，需要做那些更细致的工作？

• 这些工作是否可行并可核查？

• 他们之间的先后顺序怎样？

• 在WBS上标示出第三、四……层。

• 判断：能否快速方便地估算该层的各个组成部分各自所需的费用和时间，以及责任分配的可能性与合理性。如果不行，继续第三步；如果可以，进入第四步。

步骤四：检查工作

• 如果不进行这一层次的工作，上一层的各项工作能否完成？

• 完成了该层的所有工作，上一层次的工作就一定能完成吗？

• 根据检查，对当前层的工作进行增加、删除或者修改，或者对上层工作进行适当的整理。

本层各项工作的内容、范围和性质是否都已经明确？如果回答肯定，则需要写出相应的范围说明书，该说明书就是工作包的范围说明书；如果否定，进行必要的修改和补充。

b.常见的编制项目工作分解结构的思路

• 以产品结构进行分解：按照生产体系和生产产品的构成分解。

• 以功能进行分解：按照产品或服务在一定的平面和空间发挥的效用来分解。

• 以要素进行分解：将功能细化，从专业分工的角度来分解。

• 以实施过程进行分解：如军品项目可分为预研、论证、研制、生产、使用保障、退役报废等实施过程。

• 以成果系统进行分解:如美国空军的一个自控项目可分为硬件、软件开发、培训、文档、项目管理等几项内容。

②分解结果的表达形式。工作分解的结果形成 WBS,WBS 确定了项目的整个范围。在项目范围说明的基础上,WBS 有助于加深对项目范围的理解。范围分解的主要结果是:

a.项目工作分解结构。项目 WBS 系统涵盖了为完成项目交付物所需进行的所有项目工作,形成的项目工作结构清晰、明确,而且不会有所遗漏。它为项目责任矩阵分配和任务协调提供了保证。项目工作分解一般以图表形式表示。图 4.5 是工作分解结构图。

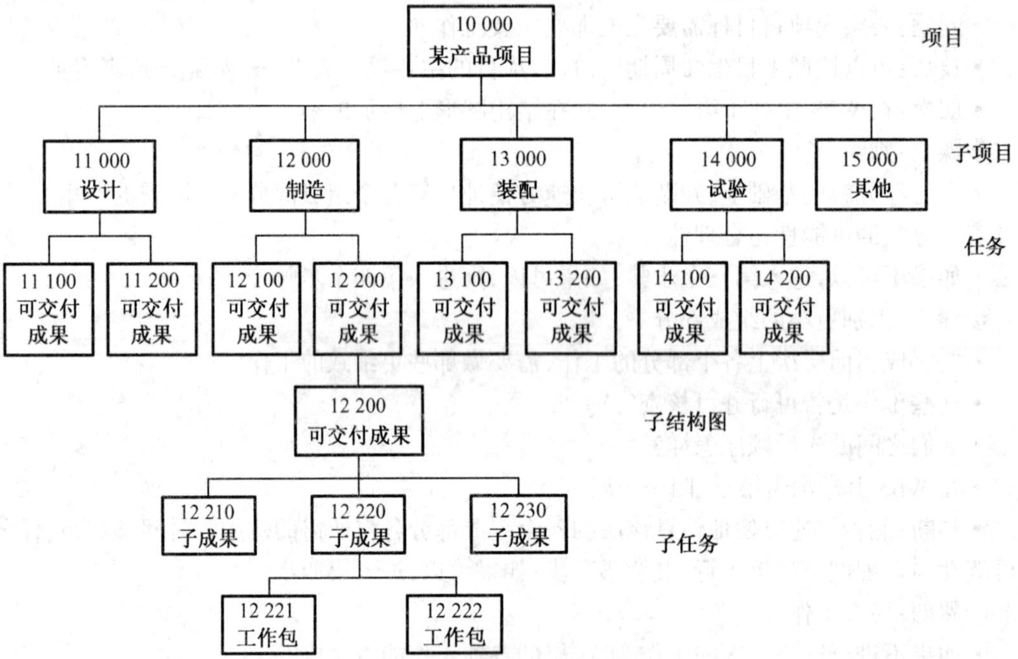

图 4.5 项目工作结构分解图

b.项目工作分解结构词典。它是对项目工作分解结构的说明,包括编码、工作包描述、成本预算、时间安排、质量标准或要求、责任人或部门或外部单位(委托项目)、资源配置情况及其他属性等。

(3)范围定义的结果

绘制 WBS 后,还需编写国防项目 WBS 词典,对国防项目 WBS 的所有工作包进行详细说明。然后,将这个树型结构中的每一项工作都落实到国防项目组织上,建立起描述国防项目责任落实情况的国防项目组织分解结构(OBS)。同时还要为国防项目成员配备必要的资源,建立起描述资源配置情况的国防项目资源分解结构(RBS)。

4.范围确认

项目范围确认是指项目的提出方或使用方要确认并接受项目承接方所界定的项目范围，将其转化为正式文件的工作过程，国防项目范围的确认由使用方、项目承接方(即科研院所、试验基地和军工厂)以及项目的主管单位(主要指各级装备部门)共同完成。范围确认过程如图4.6所示。

(1)范围确认的依据

国防项目范围确认是以项目章程、产品相关文档、项目范围说明书、项目范围管理计划、工作分解结构以及相关的支持细节等为依据的。

(2)范围确认的方法和工具

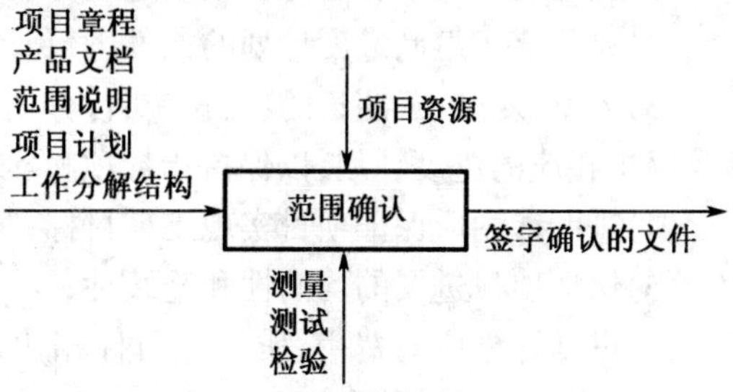

图4.6　范围确认过程示意图

范围确认的方法一般包括测量、测试、检验等活动，来确定结果是否符合要求。主要依据项目范围检核表与项目工作分解结构的检核表，前者从整体上对项目范围进行检核，比如项目是否正确，目标因素是否合理，约束和假设条件是否符合实际等；后者主要以工作结构分解图为依据，检查项目交付物描述是否清楚，工作包分解是否到位，层次分解结构是否合理等。

(3)范围确认的结果

范围确认后应有国防项目成员和国防接收方人员签字确认的正式文件，表明项目范围已得到项目所有利益相关者的确认。

4.2　进度管理

任何项目成功的基本条件是以科学合理的项目计划和严密的项目进度管理为核心。国防项目与其他项目相比较具有科技含量高、进度协调复杂、研制周期长、投资数目大、技术风险高、参研单位广、环境不确定因素多等特点。所以，项目进度管理在国防项目管理过程中占有十分重要的地位。项目进度管理是指在规定的时间内，拟定出合理且经济的进度计划(包括多级管理子计划)，在执行计划的过程中，经常要检查实际进度是否按计划要求进行，若出现偏差，便要及时找出原因，采取必要的补救措施或调整、修改原计划，直至项目完成。

4.2.1 制订进度计划

1.制订进度计划的基本要求

(1)运用现代科学管理方法编制进度计划,以提高计划的科学性和质量;

(2)充分落实编制进度计划的条件,避免过多的假定而使计划失去指导作用;

(3)大型、复杂、工期长的项目要实行分期、分段编制进度计划的方法,对不同阶段、不同时期要提出相应的进度计划,以保持指导项目实施的前锋作用;

(4)进度计划应保证项目实现工期目标;

(5)保证项目进展的均衡性和连续性;

(6)进度计划应与费用、质量等目标相协调,做到既有利于工期目标的实现,又有利于费用、质量、安全等目标的实现。

项目进度计划的编制通常是在项目经理的主持下,由各职能部门、技术人员、项目管理专家及参与项目工作的其他相关人员等共同参与完成。

2.国防项目进度计划的层次

国防项目进度计划通常分为三个层次,Ⅰ级计划是针对用户的要求,制订了项目总的里程碑计划;Ⅱ级计划是分系统、子系统计划或职能计划,如产品研制计划、物资供应计划、技改计划等;Ⅲ级计划是具体实施计划。

(1)Ⅰ级计划。Ⅰ级计划是项目总计划,它包含了项目规定的重要节点,通过节点来描述将要进行的所有项目活动。Ⅰ级计划是通过项目的可行性研究、项目初始定义和计划落实来完成的,随着工程工作的不断深入,Ⅰ级计划将会进一步得到落实。

(2)Ⅱ级计划。分系统计划、子系统计划及职能部门计划属于Ⅱ级计划,它是Ⅰ级计划的分解,是各参研单位部门保障计划。计划的主要内容是单位部门工作目标、单位部门主管职责及指导下级计划的具体要求。Ⅱ级计划主要包括工程发展试验计划、人力资源计划、工艺研究与设计计划、产品研制计划、质量保证计划、设施保障计划等。在异地协同项目中,各协作单位按照各自所擅长的部分分配任务,并根据项目主控单位制订的Ⅰ级计划分别制订各自的计划,以完成研制任务。

(3)Ⅲ级计划。实施计划属于Ⅲ级计划,是执行部门的计划,是详细的、可度量的工作计划,Ⅲ级计划要求明确各时期的具体任务。Ⅰ级计划、Ⅱ级计划及Ⅲ级计划应同时制订,各级计划之间必须协调一致,Ⅱ级计划要保证对Ⅰ级计划绝对的支持功能,各参研单位职能部门的计划之间具有协调性和支持性,Ⅲ级计划具有可执行性。

建立项目计划层次体系,严格按照项目的Ⅰ,Ⅱ,Ⅲ级计划,层层展开,从粗到细、各有重点,一级保一级。项目进度计划要成为一条红线,把项目的各项工作串联起来,通过建立全面、严格的项目综合进度计划,对项目的全过程实施指导、协调和监督。

例如新支线飞机项目,Ⅰ级计划是由中航商用飞机有限公司制订的,包括工程、材料采购、工艺准备、工装、生产、质量和设备在内的主要环节的进度,作为项目管理部门和领导层控制项目的手段。Ⅱ级计划则是由各协作单位制订的设计、零件制造、装配、试飞计划,将构成研制的主要过程分别列出,按时间节点进行控制。Ⅱ级计划是否按节点完成直接影响到产品的组装交付。Ⅲ级计划则是各协作单位下属的执行部门为了完成各自的任务制订的部分工装设计和制造时间安排。

3.制订计划应注意的问题

在制订计划时应做到:

(1)计划的制订应以项目总目标为最优,并层层优化;

(2)有关部门一起参与计划的制订,各部门领导应对计划签字承诺;

(3)下级计划应服从上级计划,各级计划应协调;

(4)计划不仅是对任务和进度的要求,对支持计划的资源也要作出相应计划;

(5)对风险性较大的新技术、新材料、新工艺的首次使用,要留有足够预研和技术试验时间。

4.制订进度计划的步骤及相关方法

不同层次的进度计划,其编制步骤有所不同,但无论哪种层次的进度计划的编制,以下几项工作是必不可少的:

(1)项目描述

项目描述可以表格的形式表达,其主要内容包括项目名称、项目目标、交付物、交付物完成准则、工作描述、工作规范、所需资源估计、重大里程碑等,如表4.1所示。

表4.1 项目描述表

项目名称	
项目目标	
交付物	
交付物完成准则	
工作描述	
工作规范	
所需资源估计	
重大里程碑	
项目经理审核意见:	

(2)活动定义

活动定义,就是明确实现项目目标需要进行的各项活动。活动定义过程就是识别处于项目工作分解结构中最底层的工作任务或工作元素。活动定义通常导致项目团队制定一个更为详细的WBS和辅助解释,该过程的目标是确保项目团队对他们作为项目范围一部分必须完成的所有工作有一个完整的理解。随着项目团队成员进一步定义完成工作所需的各种活动,工作分解结构常常会得到进一步的细化。活动定义还会产生一些辅助性解释,从而将重要产品信息以及与特定活动相关的假设和约束形成文档。

①活动定义依据

a.管理环境因素:是否有可利用的项目管理信息系统与进度安排工具软件;

b.组织过程资产:同活动规划有关的正式与非正式方针、程序与原则,要在活动定义中给予考虑;

c.已确认的项目范围:既定的项目目标和项目范围以及这方面的相关信息和资料;

d.工作分解结构:关于项目所要开展工作的层次结构描述是最重要和最基本的主要依据;

e.工作分解结构词汇表;

f.项目管理计划。

②活动定义工具和技术

a.工作分解结构(WBS):把项目工作组合进一步分解为更小、更易于管理的计划活动;

b.样板:标准的或以前项目活动清单的一部分,往往可当作新项目的样板使用。样板中的有关活动属性信息还可能包含资源技能,以及所需时间的清单、风险识别、预期的可交付成果和其他文字说明资料,样板还可以用来识别典型的进度里程碑;

c.滚动式规划:WBS及其词汇表具体地反映了从项目范围一直到工作组合程度的越来越详细的演变过程。滚动式规划是规划逐步完善的一种表现形式,近期要完成的工作由WBS最下层详细规划,而计划在远期完成的WBS组成部分的工作由WBS较高层规划;

d.专家判断:擅长制定详细项目范围说明书、工作分解结构和项目进度表并富有经验的项目团队成员或专家可以提供活动定义方面的专业知识。

③活动定义阶段的输出结果

a.项目活动清单:列出项目所需开展和完成的全部活动;

b.工作列表:是项目所有工作的汇总;

c.活动属性:是项目活动清单中活动属性的扩展,指出每一计划活动具有的多属性;

d.更新后的项目WBS:是原有的WBS的完善;

e.工作责任分配表:明确各部门或个人在项目中的责任。

(3)活动排序

活动排序是指识别与记载计划活动之间的逻辑关系。一个项目有若干项工作和活动,这些工作和活动在时间上的先后顺序被称为逻辑关系。逻辑关系可分为两类,其一为客观存在的、不变的逻辑关系，也称之为强制性逻辑关系，如建一座厂房首先应进行基础施工，然后才能进行主体施工；其二为可变的逻辑关系，也称为组织关系，这类逻辑关系随着人为约束条件的变化而变化，随着实施方案、人员调配、资源供应条件的变化而变化。在按照逻辑关系安排计划活动顺序时，可考虑适当的紧前关系，亦可加入适当的时间提前与滞后量，只有这样才能在以后制定出符合实际和可以实现的项目进度表。

①项目活动排序依据

a.项目说明书；

b.项目活动清单；

c.活动属性；

d.项目活动之间的必然依存关系；

e.项目活动之间的人为依存关系；

f.项目活动的外部依存关系；

g.项目活动的约束条件：指项目活动所面临的各种资源和环境条件的限制因素；

h.项目活动的假设前提条件：指对项目活动所涉及的一些不确定性条件的人为假设认定，这是为了开展计划、安排工作所必须作出的假设认定。

②工具与技术

项目网络图是一种直观显示活动顺序的技术，项目网络图是项目活动之间的逻辑关系或顺序的图形显示。活动排序的方法包括单代号网络图(AON)、双代号网络图(AOA)和网络模板法。

a.网络模板法。在某些情况下，一个项目实施组织可能给不同的客户做相似的项目，此时新项目的许多活动及其顺序关系可能都包含在某个以前曾经完成的项目的活动网络图中，所以人们可以使用过去已完成项目的网络图作为编制新项目网络图的模板，通过根据新项目的要求而增删一些项目活动去修订这种网络模板，从而获得新项目的活动网络图。这种网络模板法有助于尽快生成一个新项目的活动网络图，他可以用于对整个项目或项目某个阶段的活动进行排序。在有些情况下，这种网络模板法是非常有效的。

b.单代号网络图(先后关系图法)。这是一种用节点表示工作，箭线表示工作关系的项目网络图，是大多数项目管理软件包所使用的方法。它包括四种类型的紧前紧后关系，即结束到开始的关系、结束到结束的关系、开始到开始的关系、开始到结束的关系。而结束到开始的关系是最为常用、最为典型的逻辑关系，图 4.7 就是一个典型的单代号网络示意图。

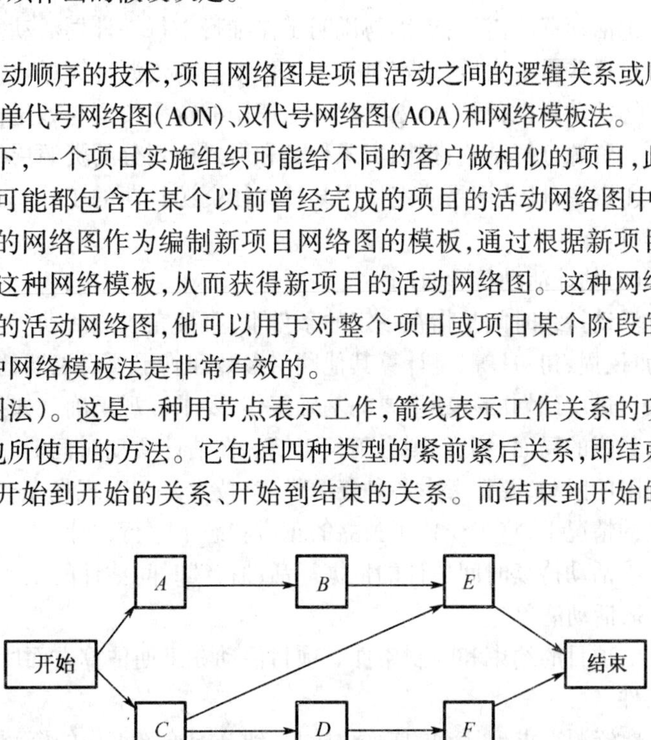

图 4.7　单代号网络图

c.双代号网络图(箭线图法)。这是一种用箭线表示工作，节点表示工作排序的网络图方法。双代号网络图一般仅表示结束到开始的关系，如图4.8所示。

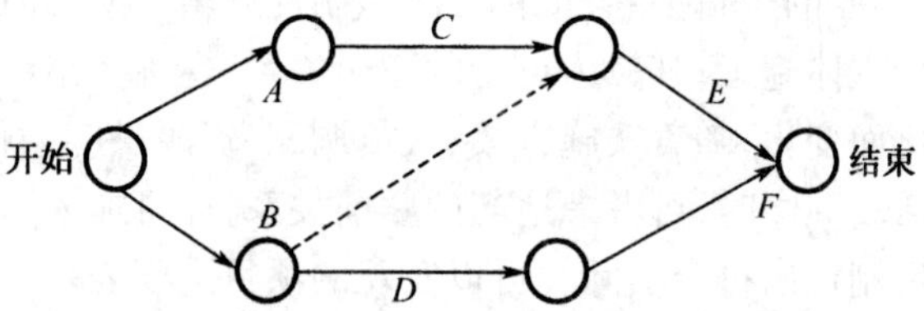

图4.8　双代号网络图

③活动排序的输出结果

a.项目进度网络图：是项目各项活动和他们之间的逻辑关系的示意图，这是项目活动排序工作的最主要的结果；

b.更新后的项目活动清单：为了正确反映项目活动间的逻辑关系并解决这些问题与遗漏，就必须对前期确定的项目活动进行重新分解和界定，在这种情况下，就要更新原有的项目活动清单，从而获得一份更新后的项目活动清单；

c.请求的变更。

(4)活动资源估算

活动资源的估算就是确定项目活动实施时要使用何种资源(人员、设备或物资)、使用多少资源以及何时用于项目计划，活动资源估算过程与费用估算过程紧密相连。通过活动资源估算主要得到以下结果。

①活动资源需求：识别与说明工作细目中每一计划活动需要使用的资源类型与数量，可以在汇总这些需求之后，确定每一个工作细目的资源估算量。

②活动属性：每一计划活动必须使用的资源类型与数量都反映到活动属性之中。

③资源分解结构：按照资源种类和形式而划分的资源层级结构。

④资源日历：记录确定使用某种具体资源日期的工作日或不使用某种具体资源日期的非工作日。

(5)估计活动持续时间

活动持续时间是指在一定的条件下，直接完成该活动所需时间与必要停歇时间之和，单位可为日、周、旬、月等，是计算其他网络参数和确定项目工期的基础。活动持续时间的估计是编制项目进度计划的一项重要的基础工作，要求客观正确。如果活动时间估计得太短，则会造成被动紧张的局面；相反，则会延长工期。在估计活动时间时，不应受到工作的重要性及项目完成期限的限制，要在考虑各种资源供应、技术、工艺、现场条件、工作量、工作效率、劳动定额等因素的情况下，将工作置于独立的正常状态下进行估计。

①活动持续时间估计的依据。活动持续时间估计的主要依据有四方面内容：

a.活动清单。

b.项目的约束和限制条件。项目活动在工期估算方面所应依据的各种约束条件和假设前提条件。

c.资源需求。活动的持续时间受到分配给该工作的资源情况以及该工作实际所需要的资源情况的制约。例如当人力资源减少一半时，工作的持续时间将可能增加一倍。

d.历史信息。类似的历史项目工作资料有助于对项目工作时间的确定,这些历史信息包括项目文件、活动时间估计数据库、项目工作组的知识等。

②估计工作持续时间的主要方法

a.专家判断。活动延续时间的估计通常是相当困难的,它涉及到许多因素,一般很难找到一个通用的计算方法,这时专家判断将是进行时间估计的行之有效的方法。专家判断主要依赖于历史的经验和信息,当然其时间估计的结果也具有一定的不确定性和风险。

b.类比估计。指以先前的类似项目的活动时间来推测估计当前项目各活动的时间。当项目的一些详细信息获得有限的情况下,这是一种最为常用的方法,类比估计可以说是专家判断的一种形式。当前项目与类比项目比较类似时,类比估计是一种最为有效的方法。

c.单一时间估计法。指估计出一个最可能活动实现时间,相对应于关键线路法(CPM)网络计划。

d.三个时间估计法。指估计出活动执行的三个可能时间,即活动执行比较顺利情况下的乐观时间,具有一定困难情况下的悲观时间和正常执行情况下的最可能时间,这种估计方法对应于计划评审技术(PERT)网络计划。

③活动持续时间估算的结果

a.活动持续时间的估计结果。包括对于完成一项具体项目活动所需的时间及其可能性的定量计算;

b.活动持续时间估算的支持细节。即一些说明文件,包括项目持续时间估算中所使用的各种约束条件,假设前提条件和参照的各种项目历史信息,以及项目活动清单与项目资源需求数量和质量等的资料和文件;

c.更新后的项目活动清单和项目 WBS。在这个阶段,人们仍会发现项目活动清单和项目 WBS 存在问题和遗漏,此时需要对项目活动清单和项目 WBS 进行必要的修改和更新。

(6)绘制网络图

网络图的绘制主要是依据项目工作关系表,通过网络图的形式将工作关系表达出来。

(7)进度安排

在完成了项目分解,确定各项活动及其先后顺序,计算工程量或工作量并估计出各项活动持续时间的基础上,即可安排项目的时间进度。

5.项目进度计划的主要结果

项目进度计划的主要结果包括项目进度、细节说明、进度管理计划、资源需求更新等内容。

(1)项目进度。项目进度至少应该包括每项工作的计划开始日期和期望完成的日期,当然这里的项目进度仍然是初步的,除非每项工作所需的资源已被分配。项目进度可以以提要的形式(称为主进度)或者以详细描述的形式表示。尽管项目进度可以表示为表格的形式,但更常用的却是以多种形式的图形方式加以描述,图形描述常常直观易懂。主要的项目进度有以下几种表示形式。

a.带有日历的项目网络图。这种图形较为常用,除了表示了各工作开始和结束的时间之外,在网络图中还可充分反映项目工作的逻辑关系及整个项目的关键工作。

b.条形图或称甘特图。这是最原始的表示工作进度的一种方法,可以表示工作的开始和结束时间,具有直观易读的特点,但是不能反映工作之间的相互限制关系。

c.里程碑事件图。同条形图相类似,但是识别进度开始和完成的主要是项目主要事件和关键点的情况。

d.时间坐标网络图。时间坐标网络图将项目网络图的形式与条形图表达项目计划的形式结合起来,它反映了项目的工作逻辑关系、工作进行的持续时间以及其他进度信息,如图4.9所示。

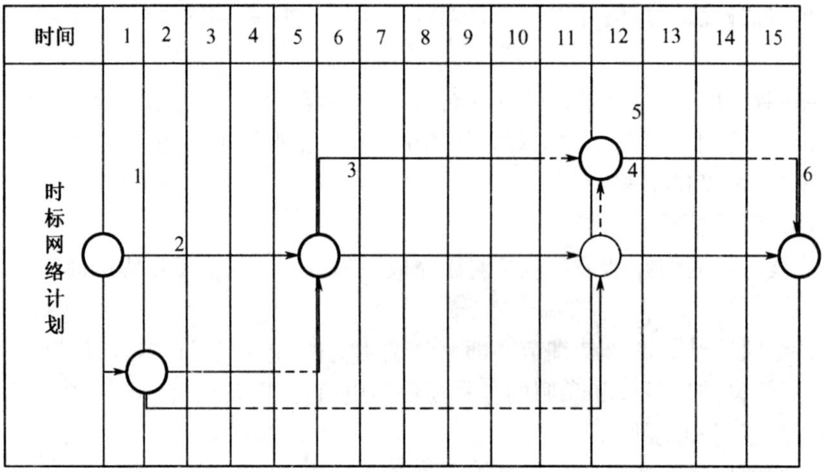

图4.9 时间坐标网络计划图

e.表格形式。用表格形式表达项目进度计划的基本格式(如表4.2所示)。

表4.2 项目进度计划表

序号	工作名称	持续时间	最早时间		最迟时间		时差		完成情况
			开始	完成	开始	完成	总时差	自由时差	

(2)细节说明。对于项目的支持细节至少应该说明有关的假设和约束,还应包括各种应用方面的详细说明。如对于工程项目,应包括各种资源需求图、费用预测、设备、材料、构配件的购置计划、设计图纸的提供计划等;对于电子项目,通常应包括资源直方图。

(3)进度管理计划。主要说明进度计划的执行、检查、调整、控制等有关问题。根据项目的特点,进度管理计划可以是正式的,也可以是非正式的;可以是详细的说明,也可以是基本的框架。进度管理计划是项目进度计划的辅助说明。

(4)资源需求更新。这是根据进度计划对资源的需求计划及活动列表所进行的更新。

4.2.2　网络计划技术

1.网络计划技术

网络计划是以网络图为基础的计划模型,它是项目进度计划的主要核心工具和方法。它最基本的优点就是能直观地反映工作项目之间的相互关系,使一项计划构成一个系统的整体,从而为实现计划的定量分析奠定基础。对一项计划来说,要作出科学的计划,网络模型是必不可少的。网络计划的基本形式是 PERT(Program Evaluation and Review Technique,简称 PERT)与 CPM(Critical Path Method,简称 CPM),前者一般译为计划评审技术或计划协调技术,后者一般译为关键线路法,两者有时统一记为 PERT/CPM。

(1)关键线路法 CPM。关键线路法可以确定出项目各工作最早、最迟的开始和结束时间,通过最早最迟时间的差额可以分析出每一工作相对时间紧迫程度及工作的重要程度,这种最早和最迟时间的差额称为机动时间,机动时间为零的工作通常称为关键工作。关键线路法的主要目的就是确定项目中的关键工作,以保证在实施过程中能重点关照,保证项目的按期完成。

(2)计划评审技术 PERT。这是一种应用工作前后序列逻辑关系及活动的不确定时间表示的网络计划图,其基本的形式与 CPM 网络计划基本相同,只是在工作延续时间方面与 CPM 有一定的区别,CPM 仅需要一个确定的工作时间,而 PERT 需要工作的三个时间估计,包括乐观时间 a、最可能时间 m 及悲观时间 b,然后按照 β 分布计算工作的期望时间 t。

(3)搭接网络主要是为了反映工作之间执行过程的相互重叠和搭接关系,而引入的一种网络计划表达形式。

2.网络图的基本概念

在网络计划中,用箭头和圆圈来表示一项计划工作之间关系的网络图,称为网络计划图,简称网络图。网络图是由工作、事项、线路三个要素组成的。

(1)工作(活动、工序、作业)。在一个项目中,任何一个可以定义名称、独立存在、需要一定时间或资源完成的活动或任务都可看作一个工作。在双代号网络图中,一般用箭线表示工作,箭线所指方向表示工作的前进方向,箭线的尾端表示工作的开始,箭头表示工作的结束,从箭尾到箭头表示一项工作的作业过程。

(2)事项(事件、结点、节点)。每一项工作都存在一个开始时刻和结束时刻。一项工作若只有一项紧前工作,那么这项紧前工作的结束时刻,就是该工作的可能开始时刻;一项工作若有数项紧前工作,则要待紧前工作全部结束后,才有可能开始做这件工作。这种紧前工作和紧后工作的结束和开始标志,称为事项。在双代号网络图中,事项一般用圆圈表示,并且通常用数码标出。

(3)线路。对于一个网络图,如果只认识事项和工作,则还属于一种局部认识,满足不了实际的需要。因此需从整体上对网络图加以认识,以便掌握全局。"线路"就是从整体认识的一个基本方面,它是从网络图的起始事项开始,顺着箭线所指方向,连续不断地到达终止事项为止,中间由一系列首尾相连的事项和箭线所组成的通道。

3.网络图的编制步骤

一个项目经过分解,确定了项目工作及其相互关系后,就可按网络图绘制方法及绘制规则来绘制网络图。

绘制网络图的方法,一般有以下三种方法:

(1)顺推法(或前进法)。绘制网络图是从始点事项开始,首先确定由起始事项开始的工作,然后根据已经得到的工作之间的衔接关系,确定每项工作直接的后续工作,这样把工作依次由前排到后,一直排到终止事项为止。

(2)逆推法(或后退法)。绘制网络图与顺推法相反,它是从终止事项开始,首先确定直接进入终止事项的工作,然后根据已经调查到的工作之间的关系,确定每项工作直接的先行工作,把各项工作依次由后排到前,一直排到起始事项为止。

(3)重点作业法是从最重要的工作排起,考虑哪些工作要放在它的前面,哪些工作要放在它的后面,按各工作的相互关系来安排。

4.网络计划参数的计算

网络计划参数的计算主要是通过网络图计算各工作的各种时间参数,包括工作最早开始时间、工作最迟开始时间、工作最早结束时间、工作最迟结束时间及工作总时差等。

(1)网络计划时间参数的计算

网络图的绘制仅完成了网络计划编制的第一项任务,更重要的任务是网络计划时间参数的计算,这是网络计划实施、优化、调整的基础。

网络计划时间参数可归纳为三类:节点参数、工作参数和线路参数。

①节点参数。根据节点的时间内涵,节点参数主要有两个:

a.节点最早时间。指该节点的内向工作已完成,外向工作可以开始的最早时刻,即以该节点为开始节点的各项工作的最早开始时间,用 ET_i 表示。

b.节点最迟时间。指在不影响总工期的前提下,以该节点为完成节点的各项工作的最迟完成时间,用 LT_i 表示。

②工作参数。工作参数是网络计划最重要的时间参数,可归纳为基本参数、最早时间、最迟时间和时差四种类型。

a.基本参数。工作的基本参数是工作持续时间,用 D_{i-j} 表示。

b.最早时间。工作的最早时间有两个:工作最早开始时间和最早完成时间。

工作最早开始时间指该工作的各紧前工作已全部完成,本工作有可能开始的最早时刻,用 ES_{i-j} 表示。由此可见,工作的最早开始时间与表示该工作的箭尾节点的最早时间是相等的,即 $ES_{i-j} = ES_{i-j} + D_{i-j}$。

工作最早完成时间指各紧前工作完成后,本工作有可能完成的最早时刻,用 EF_{i-j} 表示。

c.最迟时间。工作的最迟时间也有两个:工作最迟开始时间和最迟完成时间。

工作最迟开始时间指在不影响整个项目按期完成的前提下,本工作必须开始的最迟时刻,用 LS_{i-j} 表示。

工作最迟完成时间指在不影响整个项目按期完成的前提下,本工作必须完成的最迟时刻,用 LF_{i-j} 表示。

d.时差。工作的时差是指在一定的前提条件下,工作可以机动使用的时间。根据前提条件的不同,时差可分为总时差和自由时差两种。

工作总时差是指在不影响总工期的前提下,本工作可以利用的机动时间,用 TF_{i-j} 表示,$TF_{i-j} = LS_{i-j} - ES_{i-j}$。

工作自由时差是指在不影响其紧后工作最早开始的前提下,本工作可以利用的机动时间,用 FF_{i-j} 表示。若本工作的最早时间为 ES_{i-j},其紧后工作的最早时间为 ES_{j-k},则

$$FF_{i-j} = ES_{j-k} - D_{i-j} - ES_{i-j} = ES_{j-k} - EF_{i-k}$$

③线路参数。线路参数主要包括计算工期和计划工期。

计算工期是指根据时间参数计算得到的工期,用 T_c 表示,计算工期也等于最大线路路长。

计划工期是指按要求工期(T_r)和计算工期确定的作为实施目标的工期(用 T_p 表示)。

(2)关键工作及关键线路的确定

①关键工作的确定

关键工作是网络计划中总时差最小的工作。若按计算工期计算网络参数,则关键工作的总时差为0;若按计划工期计算网络参数,则

$T_p = T_c$ 时,关键工作的总时差为0;

$T_p > T_c$ 时,关键工作的总时差最小,但大于0;

$T_p < T_c$ 时,关键工作的总时差最小,但小于0。

②关键线路的确定

a.根据关键工作确定关键线路。首先确定关键工作,由关键工作所组成的线路就是关键线路。

b.根据关键节点确定关键线路。凡节点的最早时间与最迟时间相等,或者最迟时间与最早时间的差值等于计划工期与计算工期的差值,则该节点就被称为关键节点。关键线路上的节点一定是关键节点,但关键节点不一定在关键线路上。因此,单凭关键节点还不能确定关键线路。当一个关键节点与多个关键节点相连时,对其连接箭线需根据最大路径的原则一一加以判别。

c.根据自由时差确定关键线路。关键工作的自由时差一定最小,但自由时差最小的工作不一定是关键工作。若从起始节点开始,沿着箭头的方向到终止节点为止,所有工作的自由时差都最小,则该线路是关键线路,否则就是非关键线路。

(3)网络计划时间参数的计算方法

按计算过程来分,网络计划时间参数的计算可分为按节点计算法计算和按工作计算法计算两种。就具体计算方法来说,有分析法、表算法、图解法、计算机算法等。分析法是根据参数的含义,用公式进行计算,所以该方法也称为公式法。其他方法都是以分析法为基础,采用不同的计算手段进行。

按节点计算法计算时间参数,其过程是:首先计算节点参数,在此基础上,计算其他参数。

按工作计算法计算时间参数,是从工作的最早开始时间算起,然后计算工作的其他参数和线路参数,而不计算节点参数。

(4)网络计划进度安排结果及示例

图 4.10 是单代号网络计划进度安排时间参数计算的一个结果及计算示例。

5.网络计划的优化

网络计划参数计算只是制定了项目的初始计划参数,还没有考虑到各种人力、资源及费用的限制,网络计划的优化就是追求在进度、时间及资源安排上的综合配套和优化,包括时间优化、资源优化和费用优化。

(1)网络计划的时间优化

网络计划的时间优化就是在人力、物力、财力等资源不受限制的情况下,寻求完成一项工程或一项任务所需的最短周期。其主要措施有以下几方面。

a.强制缩短法。主要采取强硬措施使网络中关键线路上的工作尽可能压缩,以期缩短关键工期。

b.将串联工作调整为平行工作。

c.将串联工作调整为交替工作。

d.把富裕线路上的资源调整到关键线路上。包括推迟非关键工作的开始时间、延长非关

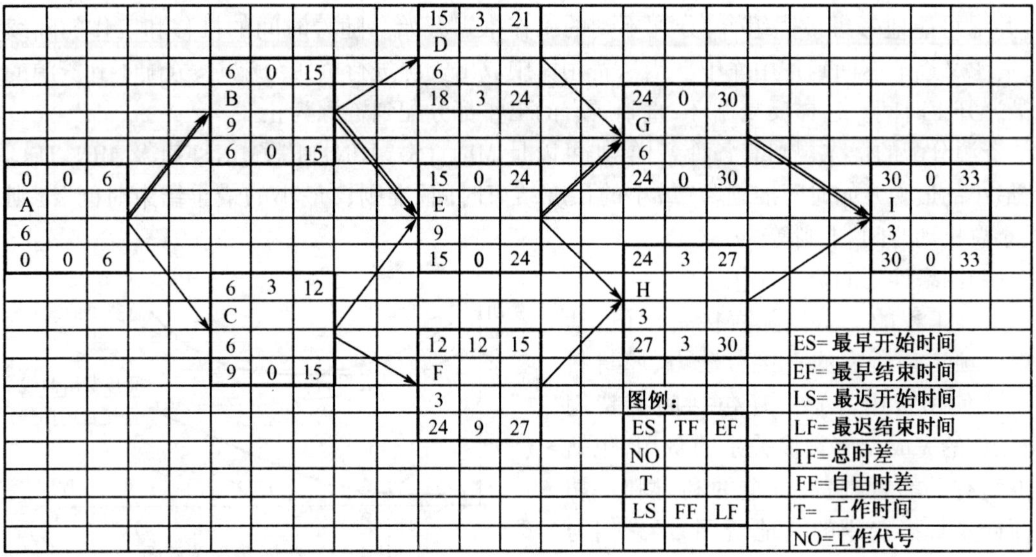

图 4.10　单代号网络计划

键工作的延续时间及两者的结合。

e.从计划外增加资源来缩短工期。

f.通过优化工作之间的组织关系来缩短关键线路长度。

(2)网络计划的资源优化

对于一项工程计划，如果安排得不合理，就会在计划工期内的某些时段出现资源需求的“高峰”；而在另一些时段，则会出现资源要求的“低谷”。这样，在资源限制的情况下，当计划的某些时段内资源需求量超过最大可供应量时，势必造成资源的突击供应或推迟工作开工时间；而在出现资源需求低谷时，又造成资源的大量积压。

资源优化就是解决网络计划中这种资源的供需矛盾或实现资源均衡利用的有效方法。

资源优化通常有两种不同目标：一是在工期一定的条件下，合理调整网络计划中的某些工作，实现资源的均衡利用，这被称为工期固定的资源均衡；二是在资源有限制的情况下，合理安排各工作的进度，力求使网络计划总工期最短，这称为有限资源的合理分配。

①工期固定的资源均衡问题。资源均衡问题是在可用资源的数量不受限制和保持工期不变的条件下，用调整各项非关键工作进度的办法，使资源的需求量随时间的变化趋于平整的过程，也就是逐步地将资源“峰值”填入资源“谷值”的过程，这是一种启发式的优化方法。

②有限资源的合理分配问题。在资源限定下，进度的合理安排是一项复杂的问题。现在求解的方法有多种多样，但最常用的是备用库法。其基本思想是：假如可供分配的资源储藏在

备用库中，任务一开始，从库中取出资源，按工作的优先安排规则，给即将开工的工作分配资源，并尽可能地考虑最优组合，分配不到的工作推迟开始。随着时间的推移和工作的陆续完成，资源又逐渐返回到备用库中。当从备用库中取出资源进行资源分配时，分配不到资源的工作推迟开工时间。这样反复循环，直到所有的工作都分配到资源为止。

资源分配的优先规则有各种各样，如可以是 MIN{LS}，MIN{LF}，MIN{EF}及 MIN{TF}等。即"最小的最晚开始时间准则"，"最小的最晚结束时间"准则，"最小的最早结束时间"准则和"最小总机动时间"准则等。

(3)网络计划的费用优化

一项工程的总费用除直接费用(包括实现一项工程所需的直接劳动力、原材料和设备使用费用等)外，还包括间接费用(与工作的完成没有直接关系的费用，包括与工程有关的管理费、资金的利息和一切不便计入直接费用的其他费用)。它们与工期的关系如图 4.11 所示。

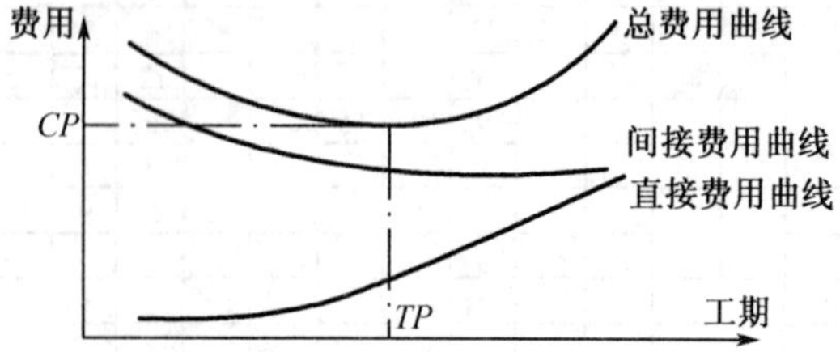

图 4.11 时间费用关系图

可以看出，间接费用与工期有关，它随着工程项目完成工期的缩短而降低，直接费用是随着工程项目完成工期的缩短而增加。因此，对于一项工程来说，不能一概认为缩短工期必然增加成本，或延长工期必然降低成本，实际上它们之间存在着一个总费用最少的最优工期(最优进度)，即最佳工期—费用组合。从图 4.11 所示的费用曲线就可看到这个最优工期，对应于图中的 P 点，工期为 TP，费用为 CP。网络计划的费用优化就是根据这种工程的工期与费用的关系，寻求以最少的直接费用去缩短工期，或求出总费用最少的最优工期的方法。

4.2.3 进度计划的控制

编制进度计划的目的就是指导项目的实施，以保证实现项目的工期目标。但在进度计划实施过程中，由于主、客观条件的不断变化，计划亦需随之改变。进度计划控制就是针对项目进度计划的实施与项目进度计划的变更所进行的管理工作。其主要内容是：在项目的进行过程中，必须不断监控项目的进程以确保每项工作都能按进度计划进行；同时必须不断掌握计划的实施状况，并将实际情况与计划进行对比分析，必要时应采取有效的对策，使项目按预定的进度目标进行，避免工期的拖延。

1.控制项目进度计划的主要依据

(1)项目进度基准。项目进度基准提供了度量项目实施绩效和保管项目进度计划执行情况的基准和依据。

(2)项目进度计划实施情况报告。它提供了项目进度计划实施的实际情况及相关的信息。

(3)批准的项目进度变更请求。项目进度变更的请求是对项目进度计划提出的改动要求,它可以由任何一个项目相关利益主体提出。批准的项目进度变更请求是指只有以前经过整体变更控制过程计划处理过的变更请求,才能用来更新项目进度基准或项目管理计划的其他组成部分。

(4)项目进度管理的计划安排。项目进度管理的计划安排给出了如何应对项目进度计划变更的措施和管理方法,包括项目资源(人员、设备、资金等)方面的安排和各种应急措施方面的安排等。

2.项目进度计划控制的方法

(1)项目进度计划实施情况的测量方法。指测量项目进度计划实施情况,确定项目进度计划完成程度和项目实际完成情况与计划要求的差距的大小的过程。方法主要有日常观测、定期观测和项目进展报告等;

(2)项目进度比较与分析的方法。只有通过项目进度实施情况与计划的比较和分析,才能真正了解项目实施的情况。比较与分析的方法包括进度比较横道图、实际进度前锋线比较法、S曲线法、“香蕉”曲线法和偏差分析法等。

(3)项目管理软件。用于制定进度表的项目管理软件能够追踪与比较计划日期与实际日期,预测实际或潜在的项目进度变更带来的后果。

(4)绩效衡量。绩效衡量技术的结果是进度偏差与进度效果指数,用于估计实际发生任何项目进度偏差的大小。进度控制的一个重要作用是判断已经发生的进度偏差是否需要采取纠正措施。如非关键路径计划活动的重点延误对项目总体进度影响甚微,而关键路径或接近关键路径上的一个短得多的延误,却有可能要求立即采取纠正措施。

(5)进度变更控制系统。进度变更控制系统规定项目进度变更所应遵循的手续,包括书面申请、追踪系统以及核准变更的审批级别。进度变更控制系统的工作既是进度控制的起点也是进度控制的终点。

3.进度控制阶段的工作结果

(1)更新后的进度计划。项目进度表更新是指对用于管理项目的项目进度计划资料所作出的任何修改。必要时,要通知利益相关者。重新绘制的项目进度网络图展示出得到批准的剩余持续时间和对工作计划所作的修改。

(2)更新进度基准。一般是指修改进度表,在批准了项目范围或费用估算方面的变更请求之后,修改经过批准的进度基准的计划开始和完成日期。

(3)请求的变更。通过比较和分析项目进度计划实施的实际情况与计划之间的偏差,从而对项目进度基准提出的变更要求。

(4)推荐的纠正措施。项目进度计划的实施情况与原有计划要求之间有偏差,这时需要采取纠偏的措施,从而保证项目的按时完成。

(5)资源调整。若资源供应发生异常时,应进行资源调整。资源供应发生异常是指因供应满足不了需要(如资源强度降低或中断)而影响到计划工期的实现。资源调整的前提是保证工期不变或使工期更加合理。

(6)经验总结和知识管理。将在进度计划控制过程中所获得的经验和教训进行总结和积累,保存到数据库中为将来的项目储备知识和经验。

4.3 费 用 管 理

国防项目费用一般是指装备经费,而装备经费由国防科研试制费、装备购置费、装备维修管理费、装备科学研究费、专项和代管经费、装备预算外经费等费用组成。国防科研试制费用又分为国防项目研制费、应用和基础研究费、技术基础费三部分。由于国防项目费用主要属于国家军费的开支,具有高度的统一计划、统一控制、统一管理的性质,采取专项管理办法,所以国防项目费用管理工作必须贯彻执行国家和军队的有关规定,在国防项目研制的计划指导下,实行预算、决算严格管理,以达到合理使用军费开支,充分发挥装备经费效益的目的。

国防项目费用管理主要包括国防项目资源计划、费用估算、费用预算和费用控制四个阶段工作。国防项目费用管理的基本过程如图 4.12 所示。

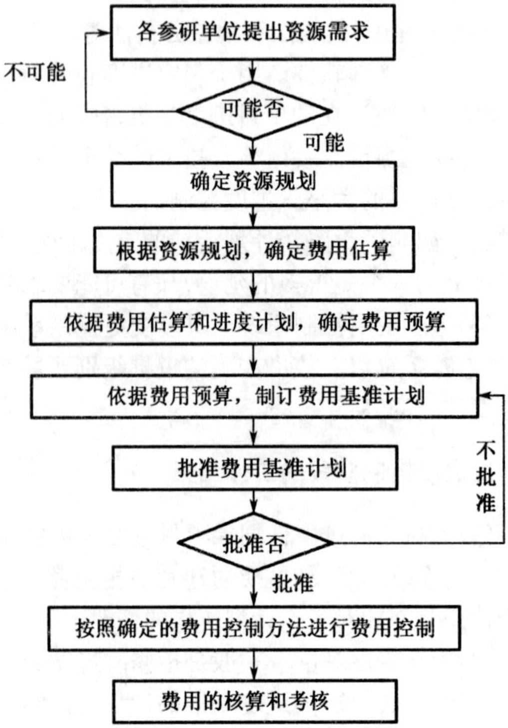

图 4.12 国防项目费用管理的基本过程

由于现代国防项目越来越复杂,其组成要素多,结构复杂,技术含量高,研制周期长,而且费用昂贵,经历环节多,不同于一般商品的采购,往往要承担高额的投资风险,所以,国防项目费用管理在严格执行预先计划和节点拨款原则的指导下,实行全寿命费用管理(Life Cycle Cost,LCC)。全寿命费用主要是指国防项目在其预计的有效寿命期内,在设计、研制、生产、使用、维护和后勤保障过程中已经或者将要承担的直接的和间接的、经常的和一次性的费用以及其他相关费用的总和。其中研究和生产过程是国防项目的获取过程，由研制、生产过程的费用组成，也叫购置费用；使用保障和退役是国防项目的使用过程，由使用保障费用和国防项目的退役处理费用组成，它们的总和就是国防项目的全寿命费用，也就是国防项目从其“出生”直到老旧退役期间所有需要的费用。国防项目全寿命的各阶段和费用划分如图4.13所示。

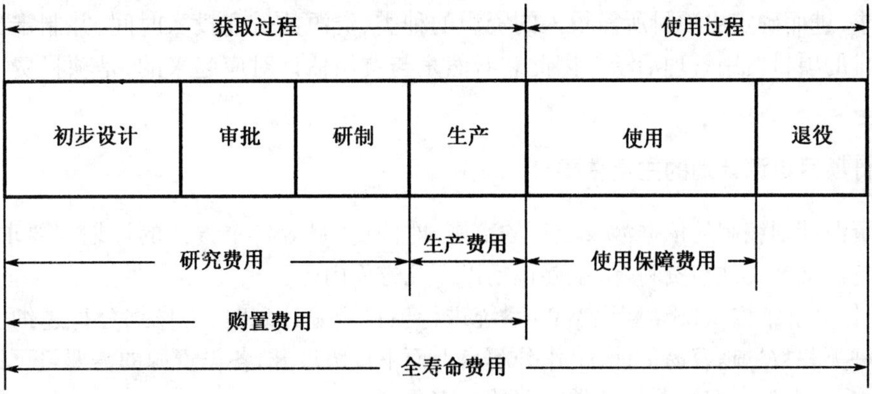

图4.13 武器装备全寿命的各阶段和费用划分

在整个军费开支中，国防项目的研制、开发和使用维护占据相当大的份额，不仅新项目的研制需要技术积累，投入预研和研究试验费用，定型的项目采购需要花钱，而且在装备部队之后，国防项目的使用、维护与修理还需要大量的资金投资，退役之后还要花钱去销毁，国防项目工作必须建立在经费能够支撑的基础之上，所以对国防项目的费用管理需要运用科学的方法进行规范统一的管理。

(1)管理原则：统一领导，按级负责，分工管理，财务归口。

(2)管理任务：组织项目经费的供应和保障，做好价格管理、成本控制、会计核算、财务监督与检查工作，保障研制项目各项工作的实施，促进国防现代化建设。正确、合理、有效地运用国防项目经费，提高资金使用效益。

(3)管理办法：项目经费根据不同的性质和用途，分别采取专项管理、标准报领和计划分配的管理办法，并且特别规定了国防科研试制费、装备购置费、装备科学研究费均采取专项管理办法。根据项目科研年度计划和项目订货计划，对国防科研试制费和装备购置费实行预算、决算管理；按照计划分配指标对一般研制项目进行管理。其中国防科研试制费由国家财政部直接拨给军队用于新项目的研制与开发。

4.3.1 资源计划

任何项目的实施都需要投入一定的资源，这些资源是项目实施的物质基础，国防项目资源包括人力、原材料、设备、生产能力与水平、特殊工艺方法等，资源计划涉及到分析和识别项目的资源需求，进而确定出项目所需投入的资源的种类、资源数量和投入时间，并制定出项目资源计划安排的项目费用管理活动。因此它必然是与费用估计对应起来的，是项目费用估计的基础。

1.制订项目资源计划的主要依据

项目资源计划编制的依据涉及项目的范围、时间、质量等各个方面的计划与要求文件，以及各种支持性细节文件与资料等，主要包括以下几方面内容：

(1)工作分解结构 WBS。利用 WBS 系统进行项目资源计划时，工作划分得越细、越具体，所需资源种类和数量越容易估计，工作分解自上而下逐级展开，各类资源的需要量可以自下而上逐级累加，便得到了整个项目各类资源的总需要量。

(2)项目工作进度计划。项目工作进度计划是项目计划中最主要的，是其他项目计划(如质量计划、图纸供应计划、资金使用计划、资源供应计划)的基础，资源计划必须服务于工作进度计划，什么时候需要何种资源是围绕工作进度计划的需要而确定的。

(3)历史资料。历史信息记录了先前类似工作使用资源的需求情况，这些资料如能获得的话，无疑对现在工作资源需求的确定有很大的参考作用。

(4)项目范围陈述。范围陈述包括了划定哪些方面是属于项目应该做的，而哪些工作是不包括在项目之内以及对项目目标的描述，这些应该在项目资源计划的编制过程中加以特别的考虑。

(5)资源安排和供给情况的描述。什么资源(人、设备、材料)是可能获得的是项目资源计划必须掌握的，特别的数量描述和资源水平对于资源安排描述非常重要。资源供给情况的信息是针对一个项目的资源需求而给出的各种资源供给情况的信息。

(6)国防项目研制生产能力。由于国防项目研制和生产的特殊性，研制方或生产方都应具备研制许可证，在制订资源计划时，应对此有所了解。

(7)组织策略。在资源计划的过程中还必须考虑资源的获取策略。比如设备是租赁还是购买等都对资源计划产生影响。

2.项目资源计划编制的方法和工具

(1)专家判断法：是指由项目费用管理专家根据经验去确定和编制项目资源计划的方法，如专家小组法和特尔斐法等。

(2)项目管理软件法:使用现成的项目管理软件编制项目资源计划的方法。

(3)资料统计法:使用历史项目的统计数据资料计算和确定项目资源计划的方法。

(4)标准计算法:使用国家或民间统一的标准定额和工程量计算规则去制订项目资源计划的方法。

(5)项目资源计划的工具包括资源矩阵、资源数据表、资源甘特图、资源负荷图或资源需求曲线和资源累计需求曲线。

3.项目资源计划的输出结果

资源计划的结果主要是制订资源的需求计划,对各种资源的需求及需求计划加以描述,资源的需求安排一般应分解到具体的工作上。其主要表现形式有以下两种。

(1)资源计划需求数据表:指通过各种表格描述各种资源的需求量;

(2)资源负荷图:指直观描述在项目执行期间各种资源需求量的直方图。

4.3.2　费用估计

费用估算是指预估完成国防项目从预研、论证、研制到生产制造、维护使用、退役报废各阶段中各项工作所需资源费用的近似值。

国防项目全寿命费用按其寿命周期所经历的阶段是由研制费、购置费、使用保障费和退役处理费四部分构成的,每项费用又由一些因素组成。项目全寿命费用的分解结构详见表 4.3。

表 4.3　国防项目全寿命费用的分解结构

类别	说明	项目	类别	说明	项目
研究费	论证研制所支付的费用以及所分摊的保障条件费用之和	1.论证和方案研究费 2.设计与试制费 3.试验与鉴定费 4.分摊的保障条件费 5.其他	购置费	购置装备所支付费用之和	1.主要装备购置费 2.辅助设备购置费 3.安装费 4.初始人员培训费 5.初始部署保障费 6.其他
使用保障费	在使用阶段为装备的使用与保障所支付的费用之和	1.使用费 2.维修费 3.保障费 4.技术改造费 5.其他	退役处理费	为装备退役所需支付的费用,可能用残值予以部分补偿	

1.费用估算的依据

国防项目全寿命费用与其批量生产有关,在费用估算时,要在用户需求量的基础上,考虑其生产的数量和生产能力。其依据如下:

(1)工作分解结构。WBS图可用于成本估计并确保所有工作任务均被逐项估计了成本经费。

(2)资源需求计划。即资源计划安排结果。

(3)资源价格。为了计算项目各工作经费,必须知道各种资源的单位价格,包括工时费、材料单价等。

(4)工作延时估计。工作的延续时间直接影响到分配给它的资源数量,因此会直接影响项目费用的估算。

(5)历史信息。同类项目的历史资料始终是项目执行过程中可以参考的最有价值的资料,包括项目文件、共同的项目经费估计数据库及项目工作组的知识等。许多有关资源成本的信息可以从项目档案、商业性成本估计数据库、项目团队知识中获得。

(6)财务表格。会计信息说明了各种费用信息项的代码结构,这对项目费用的估计与正确的会计目录的对应很有帮助。

2.费用估算的方法

(1)参数建模。此方法是一种运用历史数据和特征变量之间的统计关系作为模型来预测项目成本、估算项目资源费用的技术,适用于项目中长期规划和方案论证阶段或型号产品早期的概念性研究阶段,用于国防项目多方案的经济比较分析和快速报价。

(2)类比估计法。该方法用先前类似项目的实际数据作为对现在项目估算的基础,这是一种适用于项目详细信息有限时(如新技术产品研制的初期阶段)的费用估算方法。

(3)从上向下的估计法。此法的基础是收集上层和中层管理人员的经验和判断,根据经验进行主观判断、估算、再汇总而得,此方法一般用于对项目费用估算精度要求不高的论证阶段。

(4)自下而上的估计法。通常,该方法首先估计各个独立工作的费用,然后再从下往上估计出整个项目费用。此方法的成本和精度取决于单个活动或工作包的大小和复杂程度,较小的活动模块的划分在提高估算精度的同时将增加估算成本。

(5)辅助计算工具。项目费用估算软件、计算机工作表、模拟和统计工具被广泛应用于辅助项目费用的估算中。

3.费用估算的结果

(1)费用估算文件。项目费用估算文件是项目管理文件中最重要的文件之一,它包括项目各活动所需资源(包括人力、物力、财力,并考虑通货膨胀或意外事故等)及其费用的定量估算,这些估算可以用简略或详细的形式表示。

(2)相关支持性详细依据。费用估算的详细依据应该包括项目工作范围的说明,项目费用估算的基本说明,项目费用估算的假设说明及估计结果的有效范围。

(3)费用管理计划。项目费用管理计划是整个项目计划的一个辅助部分,说明了如何管理实际费用与计划费用之间发生的差异,预测各种意外可能发生损失的频率和程度,最后提出计划和解决的方案。费用管理计划根据项目的需要,可以是高度详细或粗略框架的,也可以是正规的或非正规的。

4.3.3 费用预算

1.国防项目预算费用组成

费用预算是一项制订项目各活动费用定额以及项目费用控制标准的管理工作,即把估算的总经费分配到各个工作细目,建立衡量项目执行情况的基准成本。国防项目预算费用由计价成本、收益和不可预见费三部分组成。

(1)计价成本

计价成本包含从项目论证阶段到试生产阶段所发生的设计费、材料费、外协费、专用费、试验费、固定资产使用费、工资费、管理费等八项内容。

计价成本中的计价范围和计算方法如下:

①设计费。设计费是指研制过程中需要产生的与设计有关的资料、评审、技术服务等费用,主要按预计参加人次乘以人均费用计算;

②材料费。材料费是指国防项目研制中必须耗用的各种原材料、辅助材料、外购成品和元器件的费用,以及专用新材料应用试验费等,主要按耗用量乘以计划单价计算。

③外协费。外协费是指项目研制中由于研制单位自身的技术、工艺和设备等条件的限制,必须到外单位进行外协时所发生的协作加工费用,包括工艺外协和工件外协。

④专用费。专用费是指专用于某一项目的费用,包括专用测试设备仪器费、专用工艺装备费、零星技术措施费、样品样机购置费、技术基础费等。各种费用按计价管理办法中的具体规定计算。

⑤试验费。试验费是指研制过程中用于国防项目的工艺试验、例行试验、可靠性试验、定型试验等各种试验验证费用,主要按试验次数乘以每次计划单价计算。

⑥固定资产使用费。指研制单位在项目中使用固定资产带来的费用,一般按项目应分摊的规定比例分类计提,其中科研用设备仪器按5%计提,科研用房屋建筑物按2%计提。

⑦工资费。工资费是指有关部门认定没有事业费拨款的科研单位、高等院校及各类企业中从事军品研制人员的工资、奖金、津贴、补贴和福利费等工资性支出。

⑧管理费。管理费是指研制项目应分摊的各项管理费,其总额一般不超过1~6项费用合计

数的15%;远离城市的偏远地区的研制单位可适当提高管理费比例,但一般不超过20%。

(2)收益

收益按计价成本扣除外购成本附件费、外购样品样机费、专用设备仪器购置费后的5%计算。

(3)不可预见费

对于技术复杂、研制周期长、难度大的研制项目计价时,针对研制过程中可能出现的各种不可预见因素,预先考虑的预备费用。研制项目的不可预见费,应根据项目的大小、研制周期的长短和技术的难易程度等具体情况确定比例,原则上不超过计价成本的5%。

国防项目的可靠性与维修性是构成装备作战效能的主要因素,也是影响装备寿命周期费用的重要因素,是重要的战术技术指标。因此国防项目可靠性与维修性应与国防项目研制的论证、设计和试制同时进行。按现行有关管理规定,其可靠性和维修性工作所需的经费应根据不同类别、性质和阶段,分别纳入各自渠道列支。

研制阶段可靠性与维修性经费从研制费中列支;生产阶段可靠性与维修性经费计入产品成本;装备单位根据下达的计划和预算,结合装备、业务实力、领报标准,进行经费的逐级记领。可靠性与维修性研究及技术基础工作经费分别从相应的科研计划中列支;可靠性与维修性试验设备、测试仪器购置费按有关规定分别从国防科研费,生产成本、基本建设、技术改造或其他经费中列支。国防项目定型后或按合同要求交付后,为改进其可靠性与维修性所需的经费按国防项目研制、订购、维修经费管理规定及有关合同规定执行。

2.费用预算的依据

(1)费用估算。

(2)工作分解结构。确认项目的细目,费用将要分配到这些工作中去。

(3)项目进度。主要包括各工作项目计划的开始和结束时间,费用的分配和安排应与进度计划相适应。

3.费用预算的方法

费用预算的主要方法与费用估算的方法相似。

4.费用预算编制的内容

国防项目费用预算计划是国防项目费用管理中非常重要的工作内容,也是国防项目费用管理的决策过程,即选定技术上可行、经济上合理的最优成本方案。通过费用计划把目标费用层层分解,落实到项目实施过程的每个环节,编制项目费用预算的基本程序如图4.14所示。费用预算编制的内容有以下几个方面:

(1)确定项目总的预算。根据项目费用估算文件,确定出一个项目的总预算规模,并将此预算总规模作为确定项目各项活动预算的依据和上限。

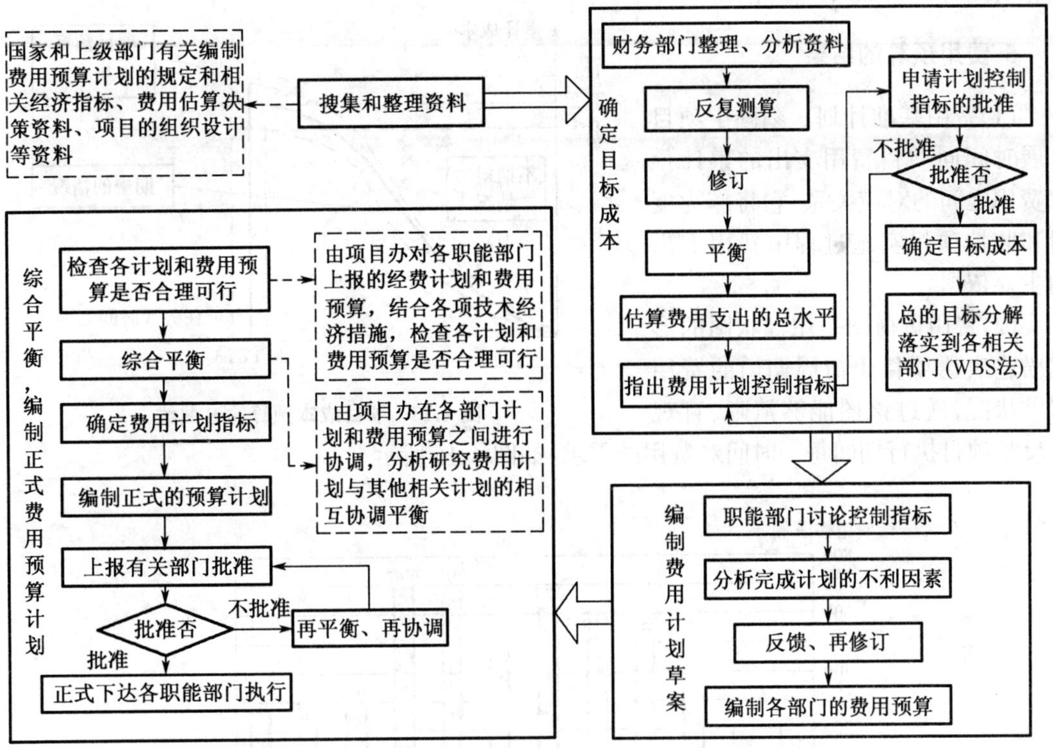

图4.14 费用预算计划编制流程

(2)项目总预算的分配。是指根据项目费用估算,或在项目合同造价确定出项目总预算以后,将项目总预算分配到项目工作分解结构中的各个工作包上,并为每个工作包建立自己的总预算费用的一项管理工作。

(3)项目各工作包的预算分配。是指根据项目工作包预算规模和项目工作包中的各项具体活动情况,分配和确定出一个项目工作包中各项具体活动预算定额的工作。可以采用自上而下或自下而上的分配方法。

(4)确定项目各项活动预算的投入时间。根据项目总预算、项目工作包预算、项目各项具体活动预算以及项目的工期进度安排来确定出项目各项具体活动的预算投入时间。这是未来项目资金投入与项目资金筹措和项目费用控制的重要依据。

(5)确定出项目预算的S曲线。S曲线反映了项目进度允许调整的余地。原始的费用预算就是费用基线。费用基线是一项面向阶段时间并以时间为自变量的预算,主要用于测量和监控项目费用的执行情况,把估算费用按时间累加汇总后便是基准费用,当进度计划按所有活动的最早开始或最晚开始或两者之间的某个时点开始来安排时,就形成了各种不同形状的S曲线,又称香蕉图,如图4.15所示。

5.费用预算的结果

(1)费用基准计划。刻画了项目进展时间同项目费用支出的累计预算费用之间的对应关系,它将作为度量和监控项目实施过程中费用支出的主要依据。

(2)费用负荷图是用柱状图的形式描述表达项目生命周期内的费用需求状况,通过该图能够清晰、直观地反映项目执行期间每一时间对费用的需求,如图 4.16 所示。

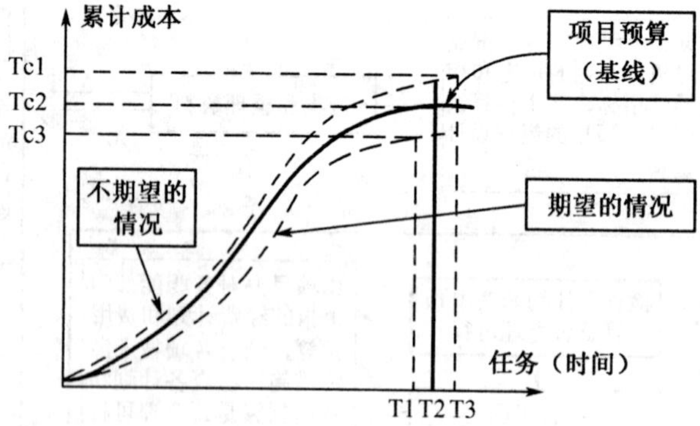

图 4.15 项目成本预算的 S 曲线

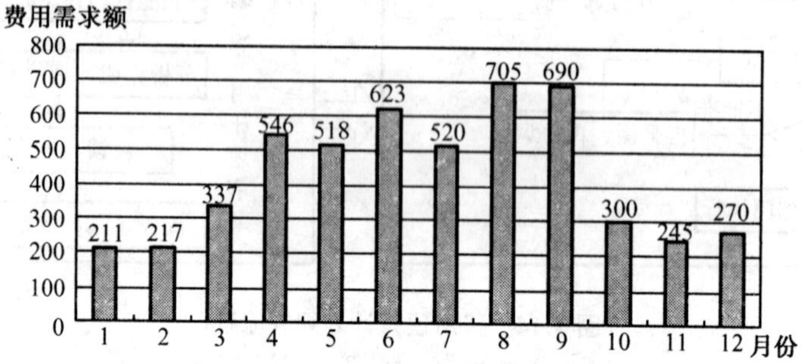

图 4.16 费用负荷图

(3)费用管理更新计划。若被批准的变更请求由费用预算过程所致并影响费用的管理,则应更新项目费用管理计划。

(4)请求的变更。费用预算过程可以产生影响费用管理计划或项目管理计划其他部分的变更请求,请求的变更可通过整体变更控制过程进行处理和审查。

4.3.4 费用控制

费用控制就是要保证各项工作在它们各自的预算范围内进行,费用控制的基础是事先就对项目进行费用预算。

费用控制的基本方法是规定各部门定期上报其费用报告,再由控制部门对其进行费用审核,以保证各种支出的合法性,然后再将已经产生的费用与预算相比较,分析其是否超支,并采取相应的措施加以弥补。

费用控制主要关心的是使费用线改变的各种因素,确定费用线是否改变以及管理和调整实际的改变。费用控制主要包括监控费用执行情况以确定与计划的偏差,确定所发生的变化都被准确记录在费用线上,避免错记、误记的现象发生等。在寻找使费用改变的因素的同时,还必须考虑与其他控制过程(范围控制、进度控制、质量控制等)相协调。

1.国防项目费用控制的特点

(1)设置科学、明确的费用指标。由于国防项目研制一般都是列入中长期计划或其他国防计划的项目,其费用属于国家军费开支,具有很强的计划性和控制性,因此必须建立一个科学、明确的费用指标,作为拨款、签订研制合同等过程遵照的目标和基础。

(2)建立全过程、全方位控制体系,遵循"最适"原则控制项目费用。在项目的具体实施过程中,一般不可能使影响目标的各种因素同时达到最优的状态,即做到费用最少、工期最短、质量最高。所以遵循"最适"原则,使项目三大目标处于相对平衡状态,确定一套切合实际的衡量准则,控制项目费用达到满意的结果。

(3)费用控制以贯穿于项目研制阶段为重点的全寿命周期的过程。国防项目的费用控制不仅贯穿于项目寿命周期的全过程,而且要重点突出。严格控制研制费用中的论证和方案选取阶段所产生的费用是整个项目研制费用管理工作中的重点。为了提高项目的可靠性,降低成本,相关部门出台了国防项目"里程碑"拨款管理办法,详细介绍了费用使用的责任主体(军队使用部门、管理实体、依托机构)和承研单位之间对费用呈报、批复、拨付等一系列管理控制程序。项目研制阶段的费用控制标准如图 4.17 所示。

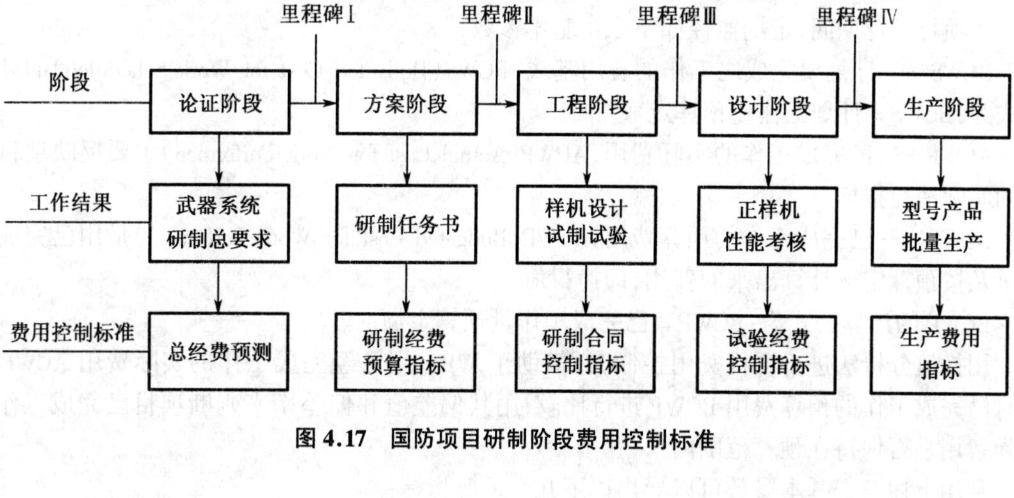

图 4.17　国防项目研制阶段费用控制标准

2.费用控制的依据

(1)基准费用曲线。

(2)实施情况报告。包括了项目实施过程中费用支出方面的信息,它是发现问题的最基本依据也是费用控制的基础。

(3)变更的请求。变更的请求存在多种形式,可能有正式的或非正式的、口头的或书面的、直接或间接的、组织外部要求的或内部提出的等,实现这些变更可能是请求增加预算,也可能是减少预算。

3.费用的控制

(1)费用控制评审系统。评审是控制和管理的主要手段,国防项目的全寿命管理体制要求在各阶段都伴随着一套严格的评审制度。将项目进展情况与基准计划动态比较,同时建立项目的跟踪系统和调整体系,对项目实施有效的监控。

(2)实施的度量。费用控制的一个重要工作是确定导致误差的原因以及弥补、纠正所出现的误差。实施的度量主要帮助分析各种因素变化和产生偏差的原因,其中挣值分析法是一种最为常用的分析方法。

挣值分析法是项目费用/进度综合度量和监控的有效方法。它采用货币形式替代工作量来测量项目的进度,它不以投入资金的多少来反映项目的进展,而是以资金已经转化为项目成果的量来进行衡量。挣值分析法是一种完整、有效的项目监控指标和控制方法,是一种能全面衡量项目进度、费用状况的系统方法。这种方法科学地引入了一个能够反映项目进展情况的费用尺度——已完成工作的预算费用,即挣得值来监控项目的费用情况。挣得值(Earned Value)表示以计划费用基线为基础的已完成工作的货币价值。

在项目进行期间,定期监控如下三个基本参数:

BCWS——计划要完成之工作的费用基线,BCWS(Budgeted Cost for Work Scheduled)的计算公式为:BCWS = 计划工作量预算定额

ACWP——已完成工作的实际费用,ACWP(Actual Cost for Work Performed)主要反映项目执行的实际消耗指标。

BCWP——已完成工作的预算费用,BCWP(Budgeted Cost for Work Performed)是用已完成工作量及按预算定额计算出来的费用,即挣得值。

BCWP 的计算公式为:BCWP = 已完成工作量预算定额

用挣值分析法进行项目费用控制时,借助于 WBS,用已经完成工作的实际费用 ACWP 与此时已完成工作的预算费用 BCWP 进行比较,用其偏差值和偏差率来判断项目已完成工作的实际费用是否保持在预算范围内。

利用上述三个基本参数可以导出以下几个重要指标:

CV 费用偏差(Cost Variance)计算公式为 CV = BCWP - ACWP

SV 进度偏差(Schedule Variance)计算公式为 SV = BCWP - BCWS

CPI 费用执行指标(Cost Performed Index)是指预算费用与实际费用值之比(或工时值之比),计算公式为 CPI = BCWP/ACWP

SPI 进度执行指标(Schedule Performed Index)是指项目挣得值与预算费用之比,计算公式为 SPI = BCWP/BCWS

用以下几个重要指标判别项目费用和进程的标准:

当 CV < 0 时,表示项目执行效果不佳,实际费用超过预算费用;当 CV > 0 时,表示项目执行效果好,实际费用低于预算费用;当 CV = 0 时,表示实际费用等于预算费用。

当 SV > 0 时,表示进度提前;当 SV < 0 时,表示进度延误;当 SV = 0 时,表示实际进度与计划进度相吻合。

当 CPI > 1 时,表示费用低于预算,即实际费用低于预算费用;当 CPI < 1 时,表示费用超出预算,即实际费用高于预算费用;当 CPI = 1 时,表示实际费用与预算费用吻合。

当 SPI > 1 时,表示进度超前,即实际进度超前于计划进度;当 SPI < 1 时,表示进度滞后,即实际进度滞后于计划进度;当 SPI = 1 时,表示实际进度与计划进度吻合。

在了解费用偏差的基础上,通过偏差计算可用来预测项目完成时可能发生的费用 EAC (Estimate At Completion)。预测时有以下几种假设:

EAC = 实际支出 + 按照实施情况对剩余预算所作的修改,这种方法通常用于当前的变化可以反映未来的变化时。

EAC = 实际支出 + 对未来所有剩余工作的新估计,这种方法通常用于当过去的执行情况显示了原有的估计假设条件基本失效的情况下或者由于条件的改变使原有的假设不再适用时。

EAC = 实际支出 + 剩余的预算,这种方法主要适用于现在的变化仅是一种特殊的情况,项目经理认为未来的实施不会发生类似的变化。

图 4.18 为挣得值法示例。

(3)附加计划。在项目实施过程中出现不可预见的各种情况要求时,要重新对项目的费用进行估计和修改。

(4)计算工具。通常是借助相关的项目管理软件和电子制表软件来跟踪计划费用、实际费用和预测费用改变的影响。

(5)预测技术。包括在预测当时的时间点根据已知的信息和知识,对项目将来的状况作出估算和预测。在项目实施过程中,伴随着工作绩效信息产生、更新、重新发布预测。

4.费用控制的结果

(1)修订费用估算。这是出于管理项目的需要而修改费用数据,并通知项目相关方,费用计划的修订可以不必调整整个项目计划的其他方面。

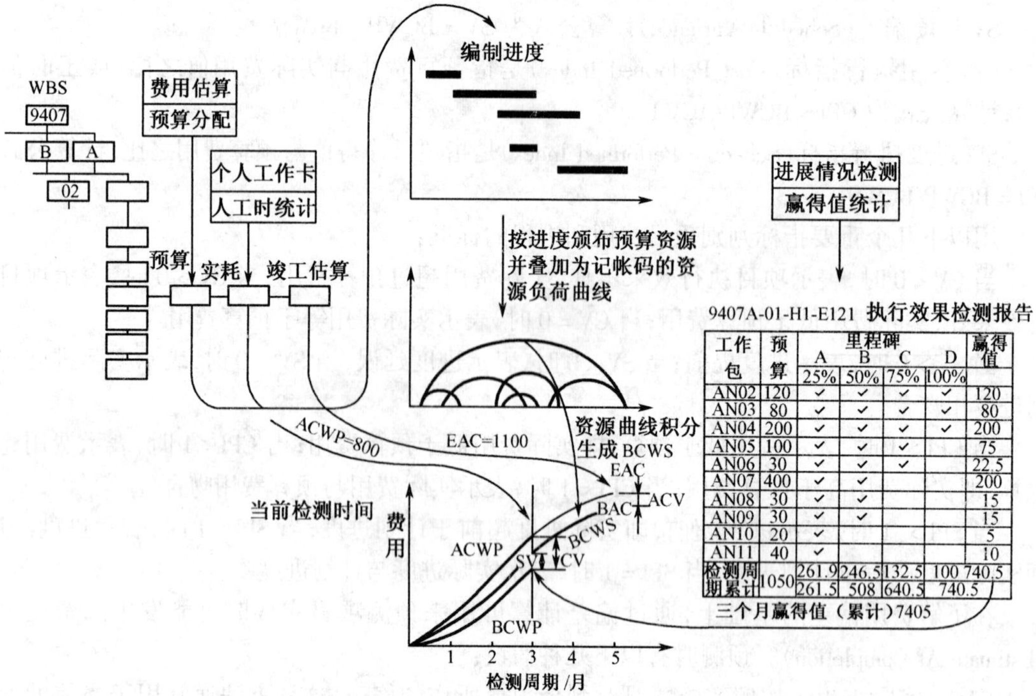

图 4.18　挣得值分析法应用示例

(2)预算更新。指对原基准费用的更改,这些数字通常在范围改变时作修改。如果费用出现了的偏差太大,则重新制订基准费用是非常必要的。

(3)纠正措施。指项目费用管理的过程中所开展的一系列的活动和纠偏行动,为了使项目未来工作所花费的实际费用控制在项目计划费用以内所做的努力。

(4)经验教训。指费用控制中所遇到的各种情况,如导致的原因分析,各种纠正措施的工作方式等,对于以后项目的实施和执行是非常好的案例课程。

4.4 质量管理

4.4.1 质量管理过程

国防项目的质量是以可靠性、可维修性、可保障性等“三性”为核心的质量体系及实现过程。国防项目质量管理是指在一定技术、经济和社会的条件下,运用先进的科学技术、方法和原理，为保证和不断提高产品质量的一系列活动。它包括质量计划、质量保证和质量控制三个过程，如图4.19所示。

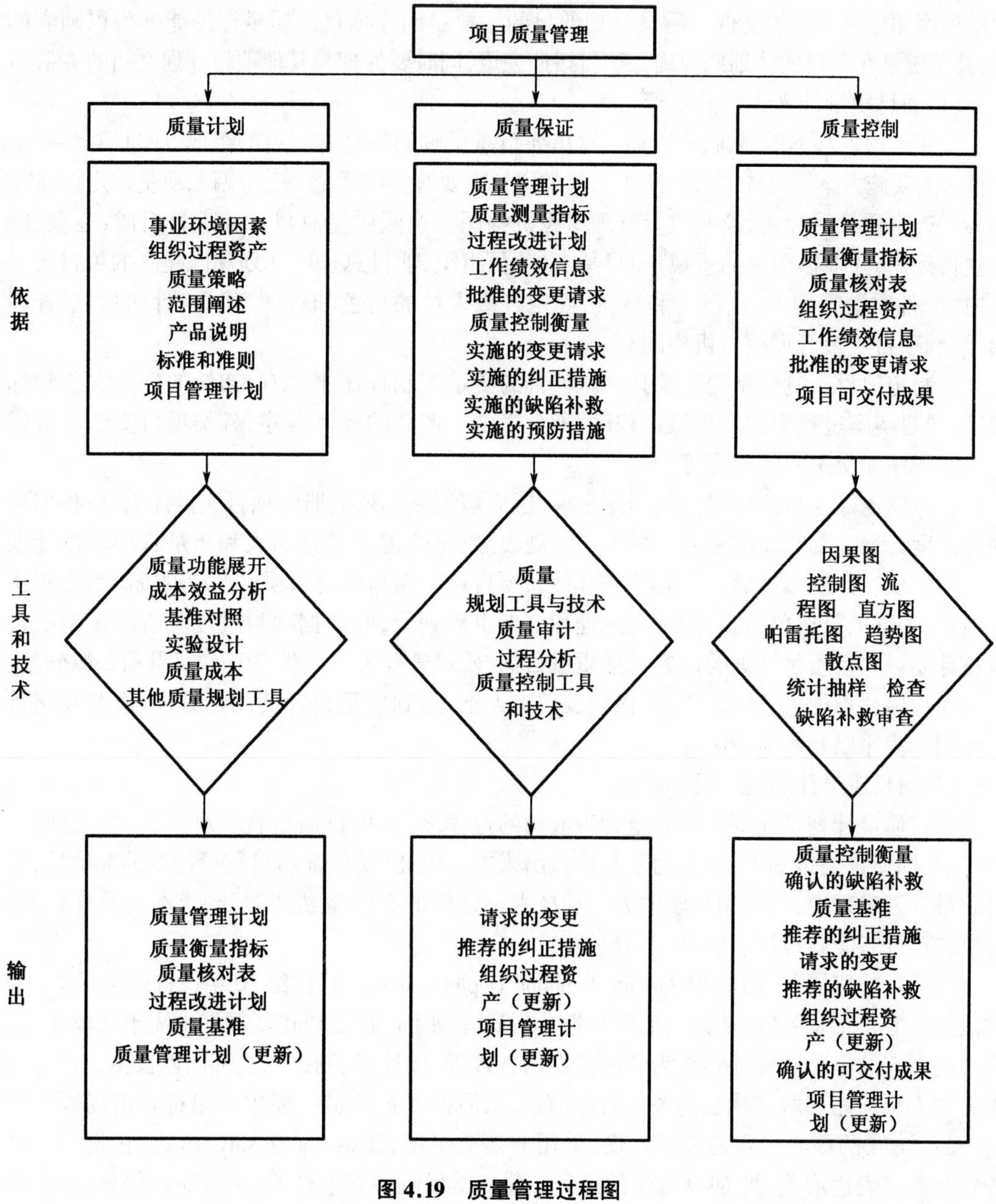

图4.19　质量管理过程图

1.质量计划

质量计划(Quality Planning)是指对特定的项目、产品、过程或合同规定出由谁及何时应使用哪些程序和相关资源的文件。质量计划的目的主要是确保项目的质量标准能够得以圆满的实现,其关键是在项目的计划期内确保项目按期完成,同时要处理与其他项目计划之间的关系。

(1)项目质量计划编制的步骤

①了解项目基本概况,收集资料。这里要重点了解的信息有项目的组成、项目质量目标、项目拟订的实施方案等具体内容。所需收集的资料主要有实施规范、实施规程、质量评定标准等。

②确定质量目标树,绘制质量管理组织机构图。按照质量总目标和项目组成,逐级分解,建立目标树,并根据项目的规模、项目特点、项目组织、项目总进度计划和已建立的项目质量目标树,配备质量管理人员、设备和器具,确定各级人员的角色和责任,建立项目的质量管理机构,绘制项目质量管理组织机构图。

③制定项目质量控制程序及其他。项目的质量控制程序主要有:初始的检查实验和标识程序,项目实施过程中的质量检查程序,不合格项目产品的控制程序,各类项目实施质量记录的控制程序和交工验收程序等。

④在制定好项目的质量控制程序之后,还应该编制单独成册的项目质量计划,应根据项目的总进度计划编制相应的项目质量工作计划表、质量管理人员计划表和质量管理设备计划表等。项目质量计划编制后,经相关部门审阅、项目总工程师审定和项目经理的批准后颁布实施大项目、关键项目按单项工程、单位工程和分部工程划分,并根据项目进度分阶段编制项目的质量计划。项目质量计划的内容包括质量目标,质量管理工作流程、职责、权限和资源分配,实施书面程序和指导书、试验、检查、检验及评审大纲,达到质量目标的测量方法,修改和完善质量计划的程序以及其他措施等。

(2)项目质量计划的工具和技术

项目质量计划是保证项目质量管理成功的过程之一,项目质量管理班子必须有这样的一种意识,即质量是策划出来的,而不是检查出来的。因此,要保证项目质量计划的准确性,在项目质量计划过程中,应采用科学的方法和技术。常用的有质量功能展开、成本效益分析、基准对照、流程图、实验设计、质量成本分析等。

①质量功能展开,即 QFD(Quality Function Deployment)于 20 世纪 70 年代首创于日本。QFD 方法的核心思想是:产品从开始的可行性分析研究到生产都是以市场顾客的需求为驱动,强调将市场顾客的需求明确地转变为产品开发的管理者、设计者、制造工艺部门以及生产计划部门等有关人员均能理解并执行的各种具体信息,从而保证企业最终能生产出符合市场顾客需求的产品。QFD的核心内容是需求转换,采用的是质量屋(House of Quality)形式,它是一种直观的矩阵框架表达形式,是 QFD 方法的工具。建立质量屋的基本框架,给以输入信息,通过分析评价得到输出信息,从而实现一种需求转换。

②成本效益分析。质量计划必须综合考虑利益/成本的交换,满足质量需求的主要的利益是减少重复性工作,这就意味着高的产出、低的支出以及增加投资者的满意度。满足质量要求的基本费用是辅助项目质量管理活动的付出。质量管理的基本原则是利益与成本之比尽可能大。

③基准比较。基准比较主要是通过比较实际或计划项目的实施与其他同类项目的实施过程,为改进项目实施过程提供思路和提供一个实施的标准。其他项目可能在执行组织的工作范围之内,也可能在执行组织的工作范围之外;可能属于同一应用领域,也可能属于不同领域。

④流程图。流程图或称原因结果图是一个由箭线联系的若干因素关系图,流程图在质量管理中的应用主要包括如下几个方面:

a.原因结果图主要用来分析和说明各种因素和原因如何导致或者产生各种潜在的问题和后果。

b.系统流程图或处理流程图主要用来说明系统各种要素之间存在的相互关系,通过流程图可以帮助项目组提出解决质量问题的相关方法。

c.流程图能帮助项目小组预测可能发生哪些质量问题,在哪个环节发生,因而有助于使解决问题的手段更为高明。

⑤实验设计。试验设计用于分析和确定对整个项目输出结果最有影响的因素,主要用于项目产品或服务问题。该方法的应用存在着费用进度交换的问题。

(3)项目质量计划的输出

①质量管理计划:质量管理计划主要描述项目管理组应该如何实施它的质量方针。项目质量管理计划的主要内容有项目组成简述,项目质量总目标及其分解,项目质量管理组织机构的设置,项目各级人员的质量职责,项目质量控制依据的规范、规程、标准和文件,项目质量控制程序等。质量计划提供了对整个项目进行质量控制、质量保证及质量改进的基础。

②具体操作说明:指对于一些特殊条款需要附加的操作说明,包括对他们的解释及在质量控制过程中如何度量的问题。比如说满足项目进度日期不足以说是对项目管理质量的度量,项目管理组还必须指出每一项工作是否按时开始或者按时结束,各个独立的工作是否被度量或者仅是作了一定的说明等类似情况。

③检查表格:检查表格是一种用于对项目执行情况进行分析的工具,其可能是简单的也可能是复杂的,通常包括命令和询问两种形式。许多组织已经形成了标准的确保频繁执行的使工作顺利执行的体系。

(4)质量计划的实施、检查与调整

影响因素的变化、设计的变更、意外情况的发生及周围环境的变化等,均对项目质量计划起到阻碍限制作用,必须不断加强对质量计划执行情况的检查及调整。

①在项目总体目标不变的前提下,应根据原质量计划和实际情况进行比较分析,及时发现,及时调整,并制定出相应的技术保证措施,对原计划做出适当的调整,以确保项目质量总目标的圆满实现,满足顾客对项目产品或服务的质量要求。

②当完成项目某一阶段的工作或项目全部完成之后，应及时总结本项目质量计划工作的成功经验和教训，加强项目间工作的交流，以利于下一阶段或其他类似项目的质量管理工作。

项目质量计划工作在项目质量管理中具有非常重要的地位和指导作用。加强项目的质量计划，可以充分体现项目质量管理的目的性，有利于克服质量管理工作中的盲目性和随意性，增加工作的主动性、针对性和积极性，对确保项目工期，降低项目成本，圆满实现项目质量总目标产生积极的促进作用。

2.质量保证

质量保证(Quality Assurance)是组织为了提供足够的信任表明实体能够满足质量要求而在其质量体系中实施的、并根据需要进行证实的全部有计划和有系统的活动，可分为内部保证和外部保证。

质量保证是所有计划和系统工作实施达到质量计划要求的基础，为项目质量系统的正常运转提供可靠的保证，它应该贯穿于项目实施的全过程之中。在ISO9000系列实施之前，质量保证通常被描述在质量计划之中。质量保证通常是由质量保证部门或者类似的组织单元提供，但是不必总是如此。质量保证通常提供给项目团队以及实施组织(内部质量保证)或者提供给客户或项目工作涉及的其他组织(外部质量保证)。

(1)项目质量保证的主要依据和工作内容

①项目质量保证的主要依据有质量管理计划、质量测量指标、过程改进计划、工作绩效信息、批准的变更要求、质量控制度量的结果、实施的变更请求、实施的纠正措施、操作说明等。

②项目质量保证的工作内容：

a.制定科学可行的质量标准。制定质量标准是为了在项目实施过程中达到或超过质量标准，也可以采用现行的国家标准、行业标准。

b.建立和完善项目质量管理体系，包括质量管理体系的结构和质量管理体系的职责分配，并且要配备合格和必要的资源，持续开展有计划的质量改进活动。

(2)质量保证的工具和方法

质量保证的工具和方法主要有借用质量计划工具和技术，质量审核和过程分析。

①质量计划工具和技术。质量计划工具和技术在质量保证中同样适用。

②质量审核：质量审核是确定质量活动及其有关结果是否符合计划安排，以及这些安排是否有效贯彻并适合于达到目标的有系统的、独立的审查。通过质量审核，评价审核对象的现状对规定要求的符合性，并确定是否需采取改进纠正措施，从而达到保证项目质量符合规定要求，保证设计、实施与组织过程符合规定要求，保证质量体系有效运行并不断完善，提高质量管理水平。

质量审核可以分为质量体系审核、项目质量审核、过程(工序)质量审核、监督审核、内部质量审核、外部质量审核。质量审核可以是有计划的，也可以是随机的，它可以由专门的审计员或者是第三方质量系统注册组织审核。

③过程分析:过程分析指按照过程改进计划中列明的步骤,从组织和技术角度识别所需的改进。其中也包括对遇到的问题、约束条件和无价值活动进行检查。过程分析还包括根源分析,即分析问题或情况,确定促成该问题或情况产生的根本原因,并为类似问题制定纠正措施。

(3)质量保证的输出

质量保证的输出包括采取措施提高项目的效率和效益,为项目相关人员提供更多的利益,质量保证的结果是质量提高。在大多数情况下,完成提高质量的工作要求作好改变需求或采取纠正措施的准备,并按照整体变化控制的程序执行质量改进。质量改进包括达到以下目的的各种行动:增加项目有效性和效率以提高项目投资者的利益,改变不正确的行动以及克服这种不正确行动的过程。

项目的质量保证可以分为项目管理过程的质量保证和项目产品与服务的质量保证。项目管理过程的质量保证要有一套完善的管理项目的程序,清晰地指明项目怎样管理好合格的资源,以及是怎样从基于历史经验的标准中得出的。这些经验可能是公司自己的经验,也可能是外部成功的实践得出的标准,这些政策、方法和程序由独立的第三方来检查。建立完善的程序首先要有正确的思想态度,即对质量管理承担的义务必需要从组织的最高层开始。程序常常要定期向高层管理部门报告,高层管理部门根据这些报告进行决策,从而对项目和企业的运行产生影响。为了保证项目产品或服务的质量,要做好下列工作:制定清晰的规格说明,使用良好定义的标准,结合历史经验,配备合格的资源,进行公正的设计复审,实施变更控制。

3.质量控制

质量控制(Quality Control)是组织为达到质量要求所采取的作业技术和活动。质量控制主要是监督项目的实施结果,将项目的结果与事先制定的质量标准进行比较,找出其存在的偏差,并分析形成这一偏差的原因。质量控制贯穿于项目实施的全过程。项目的结果包括产品结果(如交付)以及管理结果(如实施的费用和进度)。质量控制通常由项目参与各方组织实施。

项目管理组应该具有统计质量控制的工作知识,特别是抽样检查和概率方面的知识,以便帮助他们评价质量控制的输出,还应该清楚几个方面的不同:预防和检查;特征样本和随机样本;特殊原因和随机原因;偏差和控制线。

(1)质量控制的依据

①工作结果:包括实施结果和产品结果。

②质量管理计划。

③操作描述。

④检查表格。

(2)质量控制与改进的步骤

质量控制要从客户的要求和目标出发,针对未达到目标的问题进行分析和改进,主要的程序和步骤如图 4.20 所示。

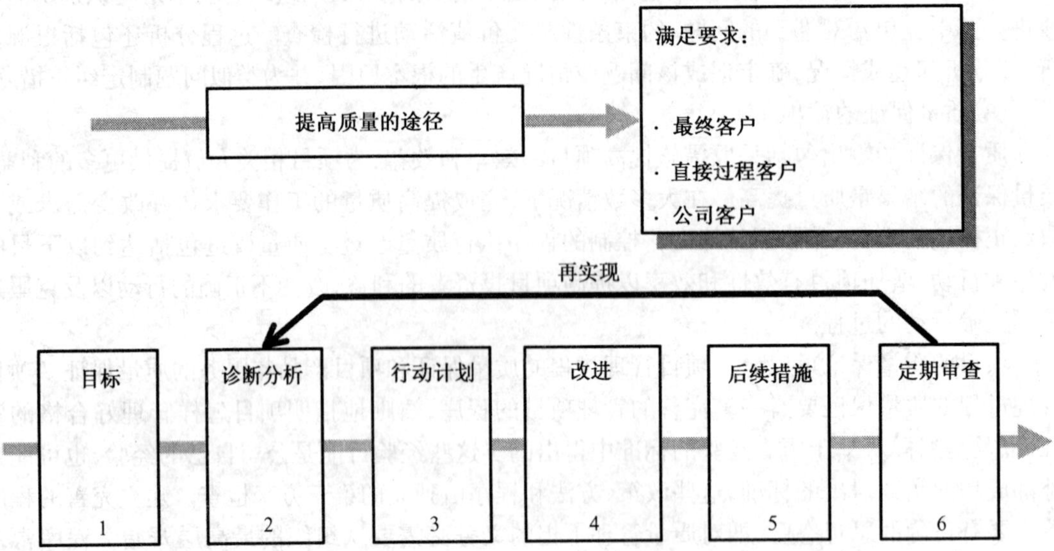

图 4.20 质量控制与改进的步骤

(3)质量控制的方法和技术

①检查。包括度量、考察和测试。

②控制图。可以用来监控任何形式的输出变量,进度和费用的变化,范围变化的量度和频率,项目说明中的错误,以及其他管理结果。图 4.21 是一个项目控制图示例。

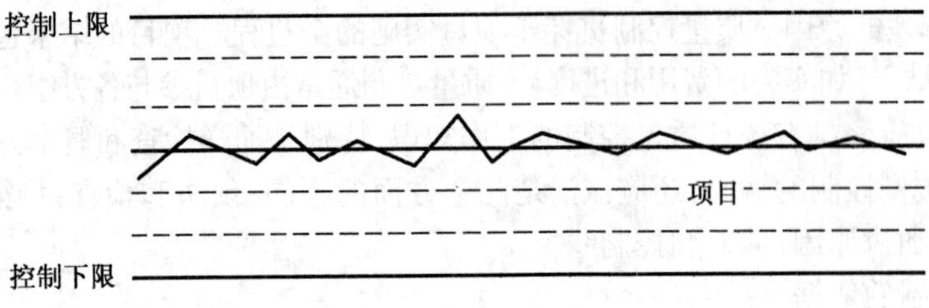

图 4.21 项目控制图示例

③统计样本。对项目实际执行情况的统计值是项目质量控制的基础,统计样本涉及到了样本选择的代表性,合适的样本通常可以减少项目控制的费用,当然这需要一些样本统计方面的知识,项目团队有必要熟悉样本变化的技术。

④流图。通常被用于项目质量控制过程中,其主要的目的是确定以及分析问题产生的原因。

⑤鱼刺图。通过产生问题原因和结果的分析进一步剖析产生质量问题的根源,以便从深层次进行改进和完善,图4.22是一个鱼刺图的示例。

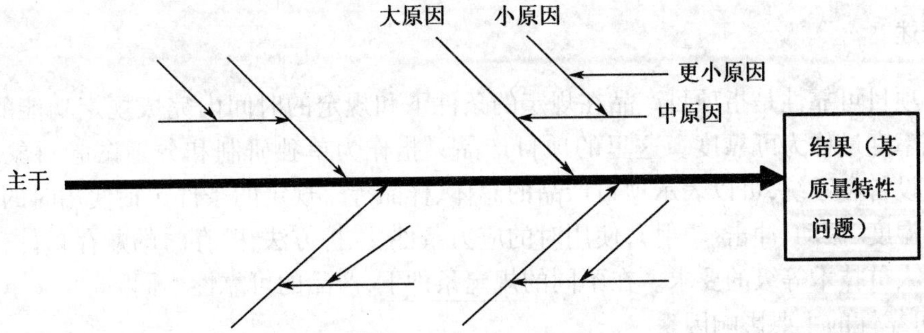

图4.22　鱼刺图示例

⑥PDCA循环。是质量管理与质量控制的基本思路和方法,通过计划(Plan)、执行(Do)、检查(Check)和分析(Analysis)不断地对质量问题进行持续改进。

⑦趋势分析。是应用数学的技术和历史的数据预测项目未来的发展,趋势分析通常被用来监控技术参数(多少错误或缺点已被识别和纠正,多少错误仍然未被校正)和费用及进度参数(多少工作在规定的时间内被按期完成)。

(4)质量控制的输出

①质量改进措施。指为纠正质量控制量度结果表明的制造或开发过程超出既定参数这种情况而采取的行动。

②预防措施。指为预防制造或开发过程超出既定参数(可通过质量控制量度结果反映)而采取的行动。

③请求的变更。如果根据推荐的纠正措施或预防措施,需要对项目进行变更,则应按照既定的整体变更控制过程启动变更请求。

④缺陷的补救。缺陷是指一个部件不满足要求或规范,需对其进行补救或替换。识别缺陷并推荐由质量控制部门或类似部门进行处理。项目管理团队应最大程度地降低需要补救的缺陷数量。可通过缺陷记录单的形式,征集补救建议。该工作通常在问题自动跟踪系统中实施。

⑤可接受的决定。每一项目都有被接受和拒绝的可能,不被接受的工作需要重新进行,项目工作组的目标是使得返工的工作最少。

⑥完成检查表。当检查的时候,应该完成对项目质量的记录,并完成检查表格。

4.4.2 可靠性管理

1.概述

国防项目可靠性是指项目产品在规定的条件下和规定的时间内完成规定功能的能力,可靠性的概率度量称为可靠度。这里的项目产品只指作为单独研制和分别试验对象的任何元件、器件、设备和系统,可以表示项目产品的总体、样品等。规定的条件包括使用时的环境条件(如温度、湿度、振动、冲击、辐射),使用时的应力条件、维护方法,贮存时的贮存条件,以及使用时对操作人员技术等级的要求。在不同的规定条件下,产品的可靠性不同。

(1)可靠性的主要影响因素

①时间因素。项目产品的可靠性与规定的时间密切相关,因为随着时间的增长,产品的可靠性是下降的。因此在不同的规定时间内,项目产品的可靠性将不同。另外,与不同的项目产品对应的时间指标也不同(如火箭发射装置的可靠性以秒计,海底通信电缆的可靠性则可以年计),而且这里的时间应看作是广义含义,即对某些项目产品也可用次数、周期等(如继电器的动作次数)来计算。

②功能因素。项目产品的可靠性还与规定的功能有密切关系,这里所指的规定的功能就是项目产品应具备的技术指标。事先一定要明确怎样才叫完成规定的功能,只有对规定的功能有了清晰的概念,才能对项目产品是否发生故障有确切的判断。

(2)基本可靠性与任务可靠性

①基本可靠性指项目产品在规定的条件下无故障的持续时间或概率,它反映了产品对维修人力和后勤保障的要求。基本可靠性与规定的条件有关,即与项目产品所处的环境条件、应力、寿命周期有关,也就是与寿命剖面确定的条件有关。

②任务可靠性指项目产品在规定的任务剖面内完成规定功能的能力。寿命剖面是项目产品从制造到寿命终结或退出使用这段时间内所经历的全部事件和时序的描述,它包含一个或几个任务剖面。任务剖面是项目产品在完成规定任务这段时间内所经历的事件和环境的时序描述,其中包括任务成功或致命故障的判断准则。

(3)固有可靠性与使用可靠性

项目产品可靠性还可分为固有可靠性和使用可靠性。固有可靠性是项目产品从设计到制造整个过程中所确定的内定可靠性,它是项目产品的固有属性;使用可靠性则考虑了使用、维修对项目产品可靠性的影响,包括使用维护方法和程序以及操作人员的技术熟练程度等都会对项目产品的寿命及功能的发挥产生重大影响。

(4)可靠性的三种基本类型

①寿命型。对不可修复的项目产品,是指项目产品从开始使用到失效之前的平均工作时

间(或次数),记为 MTTF(Mean-Time to Failure);对可修复的项目产品,是指两次相邻故障间的平均工作时间(或次数),记为 MTBF(Mean-Time Between Failure)。

②成败型。当只有成功或失败两种结果时,称成败型,如卫星发射成功的概率,飞机安全飞行的概率等。

③强度 - 应力模型。这里讲的强度和应力是广义的。与计量型抽样原理相似,实质是研究两个分布(主要是正态分布)的交叉部分,即不可靠的部分,从而得到项目产品的可靠度。

(5)可靠性的主要度量指标

①可靠度。产品在规定的条件下和规定的时间内,完成规定功能的概率,被定义为产品的可靠度。

②累积故障分布函数。表示在某一时刻,项目产品累积故障数占产品总数的比例,即产品的累积故障概率。

③故障率函数。表示项目产品工作到某时刻尚未故障而在该时刻之后单位时间内发生故障的概率分布。

④平均故障间隔时间(MTBF)。对可修复项目产品来说,指相邻两次故障间隔时间的平均值。

⑤平均维修间隔时间(MTBM)。是该项目产品寿命单位总数除以维修事件的总数(计划的和非计划的)。

⑥平均失效时间(MTTF)。对不可修复项目产品来说,指产品失效前工作时间的平均值。

⑦首翻期。指在规定条件下,项目产品从开始使用到首次翻修的工作时间。

可靠性是项目产品的重要内在质量特性之一,是质量目标的重要组成部分。按照有关国防项目可靠性管理规定,可靠性与维修性是构成国防项目作战效能,并影响其寿命周期费用的重要因素,是重要的战术技术指标。可靠性与维修性工作的目标是提高国防项目的战备完好性和任务成功性,减少维修人力和保障费用。因此,为了突出可靠性在整个质量体系中占有的重要地位,把可靠性从质量体系中分出来专门进行项目的可靠性工程管理。

2.可靠性管理的内容

(1)可靠性工作内容

项目的可靠性工作包括项目可靠性管理、设计与分析、试验与验证等方面。

①管理工作的主要内容包括可靠性工作计划、对承制方和供货方的监控、可靠性评审、故障报告、分析和纠正措施系统、故障审查组织等活动。

②设计与分析工作包括可靠性模型的建立,可靠性分配,可靠性预计,可靠性设计准则;故障模式、影响和危害度分析(FMECA),可靠性关键项目控制,元器件应力分析;元器件、原材料和工艺的选用控制等活动。

③可靠性试验与验证包括环境应力筛选(ESS),可靠性研制和试验,可靠性验证,批生产可靠性验收试验等项目。

(2)可靠性实施过程

成功的可靠性管理能够把管理、设计与分析、实验验证等有机、协调地组织起来，协同推进，促进项目的可靠性要求的实现。可靠性管理基本过程如图 4.23 所示。

(3)可靠性管理的方法

国防项目可靠性管理是为了达到系统可靠性要求而进行的有关设计、试验和生产等一系列工作的总和，它与系统整个寿命周期内的全部可靠性活动有关，从方案论证开始到系统报废，都要有计划地开展一系列的可靠性工作。可靠性设计对产品可靠性有极其重要的影响，因此要提高产品的可靠性，关键在于搞好可靠性设计。可靠性设计的基础是建立系统可靠性模型、可靠性预计、可靠性分配、故障模式影响及危害性分析(FMECA)及故障树分析等。

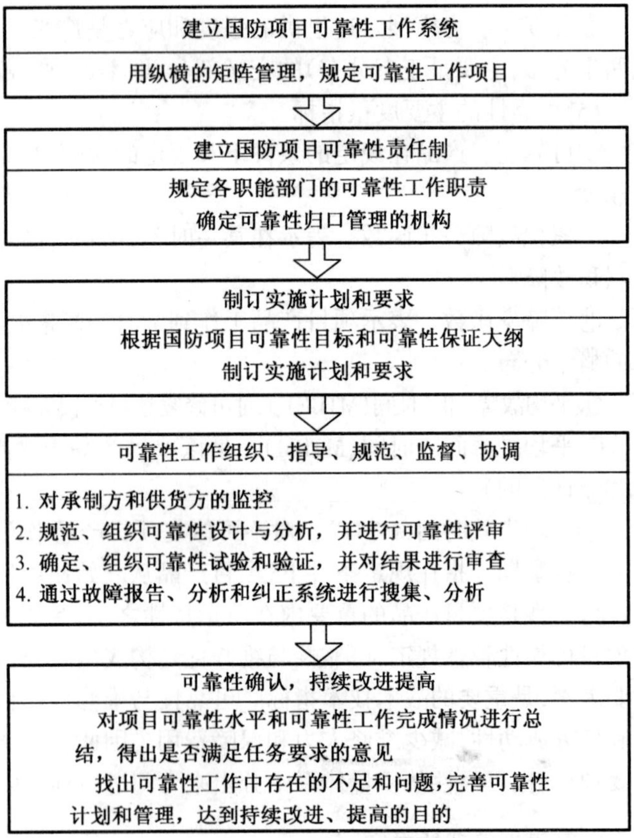

图 4.23 可靠性管理过程

①系统可靠性模型的建立。国防项目可靠性模型是指为预计或估算产品的可靠性所建立的可靠性框图和数学模型。国防项目可靠性模型可分为基本可靠性模型、任务可靠性模型等。基本可靠性是产品在规定条件下无故障的持续时间或概率；任务可靠性是产品在规定任务剖面内，完成规定功能的能力。可根据实际需要选择以上两种模型，将产品的结构或任务剖面的逻辑关系绘制为可靠性框图并建立相应的数学模型。

②可靠性预计与分配。可靠性预计的目的是在产品正式完成以前确定其可靠性能否满足要求，以便对产品进行改进设计或调整系统的可靠性指标。它根据组成系统的元件、部件和分系统的可靠性来推测系统的可靠性。这是一个由局部到整体、由小到大、由下到上的过程。可靠性预计的程序如图 4.24 所示。

国防项目系统的可靠性分配就是根据系统设计任务书中规定的可靠性指标，按一定的方法分配给组成该系统的分系统、设备和元器件，并将其写入相应设计任务书或合同中。其目的

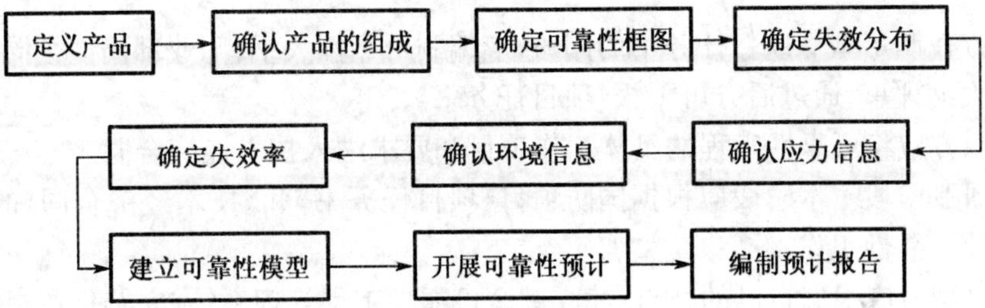

图 4.24　可靠性预计程序

就是使各级设计人员明确其可靠性设计要求，根据要求用于方案论证初步设计阶段，且应尽早进行，反复迭代。

③故障模式及影响分析。国防项目故障分析方法包括故障模式影响分析、危害性分析和故障树分析等方法。

故障模式影响分析(FMEA)是在设计过程中，通过对产品各组成单元潜在的各种故障模式及其对产品功能的影响进行分析，并把每一个潜在故障模式按其严酷程度进行分类，提出可以采取的预防改进措施，是提高产品可靠性的一种设计分析法。

危害性分析是在 FMEA 的基础上再增加一层任务，即判断这种故障模式影响的致命程度有多大，使分析量化。

故障树分析法就是在系统设计过程中，通过对可能造成系统故障的各种因素(包括硬件、软件、环境、人为因素等)进行分析，画出逻辑框图，从而确定系统故障的各种可能组合方式及发生概率，以计算系统故障概率。

(4)可靠性应用

国防项目可靠性管理在可靠性工程中愈来愈显得重要。国防项目在研制、生产、使用各阶段的可靠性工程管理的主要程序和工作如下。

①立项和论证阶段

a.使用部门和工业部门在进行国防项目的经济技术综合论证中，必须包括对可靠性工作及经费概算的专题论证，并纳入《经济技术综合论证报告》。

b.使用部门提出的国防项目战术技术指标中，必须包括技术定型阶段的最低可接受值和成熟期目标值等可靠性的定性、定量要求，并纳入《战术技术指标》文件。

c.使用部门和工业部门在组织型号战术技术指标评审时，应在对可靠性指标进行评审后，上报战术技术指标。

②方案阶段

a.使用部门应与工业部门进一步确认可靠性战术技术指标，明确典型任务剖面、寿命剖面；提出可靠性工作的具体项目要求；确定国防项目可靠性指标的考核、验证要求，同时纳入

《工作说明》。

b.承制方在制定型号项目任务书的同时,应编制可靠性大纲,工业部门应会同使用部门组织对可靠性大纲评审,通过后方可上报《项目任务书》。

c.合同双方应将可靠性工程的具体工作项目和要求纳入技术经济合同。

③工程研制阶段。本阶段应根据国防项目《项目任务书》和《技术经济合同》的具体规定,全面开展各项可靠性工作。

a.各项目型号应根据自己的特点,建立健全可靠性工程管理系统,完善规章制度和有关的规范、程序。

b.进一步完善并实施型号可靠性大纲,确定本阶段的可靠性设计准则、工作计划、试验计划、可靠性增长计划、综合后勤保障计划、制定元器件和原材料保证大纲、质量保证大纲,建立故障报告、分析和纠正措施系统及故障审查组织等。

c.国防项目在初步设计、详细设计、试制和试验后,根据项目型号可靠性工作计划及研制合同要求,应酌情分层次组织可靠性工作评审,通过后可开展下一步研制工作。

d.如使用方对正在实施的国防项目补充提出本阶段的可靠性定量要求,则应按使用方和承制方签订的补充技术经济合同开展相应的工作,并按合同要求进行考核。

e.在制定的项目型号《质量保证大纲》中应有可靠性的要求,试制用的原材料、元器件、一般机电产品等合格和优选目录,对转承制方和供应方的产品质量保证,以及计量、测试、检验试验设备和仪器仪表的适用性等内容,并经评审后确认符合本阶段的可靠性工作要求后,方可实施试制工作。

④设计定型阶段。本阶段应根据型号战术指标、项目任务书及技术经济合同的要求,对型号可靠性工作进行考核。

a.《设计定型试验大纲》中应包括可靠性考核或评估要求。

b.项目的《设计定型的试验报告》中,应包括可靠性的验证或评审报告。

c.可根据研制经费、进度、产品特性、重要性等具体情况,有选择地对其在设计定型阶段应达到的可靠性指标的最低可接受值进行试验考核、指标的评估等。

d.各类国防项目的可靠性指标考核办法应按照有关可靠性工作暂行规定执行。

⑤试生产和生产定型阶段。本阶段必须保证质量控制的有效性,防止固有可靠性水平的降低。

a.国防项目经过试生产和试用后,在试用方提出的试用结论中,应包括可靠性内容,在确认消除了由于薄弱环节和工艺缺陷造成的重复性故障,并经生产部门会同使用部门评审后,方可进行生产定型工作。

b.国防项目在本阶段的可靠性定性、定量要求由合同双方协商确定,以实际使用的统计数据作为主要考核依据。

⑥批生产和使用阶段。本阶段必须严格按照有关的生产规范和使用维护文件的规定开展

工作,使国防项目的可靠性得到体现和发挥。

a.根据可靠性成熟期目标值的要求,制订可靠性增长计划,对国防项目实施可靠性增长管理,以使产品达到规定的可靠性目标值。

b.使用部门应开展以可靠性为中心的维修工作,实施可靠性监控,提高使用维护人员素质,保持产品固有的可靠性水平。利用国防项目可靠性信息系统,做好信息额记录、整理和分析工作,并及时把有关信息反馈给工业部门和承制单位。

c.承制方应根据使用方提供的使用信息,继续纠正在使用中暴露的设计和制造方面的可靠性缺陷,并做好售后服务的各项工作。

d.已生产定型并投入使用的国防项目需要进行可靠性增长工作时,使用方和承制方应重新签订技术经济合同,并按合同要求实施管理和考核。

4.5 风险管理

4.5.1 概述

1.项目风险

项目风险是指实现项目目标的活动或事件的不确定性和可能发生的多种偏离的综合。在不同的领域,风险具有不同的特征。对于国防大型工程项目而言,其风险具有以下特点:

(1)风险存在的客观性和普遍性。作为损失发生的不确定性,风险是不以人们的意志为转移并超越人们主观意识的客观实在,而且在项目的全寿命周期内,风险是无处不在、无时没有的,人们只能在有限的空间和时间内改变风险存在和发生的条件,降低其发生的频率,减小损失程度,而不能也不可能完全消除风险。

(2)某一具体风险发生的偶然性和大量风险发生的必然性。任何一个具体风险的发生都是诸多风险因素和其他因素共同作用的结果,是一种随机现象。个别风险事故的发生是偶然的、杂乱无章的,但通过对大量风险事故资料的观察和统计分析,发现其呈现出明显的运动规律,这就使人们有可能用概率统计方法及其他现代风险分析方法去计算风险发生的概率和损失程度,同时也导致风险管理的迅猛发展。

(3)风险的可变性。这是指在项目的整个过程中,各种风险在质和量上的变化。随着项目的进行,有些风险会得到控制,有些风险会发生并得到处理,同时在项目的每一阶段都可能产生新的风险。尤其是大型项目中,由于风险因素众多,风险的可变性更加明显。

(4)风险的多样性和多层次性。大型项目周期长、规模大、涉及范围广、风险因素数量多且种类繁杂,使大型项目在全寿命周期内面临的风险多种多样;而大量风险因素之间的内在关系错综复杂,各风险因素之间交叉影响并与外界因素相互交织又使风险显示出多层次性,这也是大型项目中风险的主要特点之一。

2.风险管理

风险管理是研究风险发生规律和风险控制技术的一门新兴管理学科。从本质上讲,它是指应用一般的原理去管理一个组织的资源和活动,通过风险识别、分析、评价,并在此基础上优化组合各种风险管理技术,以有效控制和处理风险管理主体所面临的各种风险,以期望达到以最小的成本获得最大安全保障的目标。风险管理的主要目的是为了在出现可能引起风险的事件时,识别风险并作出反应以保证组织目标和行为间的一致性。在风险管理过程中,除了尽量减少不确定威胁或不利结果,还应试图利用风险可能带来的新机会创造更高的收益。

作为项目全方位管理的重要一环,风险管理对保证项目实施的成功具有重要的意义,主要体现在预警和应急反应两个方面。而对于国防项目来说,风险管理更有其特殊性:它提高了国防项目抵抗风险的能力,提高了项目的经营效益;为国防项目创造出安全的经营环境,保证了企业经营的稳定发展;促进了国防项目决策的科学化和合理化,降低了决策的风险和不确定性,从而提高了国防项目的决策水平。

4.5.2 管理过程

国防项目风险管理是一种系统过程活动,由风险规划、识别、分析、评估、应对、控制等环节组成。通过计划、组织、协调、控制等过程,综合、合理地运用各种科学方法,在对国防项目进行风险规划的前提下,对风险进行识别、分析和评价,提出风险管理计划和应对办法,随时监控项目的进展动态,妥善地处理风险事件造成的不利后果。国防项目风险管理的基本过程如图 4.25 所示。

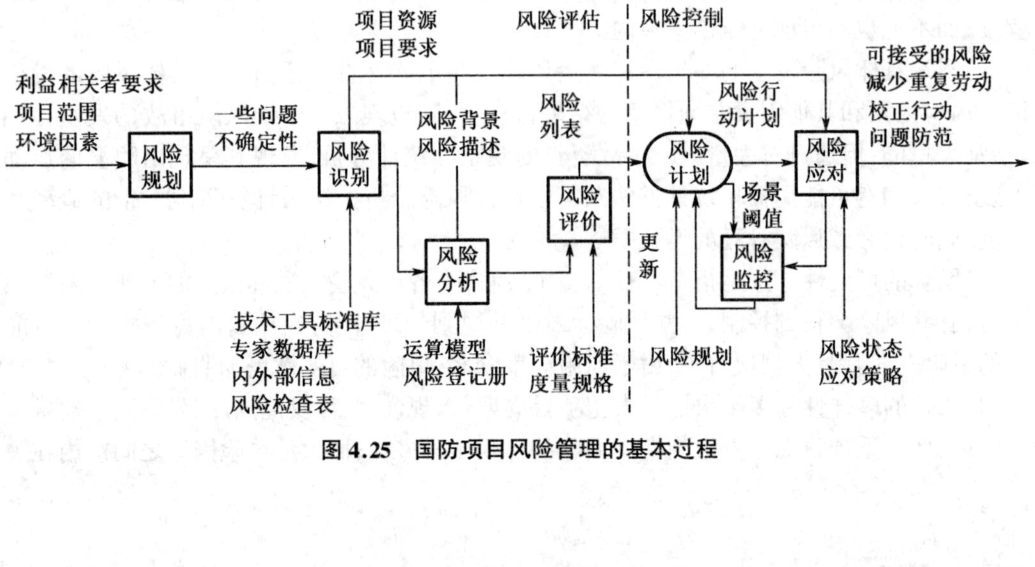

图 4.25 国防项目风险管理的基本过程

1.风险规划

风险规划就是项目风险管理的一整套计划，主要包括定义项目组及成员风险管理的行动方案及方式，选择合适的风险管理方法，确定风险判断的依据等，风险规划用于对风险管理活动的计划和实践形式进行决策，它的结果将是整个项目风险管理的战略性和全生命周期的指导性纲领。

风险规划包括六个主要活动，如图4.26所示。

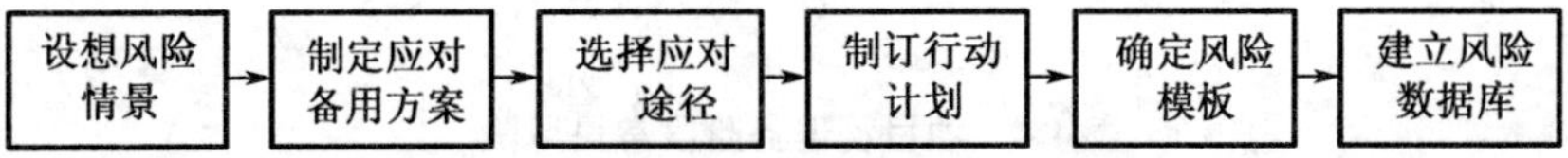

图4.26　项目风险规划活动过程

(1)风险规划的依据

①项目范围说明。在风险规划中，定义项目结果和使命的项目范围说明用于确定项目的主要人员、项目工作、项目目标及其影响环境等内容，以便风险规划范围的确定和管理方法的使用。

②组织管理知识。获取组织管理知识的途径有两个方面，可以由本项目的组织者提供，项目组织及个人所经历和积累的风险管理经验及实践，也可以借鉴其他项目组织的管理知识，但需要核实其有效性，评价其是否适合本项目的类型和环境。

③项目利益相关者风险容忍度。项目利益相关者的风险容忍度将决定项目的管理和应对策略，对容忍度的测量将有助于风险的合理分担和管理。

④项目环境因素。项目环境因素可以为分析项目的风险来源提供途径，也可为检测风险发展趋势提供依据条件。

⑤风险管理模板。项目经理及项目组织将利用风险管理模板对项目进行管理，从而使风险管理标准化、程序化。模板应在管理的应用中得到不断改进。

(2)风险规划的方法

①风险管理图表。如风险核对清单、风险跟踪记录表、风险应对计划表等。

②项目风险的分解结构。依据项目潜在风险分类，结合项目工作分解结构的形式来表示项目风险的分解结构，反映项目风险管理活动的内容和资源分配的基本情况。

③规划会议。规划会议是项目组织通过若干次会议完成风险管理计划的制订，是一种群决策的活动方式。

(3)风险规划的结果

项目风险管理计划、风险设想、阈值是项目风险规划的结果。项目风险管理计划描述在项目生命期内，如何安排与实施项目风险识别、定性与定量分析、应对规划、监测及控制等一系列风险管理活动，它规定了风险记录所选的途径、所需的资源和风险应对的批准权力。风险设想是对导致不尽如人意的结果的事件和情况的估计。阈值定义为风险发生的征兆,预先确定的阈值作为表明需要执行风险行为计划的警告。

2.风险识别

风险识别就是将项目风险的因子要素归类和分层地查找出来,风险识别包括确定风险的来源,风险产生的条件,描述其风险特征和确定哪些风险事件有可能影响项目,并将其特性记载成文。随着项目生命期的进行,新风险可能会出现,因此应当在实施项目的整个阶段都要定期进行风险识别。表4.4列出了项目管理各阶段遇到的常见风险。

表4.4 项目管理各阶段常见风险

项目管理阶段	常见风险
启动阶段	目标不明确、项目范围定义不清、工作表述不全面、目标不现实、技术等诸多条件不满足……
计划阶段	计划难以实现、资源配置不合理、成本预算不合理、进度安排不合理、计划不够具体……
实施阶段	领导犹豫不决、没有高层管理者的支持、团队成员没有合作意识、沟通不当、冲突无法妥善解决、资源短缺、重要成员变动……
控制阶段	项目计划没有机动性、不能适应变化、管理不灵活、外部环境不断变化……
结果	项目中断、未达到预期目标、资金超出预算、项目拖期……

(1)风险识别的依据

①项目环境因素。包括组织或公司的文化与组成结构,政府或行业标准,基础设施,现有的人力资源,人事管理。公司工作核准制度,市场情况,利益相关者的风险承受力,商业数据库和项目管理信息系统等。

②组织过程资产。可以从先前的项目档案中获得相关信息,包括完成的进度表、风险数据、实现价值数据和经验教训等。

③项目范围说明书。通过项目范围说明书可查到项目假设条件信息,如产品的价格、天气的假设、材料供应假设等,从而对有关项目假设条件的不确定性进行评估。

④风险管理计划。风险管理计划向风险识别过程提供的主要信息包括角色和职责的分配、预算和进度计划中纳入的风险管理活动因素以及风险类别。

⑤项目管理计划。风险识别过程也要求对项目管理计划中的进度、费用和质量管理计划有所了解。通过对其他知识领域过程的成果进行审查来确定跨越整个项目的可能风险。

⑥项目约束与假设。项目建议书、可行性研究报告、设计和实施方案等项目规划和计划性文件一般都是在若干假设前提条件下进行估计或预测的。因此项目计划和规划的前提、假设和限制因素,应当作为风险识别的依据。

(2)风险识别的方法

风险识别首先需要对制订的项目计划、项目假设条件和约束因素、与本项目具有可比性的已有项目的文档及其他信息进行综合会审。在会审的基础上应用头脑风暴法、面谈法和德尔菲法等信息收集技术获取新的信息资源并进行综合评审。

①文件审查。对项目文件进行系统和结构性的审查。项目计划质量与所有计划之间的一致性及其与项目需求和假设条件的符合程度,均可表现为项目中的风险指示器。

②信息搜集技术。主要包括“集思广益”会议、德尔菲法、头脑风暴法、访谈、根本原因识别、SWOT 法等,来收集、整理、归纳所得到的相关信息,预测项目风险因素。其中德尔菲法本质上是一种反馈匿名函询法,其做法是在对所有要预测的问题征得专家的意见之后,进行整理、归纳、统计,再匿名反馈给各专家,再次征求意见,再集中,再反馈,直至得到稳定的意见。

③核对表分析。核对表通常是按风险来源进行组织的,这些风险源包括项目环境、其他过程结果、项目的产品或技术问题以及内部风险源等。也可以将以前经历过的风险事件列出来,组成核对表,利用核对表来考查项目在实施过程中可能会遇到的潜在的风险。

④假设分析。每个项目都是根据一套假定、设想或者假设进行构思与制定的,假设分析是检验假设有效性的一种技术,它辨认不明确、不一致、不完整的假设对项目所造成的风险。

⑤故障树分析。可以将故障树分析方法引入到风险的识别上来,与工作分解结构结合使用。从项目实施开始,向下逐级分解,确定在各个层次上的各个类型的风险事件。

⑥敏感性分析。敏感性分析能够回答哪些项目特性指标或假设的变化对项目的性能影响最大,以便于项目管理人员识别出风险隐藏在哪些项目特性指标或假设下。

⑦情景分析法。情景分析法是通过对项目未来的某个状态或某种情况的详细描绘与分析,从而识别出项目风险与项目风险因素的一种项目风险识别方法。在一些具有较高独特性和创新性的项目风险识别中,需要使用这种能够创造性地识别各种项目风险、项目风险因素以及它们影响程度的方法。

(3)风险识别的结果

项目风险识别的任务是将项目面临的不确定因素找到并列举出来,因此风险识别之后要把结果整理出来,写成书面文件,为风险分析作准备。风险识别过程的成果一般载入风险登记册中,形成风险登记册的最初记录。风险识别的结果如下:

①风险核对清单。包括与风险核对主题相关的典型风险区域。风险核对清单能通过各种形式组织风险,如合同类型、成熟度级别、生命周期模型、开发阶段、组织结构、项目大小等,它们帮助项目团队在指定区域里完成识别风险。

②潜在应对措施清单。在风险识别过程中,可识别出风险的潜在应对措施。

③风险管理表单。一个通过填空的模板,系统地处理风险的机制。

④风险数据库。是一个已知风险和相关信息的仓库,它将风险输入计算机,并分配下一个连续的号码给这个风险,同时维护所有已识别风险的历史记录。

⑤风险类别更新。在识别风险的过程中,可能识别出新的风险类别,进而将新风险类别纳入风险类别清单中,基于风险识别过程的成果,可对风险规划过程中形成的风险分解结构进行修改或完善。

⑥风险征兆。是指示风险已经发生或即将发生的外在表现,是风险发生的前兆,又称触发器或预警信号。

3.风险分析

风险分析是指依据风险对项目目标的影响程度对项目风险进行分级排序的过程,对排序靠前的、具有潜在重大影响的项目风险进行量化分析,定量评价风险概率和影响大小,以综合评估项目风险的整体水平。一般情况下,定量分析是在定性分析之后进行的。

(1)风险分析的依据

①风险管理规划。

②风险识别结果。包括以识别的项目风险及风险对项目的潜在影响。

③项目进展状况。风险的不确定性常常与项目所处的生命周期阶段有关,在项目初期,项目风险症状往往表现得不明显,随着项目的发展项目风险及发现风险的可能性会增加。

④项目类型。一般来说,普通项目或重复率较高项目的风险程度比较低,技术含量高或复杂性强的项目的风险程度高。

⑤数据的准确性和可靠性。用于风险识别的数据或信息的准确性和可靠性应进行估计。

⑥概率和影响的程度。用于风险分析的两个关键方面。

(2)风险分析的方法

①风险概率和影响分析。风险概率分析是指调查每项具体风险发生的可能性。风险影响分析指调查风险对项目目标的潜在影响,既包括消极影响或威胁,也包括积极影响或机会。

②风险分类。可按照风险来源、受影响的项目区域或其他分类标准,对项目风险进行分类,以确定受不确定性影响最大的项目区域。根据共同的根本原因对风险进行分类有助于制定有效的风险应对措施。

③风险发展趋势评价方法。随着项目的进展,项目的风险评级可能会增加或减小,趋势评估是对风险变化趋势进行评估的方法。

④项目假设前提评价及数据准确度评价。项目假设前提的评价主要针对两个核心内容,即假设前提的稳定性和如果假设前提失误对项目目标造成的影响。

(3)风险分析的结果

风险登记册是在风险识别过程中形成的,在风险分析后根据分析结果对其进行更新,更新的内容包括:

①项目风险的相对排序或优先级清单。

②按照类别分类的风险

③需要在近期采取应对措施的风险清单。

④需要进一步分析与应对的分析清单。

⑤风险分析结果趋势。

(4)国防项目风险事件后果估计

风险事故造成的损失大小要从三方面来衡量:损失性质、损失范围和损失的时间分布。

损失性质指损失是属于政治性的、经济性的还是技术性的。损失范围指严重程度、变化幅度、分布情况。严重程度和变化幅度分别用项目风险损失的数学期望和方差表示,而分布情况是指损失涉及到哪些项目参与者。时间分布是指项目风险事件随时间的分布规律情况,是突发的还是随着时间的推移逐渐显露出来的。

4.风险评价

风险评价就是对项目风险进行综合评价,它是在对项目风险进行规划、识别和分析的基础上,通过建立风险的系统模型,从而找到该项目的关键风险,确定项目的整体风险水平和风险等级,为如何处置这些风险提供科学依据,以保障项目的顺利进行。风险评价过程活动主要包括以下内容:

①系统研究项目风险背景信息。

②确定风险评价基准。

③使用风险评价方法确定项目整体风险水平和风险等级。

④使用风险评价工具挖掘项目风险因素之间的因果联系,确定关键因素;作出项目风险的综合评价,确定项目风险状态及风险管理策略。

(1)风险评价的依据

①风险管理计划。

②风险分类及风险分级排序表。

③历史资料,如同类项目的文档,风险专家对同类项目的研究成果及所在行业或其他来源的相关信息数据。

④专家判断结果,专家既可以是团队、组织内部的专家,也可以是组织外部的专家,既可以是风险管理专家,也可以是工程或统计专家。

(2)风险评价的方法

风险评价包括定性和定量两个方面。定性评价方法主要有主观评分法和层次分析法,具有资格进行风险评定的专家应当熟悉每个风险区域(如设计、保障、生产、试验)和产品层次分解结构每个单元的风险。定量分析主要有等风险图法、网络模型、全寿命分析法、决策树法及设计评审法。

①主观评分法。采用主观评分法应确定项目风险评价基准,也就是确定项目主体针对每一种风险后果的可接受水平,在此基础上根据风险识别及风险分析的结果对每个风险类型评

估并赋予权值，然后再同风险评价基准进行比较。

②层次分析法。将层次分析法引入到风险评价与决策过程中，可以将无法量化的风险按照大小排出顺序把它们彼此区别开来。

③等风险图法。等风险图法认为风险有两种内涵：失败概率和失败后果，用 P_s，P_f 分别表示项目成功和失败的概率；用 C_s，C_f 分别表示某种失败而导致的后果并不严重和严重的程度。$P_s+P_f=1$，$C_s+C_f=1$。等风险图法把已识别的风险分为低、中、高三类。该方法用风险度的概念来综合评价失败概率和失败后果，定义风险度 $R=1-P_sC_s$，则 $0<R<1$，$R=1-(1-P_f)(1-C_f)=P_f+C_f-P_fC_f$，风险度 R 的曲线如图 4.27 所示。

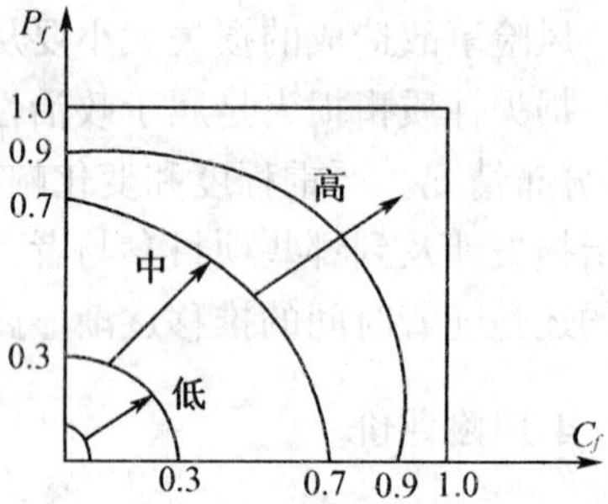

图 4.27 等风险曲线

④网络模型。用于风险评价的网络模型技术主要有计划评审技术和图形评审技术，这两种方法主要揭示项目在费用和时间进度方面的风险。

⑤全寿命分析法。此方法主要用于国防项目费用、产品价格控制及项目市场风险的分析。

⑥决策树法。决策树用树形结构来表示项目所有可供选择的行动方案、行动方案之间的关系、行动方案的后果以及这些后果发生的概率。利用决策树可以计算出可供选择的行动方案后果的数学期望，进而对项目的风险进行评价。

⑦设计评审。设计评审就是对产品设计所作的正式、全面和系统的审查，并把审查的结果形成文件，其目的是评价设计满足质量要求的能力，找到问题，提出建议。此方法主要用于国防项目技术风险分析，在管理过程中，风险管理人员利用记录单在各层次设计评审过程中，对涉及的风险事项逐一记录有关风险及对风险的评估分析、对策等信息。

国防项目风险评价可以采用的方法很多，每一种方法都有自己的优缺点，在实际工作中，为了避免片面性和不确定性，可以应该运用两种以上的方法进行综合评价，以达到切合实际的作用。

(3)风险评价的结果

①项目整体风险水平等级。通过比较项目风险间的风险等级，对该项目的整体风险程度作出评价。项目的整体风险等级将用于支持项目资源的投入策略及项目继续进行或取消的决策。

②风险表。风险表将按照高、中、低类别的方式对风险和风险状况作出详细的表示，还可以按照项目风险的紧迫程度、项目的相关风险等类别单独作出风险排序和评估，对重要风险的风险概率和影响程度要有单独的评估结果并作出详细说明。

③风险管理策略。对中高等重要程度的风险应列为重点并作出更详尽的分析和评价，制订附加分析计划表，其中应包括进行下一步的风险定量评价和风险应对计划。

5.风险应对

风险应对是指为增加项目目标实现的机会、减少失败威胁而制订方案,并预先决定应采取的风险应对对策及行动过程的活动。风险应对过程是根据风险的优先级水平处理风险,在需要时,将在预算、进度计划和项目管理计划中加入资源的重新分配方案。风险应对措施必须适合风险的重要性水平,能经济有效地迎接挑战,必须在项目背景下及时应对。通常需要从几个备选方案中选择一项最佳的风险应对措施。

(1)风险应对的依据

①风险管理计划。在风险管理阶段制订的风险管理计划是指导风险应对时期工作的依据,如风险应对的主要内容、负责人、可使用的工具以及可能程序等。

②风险登记册。风险登记册所涉及到的相关信息如风险名称、类型、发生概率、对目标的影响、风险定性与定量分析结果的趋势,以及风险影响的共同因素等。

③风险定性与定量分析结果的趋势。潜在风险应对措施清单、风险临界值、组织所能接受的风险水平将影响到风险应对方案的制订,风险分析结果的趋势可能增加或减少风险应对的紧迫性和重要性。

(2)风险应对的方法

项目管理者可采用的风险应对方法有若干种,可以从改变风险后果的性质、风险发生概率或风险后果大小三个方面考虑提出多种策略。完整的项目风险应对策略应包括主要策略以及备用策略,后者将在主要风险应对策略无法实施或者无效的情况下实施。

①风险回避。回避是指改变项目计划,以排除风险或条件,或者保护项目目标,使其不受影响的一种风险应对技术。比如,消除风险或其产生的条件,从根本上放弃使用风险的项目资源、项目技术、项目设计方案等就是避开项目风险的有效策略之一。当然,选择风险回避的同时,也选择了放弃风险挑战可能带来的利益。

回避风险是一种消极的防范手段,因为拒绝风险的同时也拒绝了利润。因此在选择这一策略时,还应注意其可能带来的负面影响,如机会的损失、组织创造力损失等。

②风险转嫁。风险转嫁是将风险及其应对权利转嫁给第三方,其目的不是降低风险发生的不利后果和概率,而是通过一些方式将风险分担出去。可以通过出售、发包、合同条款、保险与担保四种方式完成。

③风险降低。风险降低是指将风险的负面影响降低至可接受的程度,或指设法把不利的风险事件的后果或发生概率降低至一个可接受的临界值。通常采取损失预防和损失抑制两种手段从风险损失发生概率和范围两个方面来实现风险降低。损失预防的目的在于减少风险发生损失的概率,而损失抑制的作用在于减少风险损失的范围。

④风险接受。它是处理风险的一种自然方法,可以是无意识的、被动的,也可以是有意识的、主动的,最常见的风险接受策略是制订应急计划以备风险发生时使用,包括主动风险自留

和被动风险自留。前者包括制订一套发生风险时所准备实施的应变计划,后者则不要求采取任何行动,将其留给项目管理组织,风险发生时见机处理。

⑤风险利用。风险利用是指项目通过分配较多的资源以保证风险成为项目获得利益的机会,以便在较短的时间内完成超过最初预期质量的项目,其目的在于通过确保机会肯定实现的前提下消除与特定积极风险有关的不确定性。

⑥风险承担。风险承担是指将风险的责任分配给最能为项目利益获得机会收益的一方,通过建立风险合作关系来实现项目风险向项目机会的转变,如合作关系、动态联盟项目组织等。

⑦风险促进。风险促进是指通过提高积极风险发生的概率和积极影响,积极促进风险发生驱动因素的产生,或强化风险触发条件,利用风险成因过程中各环节的增强效果,以提高项目的机会,为项目带来积极影响。

(3)风险应对的结果

①更新的风险登记册。主要包括风险应对计划、应急计划、风险清单的更新。

②更新项目管理计划。在通过整体变更控制过程审查和处理后,增加的应对活动对项目管理计划进行更新。

③风险合同协议。签订合同协议可明确在具体风险一旦发生时,各方所应承担的责任,同时还可以签订关于保险、服务以及其他适当项目的合同协议,以回避或减轻威胁。

④为其他过程提供依据。选定的或提出的各种替代策略、应急计划、预期的合同协议、需额外投入的时间费用或资源以及其他有关的结论都必须反馈到相关领域,成为其过程计划、变更和实施的依据。

6.风险监控

国防项目的风险监控指在国防项目实施过程中,建立风险控制体系和风险管理机构,按照制订的项目风险管理计划,对项目实施动态的监控,对实施过程中的风险事件及时作出响应。它是建立在项目风险的阶段性、渐进性和可控性基础之上的一种对国防项目的管理工作,是一个反复迭代的动态过程。

国防项目风险监控的内容主要包括持续开展项目风险的识别与度量,监控项目潜在风险的发展、追踪项目风险发生的征兆,采取各种风险防范措施,应对处理发生的风险事件,消除和缩小项目风险事件的后果,管理和使用项目的不可遇见费用,实施项目风险管理计划等。

(1)风险监控的依据

①风险管理计划。风险管理计划提供的关键依据有项目风险管理分配人员、风险负责人、事件和其他资源等。

②风险登记册。风险记录提供的关键信息包括识别风险和风险责任人、商定的风险应对策略、具体的实施行动、风险征兆和警示信号、潜在风险和二次风险、低优先级风险的观测清单以及时间和费用应急储备。

③已获批准的变更。批准的变更请求可包括工作方法、合同条款、范围和进度、成本计划的修订。项目变更后，可引起新的风险或已识别风险的变化，需要对这些变化进行分析，评估其对风险登记册、风险应对计划、风险管理计划的影响。

④工作绩效信息。工作绩效信息包括项目可交付成果的状态、纠正性措施和绩效数据，是项目动态检测的成果，真实反映项目管理的部分成果，可以提供项目风险的动态变化的过程，是风险控制的重要依据。

(2)风险监控的方法

①项目风险审计。风险审计在于检查并记录审核责任认定并签字验收。风险审计人员对回避、转嫁或减轻风险发生等项目风险应对措施以及风险负责人的效率进行检查与记录。

②项目风险报告。在项目风险监控中，应安排定期的项目风险信息报告会，在项目所有部门会议上，项目风险均应列为一项议事日程。在项目生命期内的风险评级及优先顺序发生变化时，需要进行及时的额外定性或定量分析。

③风险趋势分析。风险趋势分析可用于检测相对于基准计划的项目整体绩效，挣得值分析是一个有效的分析，它的结果可以作为控制项目绩效风险的依据，也可作为风险管理新的开始。

④绩效测量。主要是对产品的技术绩效和项目绩效的度量。

⑤风险再评估。在项目风险监控时常需要多次使用风险管理过程来对新风险进行识别并对风险进行重新评估。项目团队状态审查的议程应该包括项目风险管理的内容，重复审议的内容和详细程度取决于目标的绩效情况。

(3)风险监控的结果

①更新的风险登记册。主要包括了风险应对计划、风险数据库、风险识别核对表的更新，另外监测项目风险的实际结果与采取应对措施的结果之间的差异，为未来的项目风险管理规划提供了依据。对项目绩效进行度量与报告时，以往未曾识别的潜在风险有可能显示出来，对这些风险应执行风险管理过程的常规分析。

②行动措施。项目风险控制的行动措施包括纠正措施和预防措施。前者指为使项目活动的未来预计效果与项目管理计划保持一致而对实施的项目工作所作的书面指示，后者指对未来风险的预兆行动，以便满足项目管理计划的变更需求和项目反馈控制的需要。

③变更请求。指扩大或缩小项目范围，修改方法、过程、计划或程序，修改预算费用或进度表的请求。风险监控获得的全程变更控制的主要内容有：监控影响造成项目变化的主要因素，并尽量使这些因素向有利的方向发展；根据对变更影响监控的结果来判断项目变化范围是否已经发生；一旦范围发生变化，需要采取一系列实际的行动措施，如应急、基准计划修订等。

④更新的项目管理计划。如果批准的变更请求对风险管理过程存在影响，则应对项目管理计划的相应组成部分进行修改并重新签发，以反映审定的变更。

⑤更新的组织管理知识。每个项目风险管理过程产生的信息，应该用于更新和补充组织管理经验库，供未来的项目使用和参考。更新的内容如风险管理计划模板、风险分解结构、风

险核对清单和风险应对计划等。

4.6 技术状态管理

4.6.1 概述

技术状态管理是在产品(含硬件、软件及其组合体)全寿命周期内,运用技术管理手段,对在技术文件中规定的、并在产品上最终实现的功能特性和物理特性实施监督的一种管理方法。技术状态管理是系统工程管理的重要组成部分,是武器装备、复杂大型工程在研制生产过程中,确保产品质量、降低费效比、缩短研制周期的有效措施。

1.相关概念

(1)技术状态。按合同、研制任务书等文件中规定的并最终实现的硬件、软件的功能特性和物理特性。技术状态是国防项目管理的一个重要组成部分,它是对整个项目及组成各项目的零件、部件、组件、成品、原材料等规定的功能、技术要求、标准及交付状态的技术性管理文件。

(2)技术状态项目。能够满足最终使用要求,并被指定进行技术状态管理的硬件、软件或其集合体。

(3)工程更改。在技术状态项目研制、生产过程中,对已正式确认的现行技术状态文件所作的更改。

(4)工程更改建议。提出工程更改并对该更改进行描述、论证和提交批准的文件。

(5)偏离。在技术状态项目制造之前,对该技术状态项目的某些方面在指定的数量或者时间范围内,可以不按其已被批准的现行技术状态文件要求进行制造的一种书面认可。允许偏离时,对其已被批准的现行技术状态文件不作相应更改。

(6)超差。对接受下述技术状态项目的一种书面认可:在制造期间或检验验收过程中,发现某些方面不符合已被批准的现行技术状态文件规定要求,但不需修理或用经批准的方法修理后仍可使用。

2.特点

一个有效的技术状态管理体系具备以下的特点:

(1)承制方应认识到正确的技术状态管理在项目研制中的重要性,成立技术状态控制委员会,并及时制订一个适当的技术状态管理计划。

(2)技术状态控制委员会应有能力对一套有效的指南和标准进行剪裁,以适应某国防项目的特点。

(3)考虑到项目研制周期内的每个阶段要求和系统技术状态的复杂性,技术状态管理计划应在研制周期内不断完善。

(4)技术状态管理计划应在承制方、订货方、分包商和用户之间建立起工作模式和接口关系。

3.技术状态文件

技术状态文件是为规定技术状态项目的设计、生产和验证等要求所必需的技术文件,它分为功能技术状态文件、研制技术状态文件、生产技术状态文件三种,分别在不同的研制阶段进行编制、批准和保持,且在内容上逐级细化。

技术状态基线是指使用方已批准的在项目寿命周期内的某个特定时刻产品的技术状态。技术状态基线实际是一个基准点,即冻结状态,以它为依据对涉及产品技术状态的更改进行控制,一般分为三种技术状态基线,即功能基线、分配基线、产品基线,如图4.28所示。

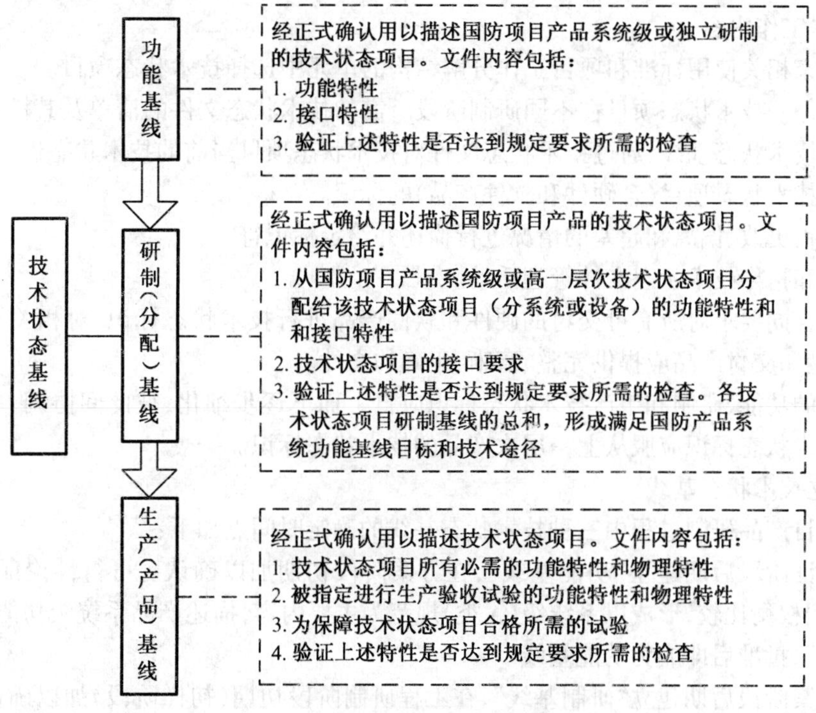

图4.28　项目技术状态基线和文件内容

形成三种技术状态基线的三类技术状态文件通常按照从功能技术状态文件到研制技术状态文件再到生产技术状态文件的顺序进行,这三者之间应相互协调,并具有可追溯性,而且后者应对前者进行扩展和细化。技术状态基线应通过专门的评审并正式批准确认。

4.6.2 管理过程

国防项目技术状态管理的目标是全面反映出产品当前的技术状态及满足其物理的、功能的要求的状况并形成文件，同时确保项目所有人员在项目寿命周期内能够使用正确的文件。

国防项目技术状态管理的过程包括四项相互关联的活动：技术状态标识、技术状态控制、技术状态纪实、技术状态审核。

1.技术状态标识

技术状态标识包括确定产品结构，选择技术状态项目，将技术状态项目的物理和功能特性以及接口和随后的更改形成文件，为技术状态项目及相应文件分配标识特征或编码等所有的活动。

(1)基本工作内容

①从国家相关使用标准和项目工作分解结构的单元中选择技术状态项目。

②确定每一技术状态项目在不同研制阶段所需的技术状态文件的清单及其标识。

③确定技术状态基线，通过技术状态文件对技术状态项目当前的技术状态进行全面描述。

④规定技术状态项目(含硬件和软件产品)的标识。

⑤对工程更改、偏离和超差的情况进行描述并给定标识符。

⑥监督和指导技术状态文件管理活动。

⑦根据合同要求对所有可交付的硬件和软件产品进行技术状态标识，对相关技术状态项目、工程模型和交付产品应提供完整、清晰、正确的文件。

⑦产品的功能、研制和生产技术状态标识应自上而下逐步细化，彼此间协调一致，下一层次产品的技术状态标识应服从上一层次产品的技术状态标识。

(2)建立技术状态基线

国防项目产品研制过程中三种技术状态基线的确定时间点如下：

①在论证阶段后期建立“功能基线”，在方案阶段初期加以确认。可行性论证在效率、费用、进度之间权衡比较，形成以系统级(A类)规范为主要内容，描述产品系统级功能的“功能技术状态标识”，批准后即成为功能基线。

②在方案阶段后期建立“研制基线”，在工程研制阶段初期(初样阶段)加以确认。将功能要求分解为分系统或技术状态项目的要求，经细化工作提出研制级(B类)规范，形成“分配技术专题标识”，批准后即成为分配基线。

③在试生产阶段或定型(鉴定)阶段或正样阶段后期建立生产基线。生产基线是产品生产的依据，经过详细的工程设计、样机研制、试验评价并不断反馈，形成完整的系统规范、研制、产品、工艺、材料、全套图纸以及成套技术文件，形成“产品技术状态标识”，批准后即成为产品基线。

2.技术状态控制

项目技术状态控制始于功能基线确定之后,贯穿于技术状态项目研制、生产的全过程。在基线确立之后,对技术状态文件的更改实施控制,处理偏离和超差,记载更改造成的所有影响,并将已批准的技术状态更改纳入技术状态项目及其相关的技术状态文件的所有活动。

技术状态控制是技术状态管理的核心工作,它对产品及其组成工程更改而影响的功能特性、物理特性、相关接口基线系统地评价、协调、审批和实施,从而使得研制周期内技术状态的任一更改得到系统地控制。对更改的控制是技术状态控制的主要内容。

(1)更改的前提条件

在国防项目研制中,在产品技术状态项目寿命期内,由于下述原因,应进行技术更改。

①使用方或分承制方要求更改。

②需改善产品的功能和性能。

③安全性、法规或其他要求更改。

④设计评审或验证要求更改。

⑤设计有遗漏或错误。

⑥制造或安装有困难。

⑦纠正多是要求更改等。

(2)更改的分类

技术状态更改分为以下两类:Ⅰ类更改,指涉及战术技术指标,总体方案和技术规范(技术条件)等内容的更改;Ⅱ类更改,指不涉及Ⅰ类所列内容的其他更改。

(3)更改的控制

对Ⅰ类的技术状态更改需经技术状态控制委员会的更改评审,评审的内容为:

①更改的技术优点。

②对互换性、接口等影响以及重新标识的必要性。

③对合同、进度和成本的影响。

④对制造、试验和检验方法的影响。

⑤对采购和存储的影响。

⑥对维护、用户手册、备件和备件手册的影响。

技术状态控制委员会一般有行业专家、订货方代表、承(研)制单位代表及相关的管理人员组成。对于Ⅱ类的技术状态更改也需经过订货方内部有关人员的会签、审批和批准。

(4)更改控制的其他要求

所有的技术状态更改在实施前都应由授权人员确认,形成文件,当更改的数量、复杂性以及随之带来的风险超过一定限度时,应考虑再次基线设计评审和设计确认。基线技术状态更改时必须对相关的图纸、技术文件和资料作相应的协调更改,并将更改后的新的输出通知所有相关方，作好记录，形成文件。

3.技术状态纪实

技术状态纪实是对已批准的技术状态文件、技术状态更改（含偏离和超差）状况以及已批准的技术状态更改的执行状况进行正式记录和报告的过程。

（1）基本工作内容

基本工作内容包括记录形成的技术状态文件和标识符，记录技术状态更改（含偏离和超差）情况和更改的执行情况，记录接口协调情况，适时对技术状态纪实情况进行汇总、整理，写出技术状态纪实报告。技术状态状况纪实是技术状态标识和控制的伴随物，从第一份技术状态文件生效开始，贯穿于产品研制的整个寿命周期。实施技术状态状况纪实将为工程研制有效地实施技术状态管理提供信息。技术状态纪实的基本工作内容如下：

①记录并报告各技术状态项目的已批准的技术状态文件及标识。

②记录并报告工程更改建议的提出及审批过程的情况。

③记录并报告技术状态审核的结果，对不符合项记录不符合的状态和最终处理结果。

④记录并报告技术状态项目的所有关键和重要的偏离及超差的状况。

⑤记录并报告已批准的工程更改的实施状况。

⑥提供每一技术状态项目的所有更改对初始确定的基线的可追溯性。

（2）作用和要求

技术状态纪实提供了技术状态项目在研制、生产中有关信息的管理方法。通过这种方法记录影响技术状态项目的信息，并向有关的项目负责人和主管人报告。

技术状态纪实始于第一份技术状态文件形成之后（即功能技术状态文件发放之时），并贯穿于产品研制、生产的全过程。

技术状态纪实必须准确、全面地记录每一技术状态项目和已批准的技术状态文件及其更改的状况，确保每一技术状态演变的可追溯性。

4.技术状态审核

技术状态审核是为确保产品符合合同和技术状态文件的要求，同时也使技术状态文件能准确地反映产品的技术状态而进行的正式审查。技术状态审核包括功能技术状态审核和物理技术状态审核。技术状态审核可与定型（鉴定）结合进行。

（1）功能技术状态审核。功能技术状态审核是为证实技术状态项目是否达到功能状态文件和研制技术状态文件中规定的功能特性所进行的正式检查。通常是通过检查技术文件、评审、检验和试验记录来证实技术状态文件的描述已满足任务书、合同及技术条件中规定的产品的功能特性。功能技术状态审核应在定型（鉴定）前根据准备正式提交定型（鉴定）的样机的试验情况进行，或在产品研制过程中结合设计评审逐步完成。

(2)物理技术状态审核。物理技术状态审核是为证实物理技术状态项目的技术状态是否符合其技术状态文件所进行的正式检查。通常通过对产品实物及其配套文件的逐项检查来证实产品与技术文件的符合性。物理技术状态审核应在完成功能技术状态审核之后或与功能技术状态审核同步,根据按正式生产工艺制造的首批生产件的试验与检查情况进行。物理技术状态审核完成后,最终建立生产基线。

4.6.3　管理实例

下面以神舟飞船项目技术状态管理流程为例,说明技术状态管理的工作程序。

1.建立技术状态管理组织

为了达到预期的技术状态管理目标,根据飞船项目要求建立技术状态控制小组,并明确权限和职责。同时,由于神舟飞船项目的特性和技术状态项目的需要,建立分层级的技术状态控制小组。

(1)技术状态控制小组。由技术和管理专家组成的,对技术状态及其管理具有决策权限和职责的小组。

(2)技术状态管理委员会。其职责是审批技术状态管理计划、技术状态项目及技术状态基线;对提交的工程更改建议及关键的偏离和超差申请进行审查;按决策权限,对内部控制的工程更改建议、偏离和超差申请提出批准或不批准的建议,由技术状态控制小组组长批准。

技术状态基线的确定以及相对基线的关键变化要经过上一级状态控制委员会批准。

2.建立技术状态基线

神舟飞船在方案阶段可以分为论证和设计两个子阶段,其中论证阶段初步确定了飞船系统的功能基线,在方案阶段对功能基线进行详细的分析论证,最终确定了功能基线,并以《工艺技术方案设计报告》的形式进行了标识,然后以技术要求的形式明确了分析的功能和接口要求,形成了分系统的技术要求,确定了飞船系统的分配基线。功能基线的确定程序如图 4.29 所示。

在方案阶段之后,随着分系统原理样机的研制,基本上确定了分系统的方案和产品的技术状态,形成了单机的设计报告、原理图、工艺流程和测试方案等技术状态文件,初步确定了产品的研制基线。初样通过各分系统方案设计和单机研制,对方案阶段后期初步确定的研制基线进行确认,最终确定了产品基线,其基本确认程序如图 4.30 所示。

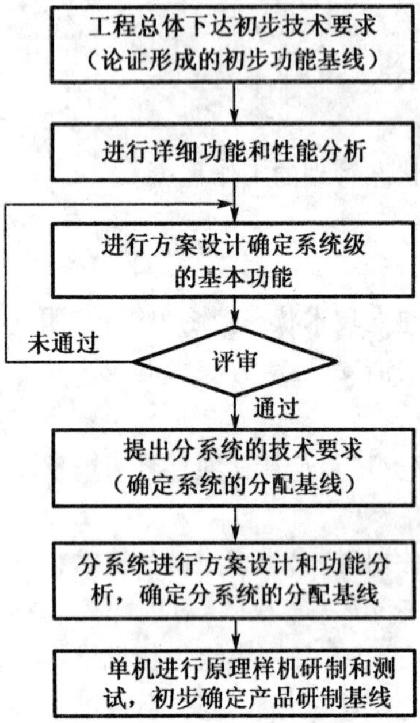

图 4.29 功能基线的确定程序

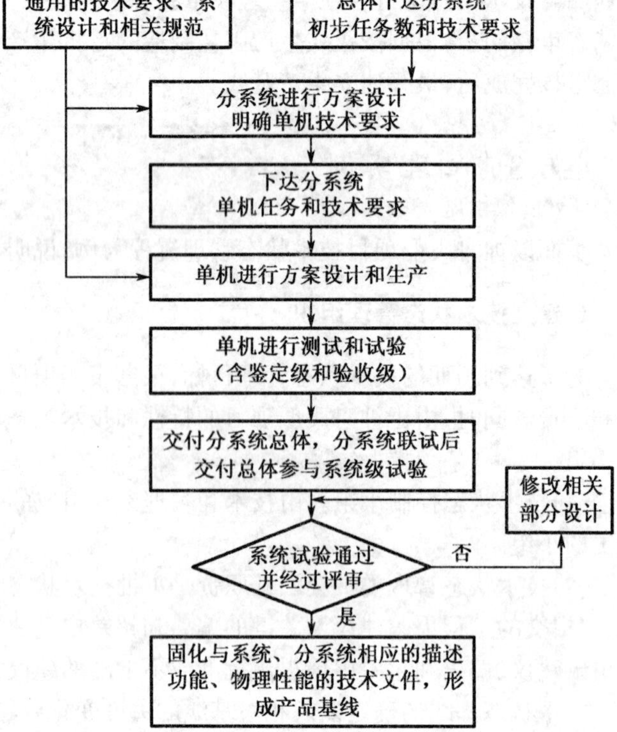

图 4.30 产品基线的确认程序

3.技术状态标识

明确对技术状态的相关文件进行标识，是技术状态标识的一项重要内容。飞船系统在方案阶段主要以技术文件的形式明确了技术文件编号的规定，下发各分系统和配套单位执行，统一文件编号，规定了研制阶段的标记、文件编号规定和硬件产品编号。在初样阶段对技术状态标识进一步完善，主要是明确了硬件产品的标识，完成软件产品的标识。

4.技术状态控制

(1) Ⅰ类工程更改审批程序。对Ⅰ类工程更改，必须拟制《工程更改建议书》上报集团公司批准后才能实施；更改实施完毕，应及时更新归档文件和基线文件清单。

(2) Ⅱ类工程更改审批程序。对Ⅱ类工程更改，必须拟制《工程更改建议书》，经总师、总指挥或部门领导审核，主管副总批准后才能实施；更改实施完毕，应及时更新归档文件和基线文件清单。

飞船系统技术状态更改项目审批流程如图 4.31 所示。

5.技术状态纪实

为了全面反映技术状态更改、变化情况，确保飞船的技术状态能够满足项目总的技术要求，飞船系统加强了技术状态纪实工作。纪实的项目有：记录并报告技术状态已批准的文件目录，记录并报告技术状态更改的提出和审批情况，技术状态的审核结果，技术状态项目关键的超差和偏离情况，已批准更改项目的实施情况及可追溯性。并对所有的技术状态进行汇总，形成技术状态更改汇总表（如表 4.5 所示）。

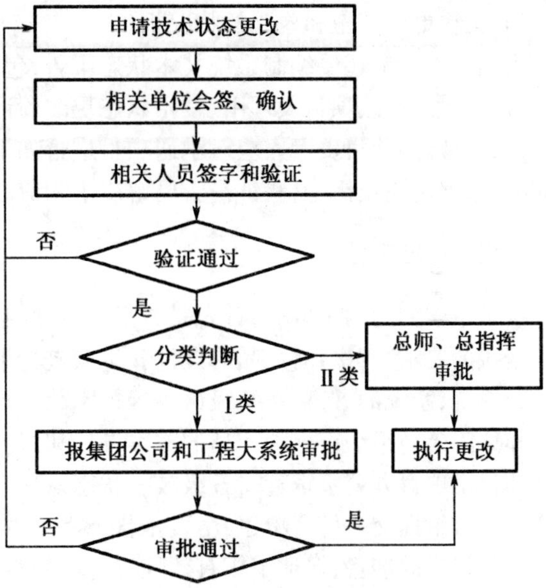

图 4.31　技术状态更改审批程序

表 4.5　技术状态更改汇总表

项目名称：　　研制阶段：　　编号：

序号	产品名称代号	所属整机和分系统	更改前状态	更改后状态	对系统和相关分系统的影响	各方认可情况	验证及评审情况	批准人	落实情况	备注

填表人：　　填表日期：　　批准人：　　共　页　　第　页

为了全面描述技术管理工作，在不同的研制阶段要向订购方、相关承制方和分承制方发布下述不同类型的报告。技术状态报告由项目总师和项目负责人实施。主要包括：

(1)技术状态项目及其基线文件清单。

(2)当前的技术状态状况。

(3)工程更改、偏离和超差状况报告。

(4)工程更改实施和检验的状况报告。

飞船在出厂前还要编制系统技术状态报告,包括基本任务、主要方案、分系统配置和产品配套、技术状态更改项目及理由、技术状态更改验证情况、技术状态更改的落实情况、结论。

项目总师和项目负责人应对承研项目进行如下分析:对所报告的问题进行分析,以查明问题的动向;评定纠正措施,验证是否已解决了相应的问题,或是否又产生了新的问题。

6.技术状态审核

技术审核分为两个方面:首先是方案和设计的审核,确保各级方案和设计满足功能基线和分配基线的要求;其次,对产品的设计和试验进行审核,确保物理性能满足技术要求。

分系统、系统的方案、系统级试验等技术状态均由项目办公室组织审查,飞船系统的方案由院和集团公司组织审核。产品的方案设计和试验验证均由分系统组织审核,对复杂技术级关键项目由项目办公室审查。各级技术状态审核必须编制技术状态审核计划,在审核前,向技术状态审核组提交一份清单,列出技术状态审核中要用的文件、硬件和软件,并作好相关的资源、器材、资料的准备,保证审核有效地进行。

4.7 采办与合同管理

4.7.1 采办管理

采办管理是项目管理必不可少的组成各部分,与一般项目相比,国防项目赋予采办更多的含义。它不仅仅指材料、成品和服务的采购,而且涵盖了国防项目从预研论证、方案、工程研制、定型、生产和使用维护一系列过程。

1.采办管理概述

(1)国防项目采办

采办,亦称采买,采办的初始含义是开采办理经营事宜,是中国封建社会官府经营“和买”的一种形式。市场经济给采办赋予了新的含义——等价交换,就军事部门的军事采办而言,除含着等价交换意义以外,还保留着官家采办的原有含义。

在美国,“采办”(Acquisition)一词是其国防部使用频率较高的一个术语,指军方为满足军事任务或保障军事任务的需要,就武器和其他系统、物品或劳务提出方案、计划、设计、研制、试验、生产、部署、后勤保障、改进及签订合同的过程。

国防项目采办是指军队为履行其军事职能而获得所需的国防项目系统,及其他军事物质、器材、设施和劳务的过程。国防项目采办最为复杂，主要包括确定需求、规划、计划、研究、设计、试验、生产、部署、保障、改进、更新、退役处置等各方面的工作。在我国一般把国防项目采办工作称为装备工作，装备工作就是对装备科研、订货、保障部队使用直至装备退役、报废的全系统、全寿命管理活动。

(2)国防项目采办体系结构

根据管理的“三级递阶控制方案”，可以把项目采办管理分为三个管理层次，如图4.32所示。

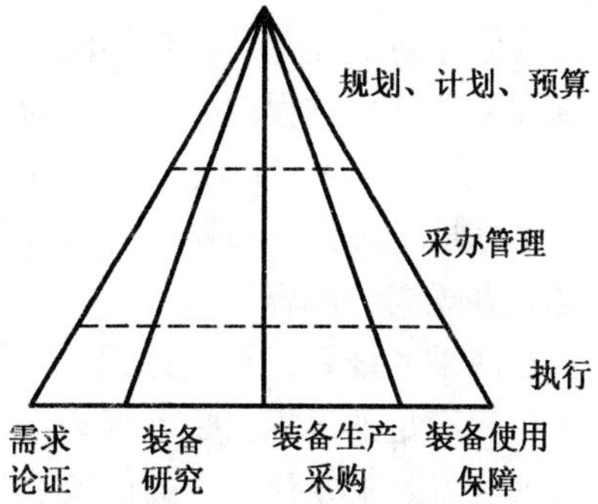

图4.32　装备采办系统结构示意图

最高管理层的主要工作是规划、计划、预算。首先要进行需求分析和制约因素分析，即确定发展战略；其次要在发展方向重点论证的基础上，将有关内容具体化，即拟制装备发展规划、计划纲要；最后确定项目研制计划，并提交一个可以接受的国防采办财政预算。

中层管理的采办管理任务是研究如何以最有效的方法使采办运行的效率最高。首先要拟定采办的实施方案，其次为各个不同的职能部门制定采办管理分目标，即下达采办工作任务；最后协调各部门之间的关系，安排采办项目实施的先后顺序等。

基层管理的执行阶层是按照上级拟定的计划、程序来具体地组合和实施采办，并把执行情况和结果及时上报上级管理层。

(3)国防项目采办体制的类型

国防项目采办体制是国防领导体制的重要组成部分，是指国家对国防项目发展及使用实施领导和管理的组织系统及相应制度的总称，包括领导管理机构设置、各级职责和权限划分及其相互管理，以及相应的法规和政策制度体系等。

目前，世界各国国防项目采办体制主要有以下四种模式：

①国防部统一领导、军种负责具体实施的模式，典型代表是美国；

②国防部集中统一领导并负责实施的模式，典型代表是英国等西欧国家；

③国防部统一领导，项目研制与项目订货分开管理的模式，典型代表是日本、以色列等国；

④政府和军队分阶段管理的模式，典型代表是俄罗斯、朝鲜等国。

2.国防项目采办管理的内容

(1)采办规划

①采办规划的依据

a.范围说明。范围说明书说明了项目目前的界限，提供了在采办规划过程中必须考虑的项目要求和策略的重要资料。应当包括对项目的描述、定义，以及详细说明需要采办的产品类目的参考图或图标及其他信息。

b.产品说明。项目最终交付成果说明提供了有关在采办计划过程中需要考虑的所有技术问题或注意事项的重要文件。

c.采办活动所需的资源。项目实施组织若没有正式的订货单位,则项目管理班子将需要自己提供资源和专业知识支持项目的各种采办活动。

d.市场状况。采办计划过程必须考虑市场上的产品种类、购买地点及相关条款和程序等。

e.其他计划结果。只要有其他计划结果可供使用(如项目费用的初步估计、质量管理计划等),则在采办计划过程中必须加以考虑。

f.制约条件和基本假设。面对着诸多变化不定的环境因素,项目实施组织在采办过程中必须对其作出合理判断,减少损失。制约条件和基本假设的存在限制了项目组织选择范围。

②采办规划的内容

项目的采办规划过程就是识别项目的哪些需要可以通过从项目实施组织外部采购产品和设备来得到满足的过程。采办规划一般要考虑以下问题:

a.项目需要采办什么样的设备、货物或服务,其数量、技术规格、参数以及要求是什么,这些货物和服务之间的相互关系怎样,它们分别在项目实施的哪个阶段投入使用。

b.在通过承包商采购时,是由一家总承包商采购全部或大部分所需的货物和服务,还是向多家承包商采购大部分的货物和服务。

c.所采办的货物如何分别捆包,每个捆包包括哪些类目,每个捆包从开始采办到到货需要多少时间。

③采办规划的方法

a.自制或外购分析。利用平衡点分析法进行自制或外购选择决策分析,可以确定某种具体的产品是否可由实施组织自己生产而且能降低成本。

b.采办专家介入。具有专门知识或经过训练的单位和个人、咨询公司、行业团体、有发展前景的承包商以及项目实施组织内部的其他单位都有可能具备用于国防项目采办的专业知识和经验。

c.经济采办订货模型。为了达到采办管理总成本最低的目标,当项目需要的货物种类、数量和供应商已确定的情况下,进货时间及批量的决定成为使整个项目存货总成本最低的关键,即经济批量或经济订货量。此模型可以求得最适宜的经济批量,并找到最适宜的进货时间。

d.短期租赁或长期租赁分析。从财务的角度出发来确定采取短期或长期租赁,根据项目对某租赁品的预计使用时间、租金大小来分析短期与长期租赁的成本平衡点。

④采办规划的结果

a.采办管理计划。采办管理计划应当说明具体的采办过程将如何进行管理。其内容包括应当使用何种类型的合同;是否需要有独立的估算作为评估标准,谁来负责,何时来编制估算;项目管理组织在采办过程中能采取何种行动;是否需要使用标准的采办文件等。根据项目的具体要求,采办管理计划可以是正式的,也可以是非正式的,此计划是整体项目计划的补充部分。

b.相关说明。详细地说明了采办项目的要求，其详细程度可以视采办项目的性质、买主的要求或者预计的合同形式而异。相关说明在采办过程中可以被修改和细化。

(2)项目招投标

国防项目的采办根据规模、资金、对象等因素的不同，可以通过招标采办和非招标采办的方式进行。招标包括公开性招标和有限竞争性招标。非招标采办主要是询价采办、直接采办等。有时，在同一项目中会同时使用多种不同的采办方式，以提高采办的效率和质量。

①招标投标的概念。招标投标是由招标人和投标人经过要约、承诺、择优选定，最终形成协议和合同关系的、平等主体之间的一种交易方式，是“法人”之间达成有偿、具有约束力的法律行为。招标投标是商品经济发展到一定阶段的产物，是一种最高竞争性的采购方式，具有突出的平等性、竞争性和开放性等特点。

随着我国国防现代化建设的发展，招标投标越来越多地应用到国防项目采办活动中来，作为一种交易方式，招标投标具有鲜明的特点，在国防项目中也赋予了丰富的内涵。为了保护招标投标活动当事人的合法权益、提高经济效益、保证项目质量，我国于1999年制定了《中华人民共和国招标投标法》，在国防领域也有相应的实施细则。

②国防项目招投标的意义。国防项目实施招标，具有重大的意义。

a.保护国家和军队利益。招标可以保证国防建设资金节约、合理、有效地使用，且有利于创造公平竞争的市场环境。采用招标的交易方式，使投标单位能在质量、价格、售后服务等方面展开竞争，以尽可能充分地满足国防项目招标方的要求，有利于国防科技工业的发展。

b.保护社会公共利益。国防资金从根本上说，是来源于人民群众的劳动创造。保障国防建设资金的合理使用，不仅是保护国家、军队利益的需要，也是广大人民群众的需要。

c.提高军事经济效益。军事经济效益是投入与产出的比较。对国防项目实行招标制度，有利于节省投资、缩短项目周期、保证质量，从而有利于提高国防建设资金效益以及项目建成后的军事经济效益。

③招投标的运作流程

a.招标准备阶段。具体有如下步骤：组建招标工作小组并确定招标形式（由于国防项目多涉及国家、军队秘密，一般推荐采用邀请招标方式，对于一般的涉密不高的项目也可视情况采用公开招标的方式）；具有招标条件的单位填写招标申请书，报有关部门审批；获准后，组织招标班子和评标委员会，对投标人进行资格审查，并组织现场调查；发放招标文件，组织招标会议；接受招标文件。

b.投标准备阶段。根据招标公告或招标单位的邀请，投标单位选择符合本单位能力的项目，向招标单位提交投标意向，并提供资格证明文件和资料；资格预审通过后，组织投标班子，跟踪投标项目，购买投标文件；参加招标会议；编制投标文件在规定时间内报送招标单位。

c.开标准备阶段。按照公告规定的时间、地点，由招投标方派代表并在有公证人在场的情况下，当众开标，鉴于国防项目的特殊性，实践中可以邀请项目主管上级机关代表作为公证人，负责全程监督、巡视及公证;招标方对投标者做资料后审、询标、评标;投标方作好询标解答准备,接受询标质疑,等待评标决标。

d.决标签约阶段。评标委员会提出评标意见,报送决定单位确定;依据决标内容向中标单位发出《中标通知书》;招标人和中标人应在发出中标书30日内,按照投标文件和招标文件签订书面合同。

4.7.2 合同管理

1.合同管理概述

(1)国防项目合同

合同是一个契约,是平等主体的自然人、法人和其他经济组织之间建立、变更、终止民事法律关系的协议。在社会主义市场经济中,社会各类经济组织之间存在各种经济来往关系,各种市场经济活动都需要通过合同来实现和连接,需要用合同来维护当事人的合法权益,维护社会的经济秩序。

项目合同是指项目业主或其代理人与项目承包人或供应人为完成某一确定的项目所指向的目标或规定的内容,明确相互的权利义务关系而达成的协议。

合同管理指参与项目各方均应在合同实施过程中自觉、认真、严格地遵守所签订合同的各项规定和要求,按照各自的职责行使各自的权利、履行各自的义务、维护各方的权利,发扬协作精神,处理好各方的关系,做好各项管理工作,使项目目标得到完整的体现。

(2)项目合同的类型

①按承包方式划分,项目合同有如下类型:

a.总承包合同。指将整个项目委托某法人总承包所订立的合同。

b.主承包合同。指将项目的主体部分委托某法人承包所订立的合同。

c.分承包合同。指总承包或主承包单位将其承包项目进行分承包所订立的合同。

d.单项承包合同。指将项目的分系统或配套设备委托某法人承包所订立的合同。

②按承包范围划分,项目合同有如下类型:

a.统包合同。是项目组织与承包商之间签订的合同,承包范围是项目的全部工作,故又称"交钥匙"合同。

b.设计-采购-施工合同。与统包合同基本类似,但合同不包括试生产及生产准备。

c.设计-采购合同。承包方只负责项目设计和材料设备的采购,施工由另外的承包商负责。

d.单项合同。承包商只承包项目中的某一项,大部分工作由项目组织协调控制。

③按定价方式划分,项目合同有如下类型:

a.固定价格合同。指双方通过协商一次性确定合同价格所预定的合同。

b.成本补偿合同。指双方通过协商约定计价成本和收益以及成本补偿办法所订立的合同。

c.单价合同。付给承包商的报酬按单位服务计算,因此该合同的总价值是为完成该项目所需工作量的函数。

(3)项目合同的内容

①合同的标的。即合同约定完成的最终成果,阶段性合同的标的是阶段性的最终成果。最终成果的主要形式可以是产品项目、资料和要求提供的服务项目等。合同标的的详细说明应在合同文本附件中给出内容,要明确具体、措辞准确。

②数量和质量。合同中应按照有关的国家、军事招标即项目要求,明确约定数量和质量及相应的管理要求。

③项目进度和交付期限。项目的进度包括总进度、阶段进度及年度进度。交付期限即合同要求约定完成或交付最终成果的期限。

④交付方式和验收条件。合同中约定最终成果交付方式和地点,包装运输方式及交付中各方的责任。验收条件包括验收试验方式、所使用的设备仪器和手段及最终成果交付状态等。

⑤合同价格、付款进度及支付结算方式。

⑥合同纠纷的处理方式。

⑦合同的违约责任。

⑧密级和保密事项。国防项目合同应根据国防保密规定,与当事人约定相应的保密条款。

⑨合同配套项目及其分工协作关系。合同中要约定为本项目配套的分系统、设备、资料项目和服务等内容及其承担的单位,并明确各单位应负的责任。

⑩合同签约双方约定的其他条款。

2.国防项目合同管理的内容

(1)合同的订立

①由当事人双方根据项目实际情况协商确定合同类型。

a.对于复杂项目,一般应签订总承包或主承包合同,如果对价格难以确定,可在订立分承包合同后,正式订立总承包或主承包合同。订立分承包合同时,合同价格应经项目使用部门认可。

b.对于风险大、周期长的项目,应当按阶段签订阶段合同,在上一阶段合同约定的任务完成并通过审评后,再签订下一阶段的合同。

c.对于技术、配套关系复杂且风险大、周期长的项目,应采用成本补偿合同,对其他项目可以采用固定价格合同。

②由委托方根据国家和军队等方面规定的合同内容和文本格式编写合同文本草案。

③当事人双方对于合同条款、附件等不能达成一致时,应报请双方主管部门协调;双方主管部门协调不一致时,可报请上级有关部门协调。

④当事人双方对合同条款、附件等达成协议后，由其法定代表人签订并加盖公章。

⑤分级办理合同的审批、备案、登记手续。

a.一级合同，经双方主管部门审核并由使用部门报领导机关审评批准后生效。

b.二级合同，经双方主管部门审评后生效，并由委托方的主管部门报领导机关备案。

c.三级合同，当事人签字后生效，上报双方主管部门备案。其中需主管部门提供保障条件的合同，上报双方主管部门审批后生效。

合同审批或备案后，由合同审批、备案部门统一登记。

(2)合同的履行与违约责任

项目合同的履行是指合同生效后，当事人双方按照合同约定的标的、数量、质量、价款、履行期限、履行地点和履行方式等完成各自应承担的全部义务的行为。合同的履行有实际履行和适当履行两种形式。前者要求按照合同规定的标的来履行，后者按照法律和项目合同规定的标的按质、按量地履行。

违约责任是指合同当事人违反合同约定，不履行义务或履行义务不符合约定所应承担的责任。在国防项目合同中，由于不可抗拒力的原因致使不能履行或部分不能履行合同时，经合同当事人双方主管部门或仲裁机构认定，当事人可以不承担违约责任。

对于在国防项目中作出开创性贡献、突破技术难点并取得突破性成果、研制项目重要性能指标优于合同约定的，或经过精心组织提前并优质完成合同约定任务的单位和个人，要给予一定的鼓励，具体办法由当事人在订立合同时制定。

(3)合同的变更控制和解除

在国防项目合同的执行过程中，发生下列情况之一，致使合同部分或全部不可能或不必要履行时，可以变更或解除：

①订立合同所依据的国家或军队的计划被修改或取消。

②双方协商同意，经合同审批部门认可，并不因此损害国家利益和影响国家及军队有关计划的执行。

③发生不可抗拒力事件。

④由于无法克服的技术困难，未达到合同约定的要求。

⑤当事人违约。

当事人在变更或解除合同时，应与有关总承包单位或主承包单位、分承包单位、单项承包单位协商一致，解决所引起的相关的合同协调问题，并承担应负的责任。因变更或解除合同使一方或双方遭受损失的，按照有关约定及规定承担违约责任。

(4)合同的纠纷处理

合同双方的争议和经济纠纷常常是因为合同变更或当事人双方对合同规定的义务和权利理解不一致引起的，最终导致对合同的履行或不履行的后果和责任的分担产生争议。一般情况下，国防项目合同纠纷的处理原则是：如果合同中有处理争议的条款，那么就按照合同条款中的办法处理;如果没有此类条款,那么双方当事人应协商解决;协商不成,由当事人主管部门组织调解;主管部门调解不成,可提请上级有关单位进行调解。

如果合同纠纷经协商和调解不成,当事人可以依据合同中的仲裁条款或事后达成的书面仲裁协议,向仲裁机构申请仲裁。如果当事人一方在规定的期限内不履行仲裁机构的仲裁决定,另一方可以申请人民法院强制执行。当事人没有在合同中订立仲裁条款,事后又没有达成书面仲裁协议的,可以向人民法院起诉。

(5)合同收尾

项目当事人双方按照合同的规定,履行其全部义务后,合同即告终止。收尾就是按照合同相关条款的要求,对照进行验收、核实,并且进行移交、付款等工作,以及解决未尽事项、关闭合同的过程。另外,还要将合同的正、副文本以及补充协议、备忘录、更改记录等文件进行整理、编号、存档。

4.8 更改管理

在项目的生命周期中存在各种因素不断干扰着项目的进行,使项目总是处于一个变化的环境之中。项目管理得再好,采用的管理方法再科学,也避免不了变化的发生。对于项目管理者来说,关键的问题是能够针对发生的变化采取措施,以保证项目目标的实现。对于国防项目来说更是如此,更改管理在项目控制中占有非常重要的地位,是国防项目成功的保障。

4.8.1 更改类型

1.项目更改的因素

项目更改是指对原来确定的项目计划基准的偏差,这些基准包括项目的目标、项目的范围、项目要求、内外部环境以及项目的技术质量指标等。项目变化的规律可能因项目而异,但通常情况下,项目变化一般受以下因素的影响:

(1)项目的生命周期。项目的生命周期越长,项目的变化就越多,特别是项目的范围就越容易发生更改。

(2)项目的组织。项目的组织越科学、越有力,则越能有效制约项目的变化;反之,缺乏强有力的组织保障的项目则易发生变化。人员的流动、协调的困难、管理的随机性等都会使项目产生较大的变化。

(3)项目经理的素质。高素质的项目经理能够在复杂多变的项目环境中应付自如、正确决策,从而使项目的变化不会造成对项目目标的影响;反之,在这样的环境中,往往难以驾驭和控制项目。

(4)外部因素。引起项目变化的因素不仅来源于项目自身,更多的则是来源于项目的外部。例如,不良的天气,原材料、设备的供应,法律纠纷,团队成员的消极工作以及有关方面的干预等因素都会使项目发生变化。

除了上述因素以外,还有其他因素。例如,项目要采用新技术、新方法,项目就可能会发生变化;计划出现错误,项目需要变化;项目中原定的某项活动不能实现,项目也需要变化;项目的设计不合理,项目更需要变化,等等。

项目更改更多的是来源于顾客的要求和项目团队对项目或服务的改进。随着项目的进展,顾客会越来越清楚地认识到一些在项目初期未能认识到的问题,因此会不断提出更改的要求;项目团队在项目实施过程中,也有可能不断改进技术或发现一些新的方法、工艺或材料。

2.项目更改的类型

为了保证项目的顺利实现,处理项目变化最根本的措施是更改。项目更改就是针对项目的变化状况,以实现项目既定目标为前提所采取的应变措施。

项目更改是一项复杂工作。对于可预见的项目变化,可以采取预防措施,以消除变化对项目的影响;而更多的则是项目的变化无法预测,因此也就无法事先采取对策。项目的变化要求项目更改,这种更改可能发生在项目实施过程中的任一阶段。但根据项目的生命周期理论,项目的更改越早,损失就会越小;更改越迟,更改的难度就越大,损失也就越大。项目在失控的状态下,任何微小变化的积累,最终都可能会导致项目质量、费用和进度的更改,这是一个从量变到质变的过程。

(1)以项目更改的来源分类。在国防项目的进行过程中,项目的更改可能是由军方引起的,也可能是由项目团队引起的或是由不可预见事件的发生引起的。下面举例分别说明。

①军方引起的更改。例如,军方要求提高项目产品的某些技术性能。这些更改类型代表着对最初项目范围的更改,将会对项目的进度、费用产生影响。不过,影响程度取决于作出更改的时间。

②项目团队引起的更改。例如,在项目实施过程中,项目团队发现项目设计方案不合理,则提出设计更改建议。

③项目经理引发的更改。例如,为了降低项目成本并加快进度,项目管理应该采用现成的标准化软件,而不是为项目专门设计软件。

④计划的不完善引起的更改。在项目计划过程中,忽略了某些环节而引起的更改。

⑤不可预见事件引发的更改。

(2)以项目更改的层级来分。国防项目研制中项目更改分为两类:Ⅰ类项目更改,由订购方或有关上级领导机关批准的项目更改;Ⅱ类项目更改,指的是凡Ⅰ类以外的更改,是由研制方自行控制的更改。

(3)以项目更改的紧急程度来分。根据项目更改的紧急程度,项目更改的优先级分为危急、紧急、一般三级。危急类项目更改指必须立即处理的更改。紧急类项目更改指对设计、生产、使用等具有重要影响的更改。一般类项目更改是指对设计、生产、使用等具有完善性质，不涉及在制品和已制品报废的更改。

4.8.2　更改控制

进行项目更改管理的目标是建立和维护项目中的范围、需求、设计、过程和计划的全面控制。对于重要的项目更改，尤其是更改涉及面较大时，各参研单位要首先与项目承制各方及协作单位协调，并由项目总设计师或项目主管签字后，上报给上级主管部门及订购方审批。对于次要的项目更改，则按照各参研单位的内部制度批准进行。

1.项目更改控制的基本要求

(1)关于更改的协议。在项目早期，项目承约人和订购方之间，项目经理和项目团队之间应就有关更改方式、过程等问题进行协商，并形成文件或协议。

(2)谨慎对待更改请求。对任何一方提出的更改请求，其他各方都应谨慎对待。

(3)制订更改计划。无论是由订购方、承约商、项目经理、项目团队成员或是由不可预见事件的发生所引起的更改，都必须对项目计划涉及的范围、预算和进度等进行修改。一旦这些更改被各方同意，就应形成一个新的基准计划。

(4)更改的实施。更改计划确定后，应采取有效措施加以实施，以确保项目更改达到既定的效果。其步骤是：

①明确界定项目更改的目标；

②优选更改方案；

③作好更改记录；

④及时发布更改信息。

2.项目更改控制系统

建立用于协调和综合项目更改的正规更改控制程序的目的如下：

(1)对所有提出的更改要求进行审查；

(2)明确所有任务间的冲突；

(3)将这些冲突转换成项目的质量、成本和进度；

(4)评估各更改要求的得与失；

(5)明确产出相同的各替代方案的变化；

(6)接受或否定更改要求；

(7)与所有相关团体就更改进行交流；

(8)确保更改合理实施;

(9)准备月报告,按时间总结所有的更改和项目冲突。

在建立正规项目更改控制系统的过程中,要遵照一些基本的工作方针,主要如下:

(1)所有项目合同都应包括有关计划、预算和交付物的更改要求的描述;

(2)提出更改必须递交项目更改申请;

(3)更改要经业主方及上级部门批准,在更改申请上签名;

(4)所有的更改在准备更改申请和评估之前,需与项目经理商讨;

(5)在更改申请完成并得到批准之后,必须对项目总计划进行修改,以反映出项目的更改,这样,项目更改申请就成了项目总计划的一部分。

4.9 信息、安全与保密管理

4.9.1 信息管理

国防项目信息管理主要包含项目沟通和项目信息管理两方面的内容。在国防项目管理中,沟通管理是进行项目各方面管理的纽带,是在人、思想和信息之间建立的联系,对于项目取得成功是必不可少的;信息管理可以“消除不确定性”,是进行国防项目管理的基础,对于项目的有效实施、控制、沟通都起到非常关键的作用。

1.概念

沟通就是信息的传递和理解,可以是通信工具之间的信息沟通和交流,如电报、电话等,可以是人与机器之间的信息沟通和交流,也可以是人与人之间或组织与组织之间的信息沟通和交流。

国防项目沟通主要是项目团队与其他组织、项目团队成员之间的信息传递和理解。项目沟通贯穿于项目的整个生命周期,例如在项目的概念阶段识别客户需求、明确项目目标等需要沟通;在项目的计划阶段指定进度计划、质量计划等需要沟通,在项目的实施阶段检查、协调等需要沟通;在项目的收尾阶段评审、验收等也需要沟通。

项目信息是指报告、数据、计划、技术文件、会议等与项目实施有直接或间接联系的各种信息。项目信息在整个项目实施过程中起着非常重要的作用,能否对项目的信息实施有效的管理关系到项目的成败。

国防项目信息具有信息量大、系统性强、影响传递效率的因素多、信息反馈滞后、环节多等特点。项目信息是由自上而下的项目信息、自下而上的项目信息、横向流动的项目信息、项目管理班子与环境之间进行流动的项目信息构成。项目信息在组织内部、组织及外部环境之间进行不断的流动,从而构成了"信息流",如图 4.33 所示。

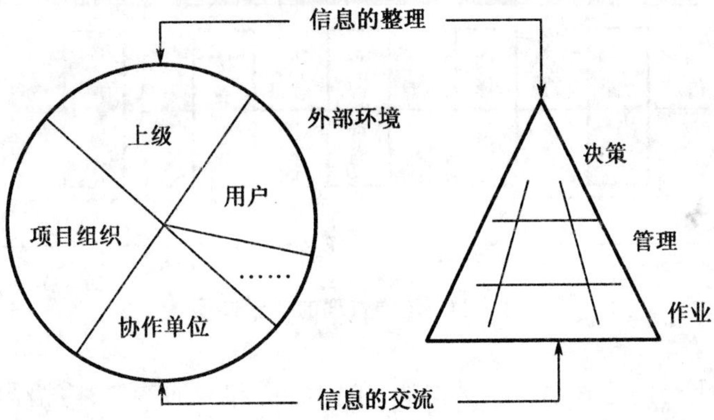

图 4.33 各种信息流

国防项目信息管理就是对国防项目信息进行收集、整理、分发、交换、查询、利用、存储、更新管理,使得国防项目信息准确、及时、可靠、适用,其目的是有计划地组织信息沟通。而有效的沟通管理保证了项目利益相关者能及时、准确获得所需的信息,并利用信息对项目进行实时监控。

2.国防项目信息管理的内容

国防项目信息管理的分发、交换过程主要是沟通管理的内容,而对于国防项目信息管理的查询和利用,技术重点是查询,关键是利用。对国防项目信息管理的利用,主要是对查询获得的信息进行再核实,用真实、可靠、及时的信息来进行沟通、决策和管理。

(1)沟通管理

①沟通过程的一般模式。信息沟通过程必须具备发送人、接收人和所传送的信息内容三个基本要素。发送人是信息的来源,也是信息沟通的发动者,它必需要有沟通的意愿,并将获得的观点或事实转化为符号或编码。信息的接收人在接收到信息之后,要对这些信息进行翻译和理解,并排除干扰因素,在必要的时候还要向发送人进行反馈。项目信息沟通的一般模式,如图 4.34 所示,可以分为 7 个步骤。

②沟通渠道及方式分类。任何信息的传递和交流都要通过一定的沟通渠道来进行。沟通渠道是信息传递和交流的路径,是沟通过程的重要组成部分。项目组织内的沟通渠道有正式和非正式之分。在一个项目组织内都会规定出信息传递的渠道,这样的沟通渠道是正式的沟通渠道。一般有链型、轮型、Y 型、环型和全通道型五种形式,而非正式沟通渠道有单线式、流言式、机遇式、集群传播式四种。根据不同的标准,沟通可以有如下五种分类:正式沟通和非正

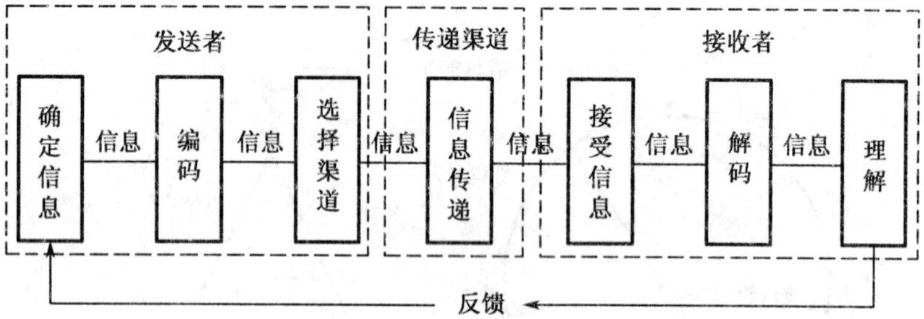

图 4.34 沟通管理的一般过程

式沟通;上行沟通、下行沟通和平行交叉沟通;单向沟通和双向沟通;言语沟通和非言语通;书面沟通和口头沟通。

③沟通计划。国防项目沟通计划是对项目全过程的沟通工作、沟通方法、沟通渠道等各个方面的计划与安排,用来确定项目利益相关者的信息与沟通需求,包括谁需要何种信息,何时需要以及如何让他们传递信息等。国防项目沟通管理计划设计的主要内容包括:

a.信息收集的方式和渠道。

b.信息收集的归档格式。用以说明采用何种方法存储不同类型的信息。

c.信息发布的方式和渠道。用以说明各种信息(如进度计划、技术文件等)将流向何人以及采用何种方式(书面报告、会议、电子媒介等)传送各种类型的信息。

d.信息的发布与使用权限。用以说明各种信息的发布权限以及最终用户的使用权限。

e.准备发布信息的详细说明。包括对信息的内容、格式、详细程度、信息的来源等方面的说明。

f.信息发布的时间表。用以说明何时进行何种沟通,项目沟通计划需要对此给出必要的说明。

g.更新和修订沟通管理计划的方法。为了保证项目沟通管理计划适应项目沟通的实际需要,随着项目的进展需要对沟通管理计划进行更新和修订。

h.约束条件和假设前提。约束条件是限制项目团队进行沟通的各种因素,假设前提是那些被认定是实际存在的、确定的、并作为制订计划依据的前提条件。它们是编制项目沟通管理计划的重要依据。

④沟通实施和效果检验。项目管理人员执行项目沟通计划的过程就是沟通实施。沟通工作不仅局限于专门从事沟通管理的人员,也涉及到所有参与项目管理的人员,并贯穿于项目实施的整个过程,所以项目的实施过程也就是项目沟通的实施过程。沟通效果的核实与检验可以帮助管理者发现沟通方法的正确与否,总结经验与教训,提高沟通水平。最终达到统一思想、减少矛盾与冲突、确保项目各项工作顺利开展的目的。

(2)信息管理的内容

①信息收集。信息收集是项目信息管理的一个重要环节,一般来讲,信息收集的主要方法有两类:一类是直接到信息产生的现场调查研究,另一类是收集、整理已有的信息情报资料,间接获取信息。

②信息传递。将收集到的信息及时传递到信息需求者手中是项目信息管理的一项重要内容,这就要求建立一套合理的信息传递制度,并使其标准化;同时还应针对不同的信息,采用不同方式进行信息的有效传递。其不同方式如下:专人负责信息的传递;通信方式传递信息;会议方式进行信息传递。

③信息归档和利用。对于收集到的资料数据,首先要经过鉴别、分析、汇总、归类,作出推测、判断、演绎,这是一个逻辑判断推理过程。手工管理信息可用档案法储存。目前,应尽量采用电子计算机数据库或其他缩微系统,以便节省存储时间和空间。不论是手工管理还是计算机管理都需要进行信息的分类编码,以方便查找和提取。因此,需要建立健全的检索系统,以完成报表、文件、资料、人事和技术档案保存和检索。

④信息管理系统的建立。项目信息管理系统就是以计算机、网络通信、数据库作为技术支撑,对项目整个生命周期中所产生的各种数据,及时、准确、高效地进行管理,为项目所涉及的各类人员提供必要的高质量的信息服务。

⑤信息发布。即把所需要的信息及时地分发给项目利益相关者,其中不仅包括实施沟通管理计划,而且还包括对预料之外的信息索取要求的回复。信息发布的成果如下:

a.经验教训记录。包括问题的起因,所采取纠正措施的原因和依据,以及有关项目信息管理的其他各种经验教训,记录下来的教训可成为本项目的实施组织的历史数据库的组成部分。

b.项目记录。项目记录可包括函件、备忘录以及项目描述文件。这些信息应尽可能地以适当方式有条理地加以保存,项目团队成员也往往在项目记录中保留个人记录。

c.项目报告。项目报告将详细说明项目状态,其中包括经验教训、问题登记簿、项目收尾报告和其他知识领域的成果。

d.项目演示介绍。项目团队向所有项目利益相关者提供信息,这些信息要切合听众需要,介绍演示的方法要恰当。

e.利益相关者的反馈。可以发布从利益相关者处收集的有关项目运营的信息,并根据该信息改进或修改项目的未来绩效。

f.利益相关者通知。可就解决的问题、审定的变更和一般项目状态问题向利益相关者通报。

g.变更的请求。信息管理过程中的信息变动会引发项目管理计划和沟通管理计划进行相应的修改,通过整体控制变更过程对提出的项目管理计划及其从属计划变更(修改、增添或删除)进行审查和处理。

3.信息管理系统

(1)国防项目管理信息系统的功能要求

为了做好项目信息管理工作,需要将项目信息管理的收集、整理、分发、交换、存储、更新、查询、利用过程有机地联系起来,建立项目信息管理系统。国防项目管理信息系统应能在国防项目预研和演示、论证和方案、研制和定型、生产和部署、使用和维护、退役和报废的全寿命周期内,实现范围管理、进度管理、费用管理、质量管理、工艺和技术管理、人力资源管理、沟通和冲突管理、风险管理、信息管理、采办管理、安全与保密管理等基本功能,并能充分发挥国防项目管理的系统方法、技术和工具,系统结构图如4.35所示。对于大型国防项目管理,系统还应能统筹和协调主项目和子项目之间的工作流程、资源配置关系等。

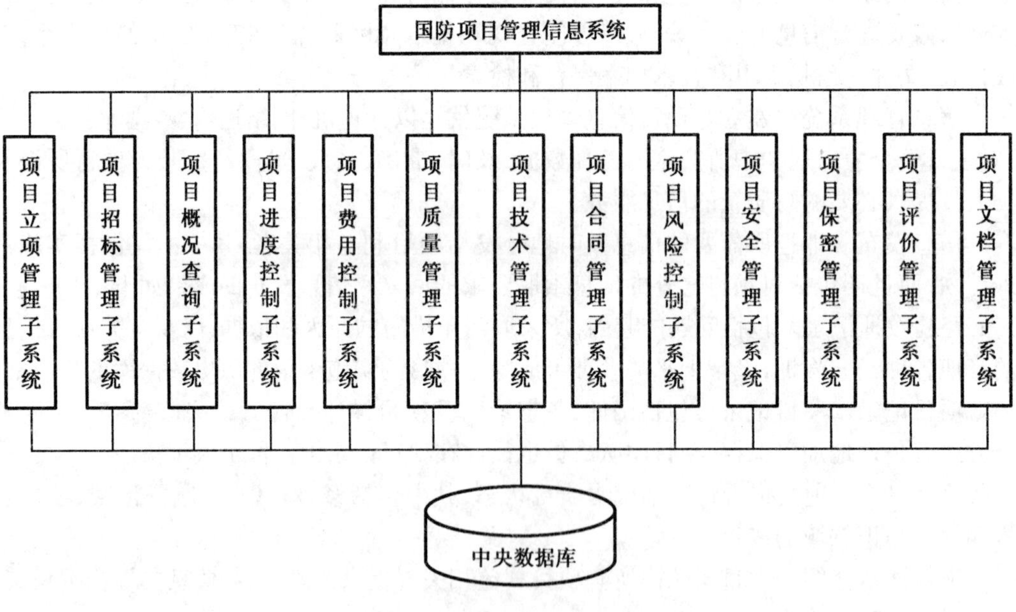

图4.35 国防项目管理信息系统结构

国防项目管理信息系统是建立在计算机网络之上的管理信息系统,各企业要建立计算机局域网,实现各类项目人员的信息共享,要有信息安全保障系统与之配套。在此基础上,建立计算机远程通信网络,将企业、企业的上级和甲方项目管理部门进行网络连接,真正实现项目的实时、动态管理。

(2)国防项目信息集成管理

有条件的国防项目管理信息系统应逐步将企业现有的办公自动化系统、企业资源系统(以财务管理为核心,以市场为导向,对企业经营活动所需的人、财、物进行管理的计算机系统,如物资管理、人力资源管理等)和计算机辅助设计、制造及产品数据管理(它是并行工程的实施基础)等系统进行系统集成,使各个子系统能够充分发挥作用,最终体现出系统的整体效益。

由于国防项目涉及的数据量巨大,要实现基于信息管理系统的国防项目信息管理自动化,并能够方便快捷地在信息系统内和系统间实现数据交换,必需要考虑和解决数据兼容性问题。在国防项目管理中采用国际互用性联盟(International Alliance Interoperability,IAI)的行业基础分类(Industry Foundation Classes,IFC),使得国防项目各元素获得通用代码,是国防项目全寿命期内各阶段、各方面的信息管理软件共享数据。STEP(ISO 的 Standard for the Exchange of Product Model Data)产品模型信息交换标准是对产品的物理和功能特征进行描述和交换的国际标准,适用于整个国防项目产品的全寿命期。

4.9.2　安全管理

1.安全管理的概念

国防项目安全管理是指国防项目实施过程中保护人的安全和健康、保护设施设备不受意外损害、保护环境不受污染破坏,从而使得项目工期、质量和费用等目标得以实现的管理活动。

国防项目大多受自然环境的影响大,高处作业、地下作业、大型机械作业、用电作业频繁,易燃、易爆、有毒、有害场所多,因此安全事故引发点多,安全是国防项目管理的一个重要方面,安全管理应以“安全第一、预防为主”为指导方针,切实预防事故、保障安全。

2.国防项目安全职责

国防项目的各部门都应制定安全职责,主要包括项目经理、项目安全员、项目作业人员的安全职责,特别对项目的执行层要加强安全管理意识,减少安全事故的发生。

项目经理安全职责应包括:认真贯彻安全实施方针、政策、法规和各项规章制度,制定和执行安全实施管理办法,严格执行安全考核指标和安全奖惩办法,严格执行安全技术措施审批和安全技术措施交底制度;定期组织安全检查和分析,针对可能产生的安全隐患制定相应的预防措施;当国防项目实施过程中发生安全事故时,项目经理必须按安全事故处理的有关规定和程序及时上报和处理,并制定防止同类事故再次发生的措施。

项目安全员安全职责应包括:落实安全设施的设置,对项目实施全过程的安全进行监督,纠正违章作业,配合有关部门排除安全隐患,组织安全教育和全员安全活动。

作业人员安全职责应包括:认真学习并严格执行安全技术操作规程,不进行违规作业;自觉遵守安全生产规章制度,执行安全技术交底和有关安全管理的规定;服从安全监督人员的指导,积极参加安全活动;爱护安全设施;对不安全作业提出意见,拒绝违章指挥。

3.国防项目安全管理的内容

(1)安全计划

安全计划是针对具体的国防项目的性质、特征和项目实施方案,依据安全法规和标准,规划安全作业目标,确定安全技术预防措施后编制形成的安全管理文件,它是进行安全实施、安全控制和安全控制绩效评定的依据。安全计划一般在国防项目实施前制订,且应在项目实施过程中伴随安全技术实施和安全控制的绩效评定后,不断加以调整和改善,并要经相关部门审查批准后实施。

国防项目安全计划包括以下内容:

①项目概况。项目的基本概况,主要的不安全因素。

②安全组织结构。安全组织结构形式、安全组织机构组成。

③职责权限。依据组织结构,明确组织层次、各利益相关人的安全职责和权限,把安全责任目标分解到岗、落实到人。

④应遵循的安全作业规章制度体系。具体项目实施中应遵循的国家、军队、部门、具体项目的安全作业规章制度。

⑤安全控制目标。明确安全控制的具体总目标和子目标。

⑥安全控制程序。明确安全工作过程和安全事故处理过程。

⑦安全技术措施。应根据具体国防项目特点、实施方法、实施程序和涉及的安全法规和标准,采取可靠的预防事故技术措施,消除安全隐患。对于结构复杂、难度大、专业性强的国防项目应编制专项安全技术预防措施,同时对涉及到的管理人员和操作人员的资质和身体状况进行合格审查。

⑧安全资源配置。明确安全管理所必需的经费、器材、设施等资源需求和配置方案。

⑨安全绩效评定。明确安全绩效测量、评定方法和评价标准。

⑩安全奖惩制度。明确安全技术开发、安全技术实施与安全管理工作的奖惩标准和方法。

(2)安全实施

国防项目的安全实施是在国防项目实施的全过程中,依据项目安全计划,运用科学管理的理论、方法,通过法规、技术、组织等手段,使项目人、物、环境构成的运作系统达到最佳安全状态,实现项目安全目标所进行的系列管理活动。国防项目安全实施的工作内容主要包括:

①成立专门的安全工作机构并设立专职的安全工作领导、管理人员。

②进行安全立法。在熟悉相关的国防安全法律法规的基础上,针对具体国防项目的特点,制定相应的安全管理规章制度,如项目安全责任制度、安全教育制度、安全检查制度等。

③标准化作业。按照标准、规范进行作业,就能减少失误的可能性,从而减少不安全因素发生的可能性。

④持续改进安全状态。根据安全检查获得安全绩效评定结果,对照安全计划规定的目标

参数,采取相应安全技术措施,调整安全资源配置,改进安全状态。

⑤组织国防项目安全教育与训练。

(3)安全控制

国防项目的安全控制是在国防项目实施的全过程中,根据项目安全实施的情况并结合安全计划的内容,通过相关法律法规、技术、组织等手段,保证项目安全目标的实现所进行的一系列活动的总称。安全控制的目的是保证国防项目实施过程能避免危险、避免事故、避免造成人身伤亡和财产损失。

国防项目安全控制要坚持以现场安全为重点,实行全过程、全方位、全天候的动态安全控制体制,不断提高安全控制水平。国防项目实施过程中存在着许多不安全因素,控制人的不安全行为和物品的不安全状态是安全控制的中心,其主要内容包括:

①建立国防安全控制体系。首先要建立国防项目安全组织系统:项目安全管理委员会。其次要建立与项目安全组织系统相配套的各专业、部门的安全责任系统。

②进行国防项目安全检查。国防安全检查是根据国防项目的特点,对项目实施过程中的安全状况进行经常性、突击性和专业性的检查活动。项目经理应组织项目安全管理部门定期对国防项目安全控制计划的执行情况进行检查、考核和评价。安全检查人员应对检查结果进行分析,找出安全隐患部位,确定危险程度。项目安全管理部门应编写安全检查报告。

③制定相应的安全措施。主要是针对国防项目实施中已知的或已出现的危险因素,采取的一切消除或控制的技术性措施。安全技术性措施是改善生产工艺,改进生产设备,控制生产因素不安全状态,预防与消除危险因素对人产生伤害的有效手段。安全技术措施要从技术、物资、实施现场及实施队伍四个方面作准备。

④总结安全管理经验教训,修订安全计划。

4.9.3　保密管理

1.保密管理的概念

国防项目保密管理是一项重要工作,也是区别于一般项目管理的重要标志之一,必须把保密管理列入项目管理的议事日程,并作为一项重要工作来抓。国防项目保密管理的基本要求是要控制知密范围、防范窃密活动、消除泄密隐患、确保国防秘密安全。

国防项目保密工作应以积极防范、突出重点、既确保军事秘密安全又便利项目实施为方针,坚持统一领导,分级负责、归口管理的原则。

2.国防项目秘密等级

国防项目秘密分为绝密、机密、秘密三个等级。“绝密”是最重要的秘密,泄露会使国防安全与利益遭受特别严重的损失;“机密”是重要的秘密,泄露会使国防的安全与利益遭受严重的损失;“秘密”是一般的秘密,泄露会使国防的安全与利益遭受损害。国防秘密的具体范围及密级由相关部门依据相关法律规定,并根据情况变化及时调整。国防项目军事秘密的范围包括项目部署及其实施情况,项目规划、计划及其实施情况,项目的技术研究成果及其应用情况,项目情报及其来源,项目工作中不宜公开的事项,项目的研制、生产、配备情况和补充、维修能力,项目的战术技术性能,项目设施情况,项目对外交往活动中的有关情况。

3.国防项目安全管理的内容

(1)保密预案

保密预案是针对具体的国防项目的性质、特征和项目实施方案,依据信息安全法规和标准,规划信息安全目标,确定信息安全技术预防措施后编制形成的保密管理文件。保密预案是进行保密实施、保密控制的依据。

保密预案一般在国防项目实施前制订,且应在项目实施过程中伴随保密技术实施和保密控制的绩效评定,不断加以调整和改善。国防项目保密预案必须经相关部门审查批准后实施。国防项目保密预案包括以下内容。

①项目概况。项目的基本概况,项目信息不安全的主要因素。

②保密组织结构。保密组织结构形式、保密组织机构组成。

③职责权限。依据组织结构,明确组织层次、各相关干系人的保密职责和权限,把保密责任目标分解到岗、落实到人。主要包括了项目经理、项目安全员及作业人员的保密职责。

④应遵循的保密规章制度体系。国防项目保密管理工作应特别遵循国防项目有关《保密条例》《技术安全保密条例》《计算机系统安全保密规定》《技术安全保密实施细则》《国防科技工业保密管理工作的意见》以及国家保密局、国防科学技术工业委员会和总装备部联合指定的国防《科研生产单位保密资格审查认证管理办法》等规章。具体项目实施中应遵循国家、军队、具体项目的保密规章制度。

⑤保密控制目标。明确保密控制的具体总目标和子目标。

⑥保密控制程序。明确保密工作过程和失泄密事故处理过程。

⑦保密的技术措施。应根据具体国防项目特点、实施方法、实施程序和涉及的信息安全法规和标准,采取可靠的预防失泄密事故技术措施,消除信息安全隐患。

⑧信息安全资源配置。明确信息安全管理所必需的经费、保密设施设备、防窃密设施设备等资源需求和配置方案。

⑨保密绩效评定。明确保密安全绩效测量、评定方法和评价标准。

⑩保密奖惩制度。明确信息安全技术开发、信息安全技术实施与保密管理工作的奖惩标准和方法。

(2)保密实施

国防项目的保密实施是在国防项目实施的全过程中,依据项目保密预案,通过法规、技术、组织等手段,为确保信息安全目标的实现所进行的一系列管理活动。国防项目保密实施主要有以下工作内容:

①成立专门的保密工作机构并设立专职的保密工作人员确定国防项目秘密的范围,划分国防项目秘密的等级,制订相应的国防保密预案,负责国防保密预案的实施。

②依据国防《保密法》和国防项目保密的其他有关要求,使国防项目保密工作法制化、规范化。

③加强国防项目保密管理的沟通和协调。首先要在国防项目内部加强联系和沟通,其次是要接受保密职能部门的指导和监督,同时,密切关注承担国防项目和国防项目采办等周围信息安全问题、涉密人才外流问题等,确保国防项目外部环境的信息安全。

④加强各单位对外经济活动中的保密工作。一是与政府有关部门的行政审批职能所发生的联系,如计划、统计等;二是与社会中介组织和一些业务单位发生的联系,如审计、设计单位等,可按照保密有关规定,与其签订责任状明确保密责任,加强管理。

⑤加强计算机系统的保密工作。严把网络建设入口,与保密部门一起对全系统的计算机信息系统进行清查,要按照《中华人民共和国计算机信息系统保密管理规定》进行审批。对计算机产生的磁光介质秘密载体,要建立档案。

⑥加强国家重点国防项目的保密工作。坚持"科技业务谁主管,保密工作谁负责"的原则,把保密工作的责任落实到各级领导、各个业务部门以及广大科技人员,使保密工作时时处处有人抓、有人管、有人负责。

⑦加强保密工作知识的宣讲培训。采取多种多样的宣传培训形式,加大保密工作的宣传培训力度,提高项目相关人员的保密意识,形成良好的保密工作氛围。

(3)保密控制

国防项目保密控制是将保密实施的状况与保密预案比较,并采取相应的控制措施。其工作内容主要包括:

①定期开展保密检查,获得保密工作状态参数,确认国防项目秘密是否处于有效的控制之中,并编写出保密检查报告。

②在保密绩效评定基础上实施保密奖惩,加强设施设备和管理措施,堵塞管理漏洞。

③总结保密经验教训,修订保密预案。

习 题

4-1 举例说明国防项目目标的确定过程和如何描述项目总目标。

4-2 请描述范围定义的依据和方法有哪些。

4-3 试分析国防项目费用的构成。

4-4 试说明国防项目预算费用由哪些部分组成。

4-5 简单描述国防项目质量管理的过程。

4-6 什么是国防项目的可靠性,分析可靠性的主要度量指标有哪些?

4-7 简述可靠性管理的过程与方法。

4-8 试结合实例说明国防项目风险管理的过程。

4-9 试述项目风险应对的主要方法及应注意的问题。

4-10 举例说明国防项目技术状态管理的过程。

4-11 试分析国防项目采办的含义和采办规划的过程。

4-12 国防项目招标投标可以分为几个阶段,具体包括哪些内容?

4-13 国防项目合同管理的内容有哪些?

4-14 国防项目更改的类型有哪些?

4-15 举例说明如何做好国防项目的更改管理。

4-16 简述国防项目信息管理的主要内容。

4-17 结合实例说明如何做好国防项目的安全管理。

4-18 简述国防项目的秘密等级和保密管理的内容。

4-19 试就你所了解的国防项目如型号研制项目、型号保障项目、改型项目、产品开发项目、系统开发项目、技改项目等中的一类进行项目工作分解,编制工作分解结构图并编码。

4-20 某国防项目经过分解后,得到的表明工作先后关系及每项工作初步时间估计的工作列表如题4-20表所示。

(1)依据上表绘制该项目的双代号网络计划图。

(2)根据上表绘制该项目的单代号网络计划图,并计算各项工作的最早开始和最早完成时间,最迟开始时间和最迟完成时间,总时差和自由时差,并将计算结果标注在图中。(注:不进行日历转换)

(3)在图中用双线条或粗线条标出该项目的关键线路。

题4-20 项目工作列表

工作序号	紧后工作	工作时间/周
A	B,C	6
B	D,E	9
C	E,F	6
D	G	6
E	G,H	9
F	H	3
G	I	6
H	I	3
I	—	3

4-21 某单位是从事固体推进剂研究开发与生产的专业单位,承担了ZY型推进剂的研制与生产,根据公司要求,需要制订一个从开发一直到生产开始的完整计划,生产开始之后的其他计划将在此计划完成之后另外进行。

该项目责任分配给了公司的研究与开发组,开发这一产品的专家马力被指派负责项目管理,同时需要公司其他部门包括包装组、工程设计组、采购组、产品制造组、包装产品制造组等的协助。

马力很关心项目的范围,以他个人的经验,他知道产品的最终配方还未完成,虽然完成它只不过是例行公事,剩下要做的是有关颜色和浓度的添加物而不是与性能有关的调整。所幸的是,主要的管理问题已被解决,并且他相信,有关文件会在提交后很快得到批准的。但是还有包装问题需要研究决定,包装的设计开发是他关心的主要问题之一。

为了更加深入了解项目,马力会见了研究与开发组的组长王军。

当马力问王军他的责任应当何时结束时,他的上级反问了他这个问题,马力对此早有准备。他说:当试生产可以转到制造时,他在项目中的那份任务就做完了。

王军说:"但我想让你记住,你必须遵守所有现行的有关规定,而且你必须遵守公司的内部规范,你应该知道现在的研制要严格按照全部书面制定的研制程序进行。"

在此次讨论之后,马力感到他对项目的有关情况有了足够的了解。工作的第一步是会见研究部主任杜森。

杜森说道:"如果你认为你可以只从完成配方下手,你就太天真了。你第一步要研究产品的原理(A),这是根据公司政策正式规定的程序。用户的期望在此阶段输入,制造部门希望他们的声音被听到,而你要在公司内各个有关部门那里得到批准。所有这些都要经过经理会审查。只要你做了你的这些课外作业你应该就没有什么问题了,只是你可能要花8周的时间做完这些。"

马力:"事情大概已有个眉目了,我准备花12周开发配方(B)。你知道,只有配方完成,我才能制定产品技术要求(C),这又需要3周。"

"是的,但在你制定产品技术要求的同时,你可以制定管理文件(D),完整的内部技术要求不需要管理文件,但配方没完成不能开始制定管理文件。"

"是的,但我觉得在3周内既要准备文件又要得到各种批准,实在强人所难。"

"哦,只要准备工作做得充分是可以完成的。而如果你完成了技术要求并得到批准,你就可以马上开始设计生产加工系统(G)。"

"是的,我多么希望能在这上面得到一点指导,但是设计师说不确定性大多,只有技术要求和管理文件都得到批准他们才开始工作。他们行动得很快,设计生产加工系统从开始到完成需6周。"

"他们是一个好班子。马力,你当然知道你不必推迟开始项目的包装工作,你可以在产品原理研究一完就开始建立包装概念(E)。以我的经验,这要花整8周。你要使过程不停地进行下去。"

"这项一结束,我们就可以设计包装和它的用料(F),这要花大约6周。然后我们可以开始包装系统(H),这应该不超过8周。"马力总结着。此时他想到虽然杜森有专业的知识,他还需要直接与制造部门的负责人谈谈。

"在生产加工与包装系统完成后的第一步,是对设备需求(I)作彻底的研究。"制造部负责人说，"这至少需要4周，而且要在准备主要设备清单(J)之前进行。当然，只要生产加工与包装系统一完成，就可以准备书面制造程序(Q)。"

"确实可以在安装设备(P)之前结束书面程序吗?"马力问。

"问得好，不可以。你要做的是把第一步做了，10周中的后3周等待设备安装的进行。"

"那么这意味着我真要分两阶段了，一段在安装设备前完成(Q)，另一段要等设备安装之后做(Q′)。"

"确实如此。现在你明白了你要做的最后一件事就是对设备进行试运转(R)，这将表明你已经取得了满意的结果。"

"是的，因为这一工作包括寻找并排除故障，我估计要6周。"制造部经理表示同意。马力继续说："我还不能肯定的是所有的安装任务可不可以同时进行。"

"主要设备清单一完成，你就可以发出订单采购生产加工设备(K)、包装设备(L)和其他设施(M)。只要货物一到，各个设备、设施的安装就可以开始(N,O,P)。"

"你估计做这些工作要需多少时间?"马力问。制造部负责人估计按上述顺序购买各分系统设备的时间分别为18、8、4周，每项的安装时间都是4周。他提醒马力在他认为需要3周的主要设备清单准备和批准(J)之前，不能开始任何采购活动。

公司经理会将12月10日定为项目开始日期，要求马力在提交他的计划时给出一个完成日期，并要求马力应该尽量缩短完成时间。不管怎样，他在制订进度计划方面的工作是明确的，他必须建立资源需求，并尽可能处理好日历时间的约束。

最后，马力必须得到一个资源估计，他决定通过作出一个活动清单和向每个参与部门询问其人员输入水平作出这个估计。调查结果如题4.21表所示。

出于整体计划的考虑，会计部告诉马力，他可以按600元/(人·周)的标准估算成本。这使他能与他的计划一起提供一个成本预测。

马力知道按公司的惯例要将下列内容作为计划的主要内容提交给经理会：

(1)项目目标。

(2)工作分解结构WBS。

(3)进度计划，可以用单代号网络图与甘特图表示，也可以用双代号网络图表示。

(4)关键线路与其总工期。

(5)分期劳动力需要(人力资源负荷图)。

①每个部门的；

②整个项目的。

(6)假设项目各项费用为均匀支付时的项目成本需求(负荷图与累积曲线)。

(7)已进行了劳动力需求最佳均衡的进度计划。

题 4 – 21　劳动力需求(人/周)表

活动	包装分队	研究与开发组	设计	产品制造	包装产品制造	维修	采购	材料和其他费用/元
A:产品原理	1	12	1	1	2	0	0	0
B:开发配方	0	16	4	2	0	0	0	500
C:产品技术要求	1	6	3	1	1	0	1	0
D:管理文件	0	12	4	2	0	0	0	0
E:建立包装概念	12	8	4	2	8	0	2	4 000
F:设计包装	12	2	3	0	3	0	3	2 000
G:开发加工系统	0	18	12	12	0	0	0	0
H:开发包装系统	24	8	8	0	8	0	2	0
I:研究设备需求	0	4	16	2	2	0	0	0
J:主要设备清单	0	1	3	0	0	0	1	0
K:采购加工设备	0	1	1	1	0	0	7	40 000
L:采购包装设备	1	0	1	0	1	0	9	160 000
M:采购设施	0	0	1	1	1	1	6	30 000
N:安装加工设备	0	2	4	8	0	4	1	4 000
O:安装包装设备	2	0	4	0	8	4	1	8 000
P:安装设施	0	0	5	5	5	10	1	6 000
Q,Q′:书面程序	5	5	5	10	15	10	0	5 000
R:运行测试	3	6	6	6	6	6	0	0

(1)设计上面提出的计划的 7 个要素。

(2)试对该项目计划的风险进行分析,并提出应对措施。

4 – 22　某国防项目计划工期为 40 周,预算成本为 50 万元。在项目进行到 19 周时,项目经理列出了第 18 周(包含第 18 周)的项目状态数据如下:

截止到项目状态日期,项目实际已完成的工作量为 50%;

截止到项目状态日期,项目已完成工作量的实际成本为 28 万元;

截止到项目状态日期,项目的计划成本为 26 万元。

(1)确定截止到项目状态日期时项目的挣值。

(2)对该项目在进度和费用控制方面情况的执行状况进行分析。

(3)假设项目目前的执行情况不能反映未来,未来将按计划继续执行,试预测项目结束时的总成本。

(4)假设项目目前的执行情况可以反映未来,试预测项目结束时的总成本。

(5)项目经理在检查超支时发现,有一项任务 G 还没有实施,但为 G 任务已经支付了材料费 4 万元;另整个 K 任务的材料费 3 万元(假设为均匀支付)已经支付,但 K 任务在状态日期完成的工作量为 40%。假设项目目前的执行情况可以反映未来,请根据这一信息再次预测项目结束时的总成本。

第5章　国防项目管理应用案例

本章以实际国防项目为例，阐述了项目管理理论知识与方法工具在实际管理中的应用流程，以项目实例说明了国防项目风险管理的过程，以神州飞船项目为例说明了航天企业项目化管理的做法与经验。

5.1　国际合作项目管理案例

本案例为与国外合作开发教练机发动机项目的管理案例，由于国防项目的特点，案例中的时间等数据内容均为模拟数据。

5.1.1　项目背景

20世纪90年代初，上级以装字×××号文批复研制A型基础教练机，计划199×年设计定型。199×年下半年，A型教练机配装的B型发动机在研制中出现重大故障，使该飞机的研制进度起码推迟两三年。通过对现役基础教练机装备进行测算，表明新研制的A型教练机须在199×年陆续装备用户。为了保证飞行员正常训练，上级决定选择与某国合作开发E型发动机的方案，以确保A型教练机过渡批飞机按时设计定型，确保用户按时进行新型飞机的改装准备工作，保证飞机到用户后尽快形成能力。合作开发E型发动机的项目拉开了序幕。

合作开发E型发动机项目商务引进由国内商务代理公司承包，技术改进和试飞鉴定由国内飞机制造公司承包，用户改装准备由某部综计部承包。项目的主要内容为：引进某国西驰发动机厂生产的E型发动机；对该型发动机进行适应性改进、试飞、鉴定后配装A型教练机，并满足飞机战技指标要求；组织用户进行A型教练机改装准备，确保199×年初该型飞机装备用户。项目在实施过程中要严格按照国家和军队的有关规定和程序标准执行。该项目属于重大型号工程项目，具有如下特点：投资规模大，渠道多；实施周期紧迫，要求高；技术难度大；质量要求高；技术状态管理严格，必须确保飞机技术性能和状态，引进的发动机改进后必须适应飞机战技指标；项目风险大，时间、技术、质量、沟通、组织等均存在较大风险；该项目是国家行为，有固定的市场需求，这是一般项目所不具有的优势。

5.1.2 项目可行性分析

1.机会研究

A型教练机研制项目是用户新一代基础教练机发展项目。199×年下半年,A型教练机配装的B型发动机在研制中出现重大故障,使该飞机的研制进度起码推迟了两三年。但当时用户急需装备新型的A型教练机。为做好A型教练机与某型教练机的换装衔接工作,经过详细测算,结果表明,要保证用户该型号飞机的平衡过渡,确保飞行员的培训不断档,必需要求新研的A型教练机在199×年陆续装备用户。

当时,可选的解决方案有三种:① 自研新型号发动机;② 与某国合作开发D型发动机;③与某国合作开发E型发动机。用方案比较法对三种方案进行反复的比较和论证,最终选择与某国合作开发E型发动机的方案。

2.可行性论证

(1)技术上的可行性。A型教练机配装研制的国产B型发动机,战机指标同E型发动机。该发动机从19××年立项研制,到199×年时已经达到定型状态的水平,国内已有一定的技术基础和能力。引进E型发动机国内有技术改进的能力,而且还能促进B型发动机的研制。因此,技术上是可行的。

(2)经济上的可行性。按199×年的测算,国内研制的发动机价格与国外同性能发动机价格基本持平。而引进的发动机是一个20世纪60年代的成熟产品,可靠性好、首翻期长、效费比高,对用户是合算的。

(3)采购的可行性。E型发动机是由某国前进设计局设计,西驰厂生产,是配装某型教练机的,当时生产线已基本处于停产状态,没有供货要求,工厂效益下滑,生产能力严重过剩。某国国家与我关系和交往正常,双方也都在寻求合作的可能性,且该发动机是老旧型号,许可证没有大的困难。

(4)项目具有可靠的保障渠道。在项目的实施过程中,我们用头脑风暴法确定了×××公司作为代理商,主要原因有三:一是×××公司引进过此类发动机,沟通便利,熟悉情况;二是×××公司属航空系统,是航空工业部门的指定代理商;三是×××公司业务能力强,懂业务,信誉好。

3.项目立项

199×年12月,用户以[199×]装字第×××号文请示上级,建议从某国引进A型教练机配套的E型发动机30台,并与其合作进行技术改进、试飞、鉴定,形成过渡批的A型教练机。199×年1月,上级以[199×]装字第×××号文批复同意了用户的请示。该项目正式立项。

5.1.3 制订项目计划

项目计划是项目组织根据项目目标的规定，对项目实施过程中进行的各项活动作出的周密安排。在项目管理中，项目计划是项目管理的一大职能，是项目实施的基础。

1.项目目标

该项目主要通过引进 30 台 E 型发动机进行适应性技术改进，装机试飞成功，完成新型发动机鉴定，使配装 E 型发动机 A 型教练机设计定型，飞机交付用户并开始组织试用。

首先假设条件：新研 A 型教练机除发动机外的其他所有系统必须于 199×年底达到定型状态。在此条件下项目的目标是：

(1)从 199×年 11 月至 199×年 4 月，引进 30 台 E 型发动机。199×年底必须确保首批 10 架装 E 型发动机的 A 型教练机定型、交付用户。

(2)发动机在进行技术改进后可配装 A 型教练机并在战技指标、质量、售后服务上满足 A 型教练机研制任务书的要求。

(3)引进发动机的经费控制在×××万美元预算内。这个费用仅包括发动机采购、技术改进、培训、运保、代理、项目管理费用，不包括人力资源、用户改装准备、发动机和飞机试飞鉴定、交付等经费等(这些经费另有渠道保证)。

2.组织结构

由于用户和国防工业的组织体制一直采用职能管理的形式，该项目的实施需要主要的职能部门如订货部、工管部、航材部、计划部、国防工业的一些研究所和院、外方的设计局和生产厂等各部门的通力合作，依据国防科研生产的特点，用户决定采用项目管理的模式进行管理，委托一位项目经理全权负责该项目的开发，采用矩阵式管理模式进行管理，主要考虑以下几个方面：

(1)它是一次性工程项目中采用较多的一种形式，可以将按职能划分的纵向部门和按工程项目划分的横向部门的组织机构优点结合起来，以构成矩阵管理系统。

(2)它适用于多品种、结构和工艺复杂、小批生产场合。

(3)国防科研生产是一复杂的系统工程，需要多部门进行交叉协作才能完成任务。某项任务或工程项目要同时对各级领导和许多部门负责。

(4)项目开发过程中带有许多不确定性因素，面临许多不确定性问题，解决这些问题要依靠各职能部门协作来进行大量的高质量的信息处理。

(5)任务的完成受到各种资源(人力、财力等)的极大限制。

因此，需要挖掘并发挥职能部门和项目管理部门的积极性与潜力，采取矩阵组织形式。由

专人对整个项目开发的各方面工作负全责并负责到底,这种做法的好处如下:

(1)有利于明确责任制,有利于缩短项目设计和试制的周期;

(2)有利于充分利用各部门的资源;

(3)有利于开发人员的专业发展,扩展其知识面和视野;

(4)富有灵活性,易于适应项目工作任务与客观需要的变化;

(5)有利于资源校核和平衡,提高研制效益;

(6)有助于领导(尤其高层领导)集中精力考虑全面性、长远性、战略性决策。

当然,矩阵组织管理仍有许多不足,如界面交叉关系较复杂,对项目负责人要求较高,多重信息流与双重领导管理难度大,需动态调整,责权不好平衡,目标需协调一致,资源分配冲突,组织相对临时性等。

该项目设计的项目管理组织结构如图 5.1 所示。

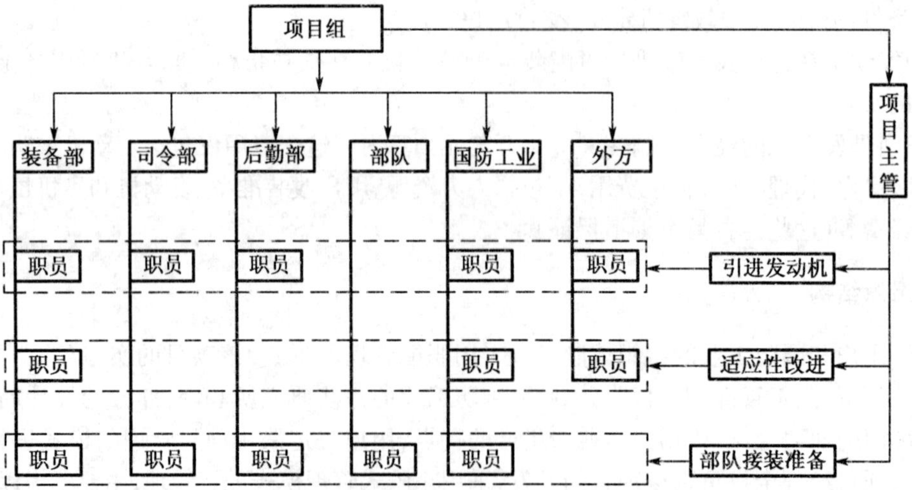

图 5.1 "合作开发 E 型发动机项目"组织结构图

该组织结构的特点是项目办直接归最高首长领导,以保证该项目的成功实施,也说明了用户首长对该项目的重视。项目办通过横向的职能机构协调利用相应的资源,各职能部门在项目办的协调下相互协作,使得在项目的实施中各职能部门能够井井有条地发挥作用。

3.里程碑计划

里程碑计划如图 5.2 所示。

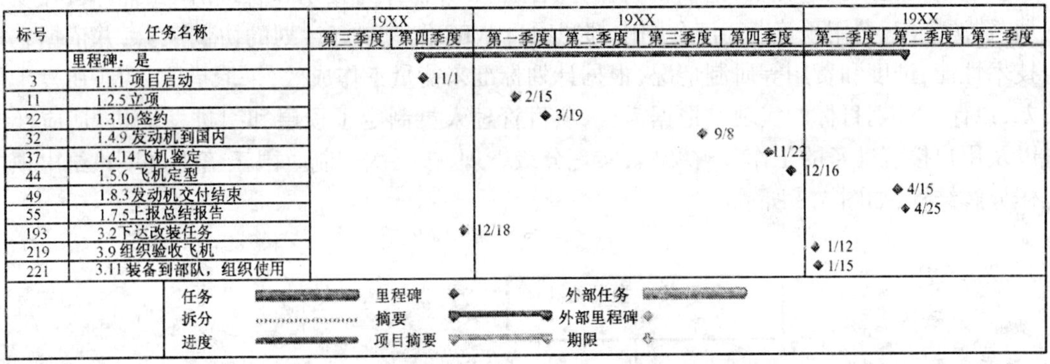

图 5.2　"合作开发 E 型发动机项目"里程碑计划图

4. 责任矩阵

项目管理人员制定了引进发动机责任分配矩阵、适应性改进项目责任分配矩阵和用户接装准备项目责任分配矩阵，限于篇幅这里只给出引进发动机责任分配矩阵，如表 5.1 所示。

表 5.1　引进发动机责任分配矩阵

编号	责任人 / 工作名称	用户	国内飞机制造公司	国内发动机制造厂	国内发动机研究所	外方发动机设计局	外方发动机制造厂	商务公司
1	可行性分析	●	□	□	□	□	□	□
2	立项	●	□	□	□		□	
3	考察	●	□	□	□	□	□	□
4	谈判签约	●	□	□	□	□	□	□
5	交付验收	▲	●	□			□	□
6	运输	▲	●					□
7	开箱验收	▲	●	□	□		□	□

表中：●—负责　▲—监督　□—参与

5. 工作分解结构

项目工作分解结构(WBS)是将该项目在引进、改进、生产、试飞、改装准备期间所应完成的工作自上而下逐项分解而构成一个层次体系。该层次体系以引进、研制改进和用户改装系统为中心。它确定了系统项目的整个工作范围，并表示出各单元之间以及它们与最终产品之间的关系。

在项目实施的全过程中，把项目工作分解结构(WBS)作为技术和管理活动的框架，在项目规划、资源分配、费用预算、签订合同中都把项目WBS作为制订计划的协调工具，并依据它报告技术性能、进度和费用等研制情况，根据计划标准来衡量工作成效，采取措施，纠正所发生的偏差，以保证计划目标的实现。根据需要，项目管理人员制定了顶层和引进发动机、适应性改进以及用户接装准备的工作分解结构，实现分级管理，按层次控制。限于篇幅这里只给出顶层工作分解结构，如图5.3所示。

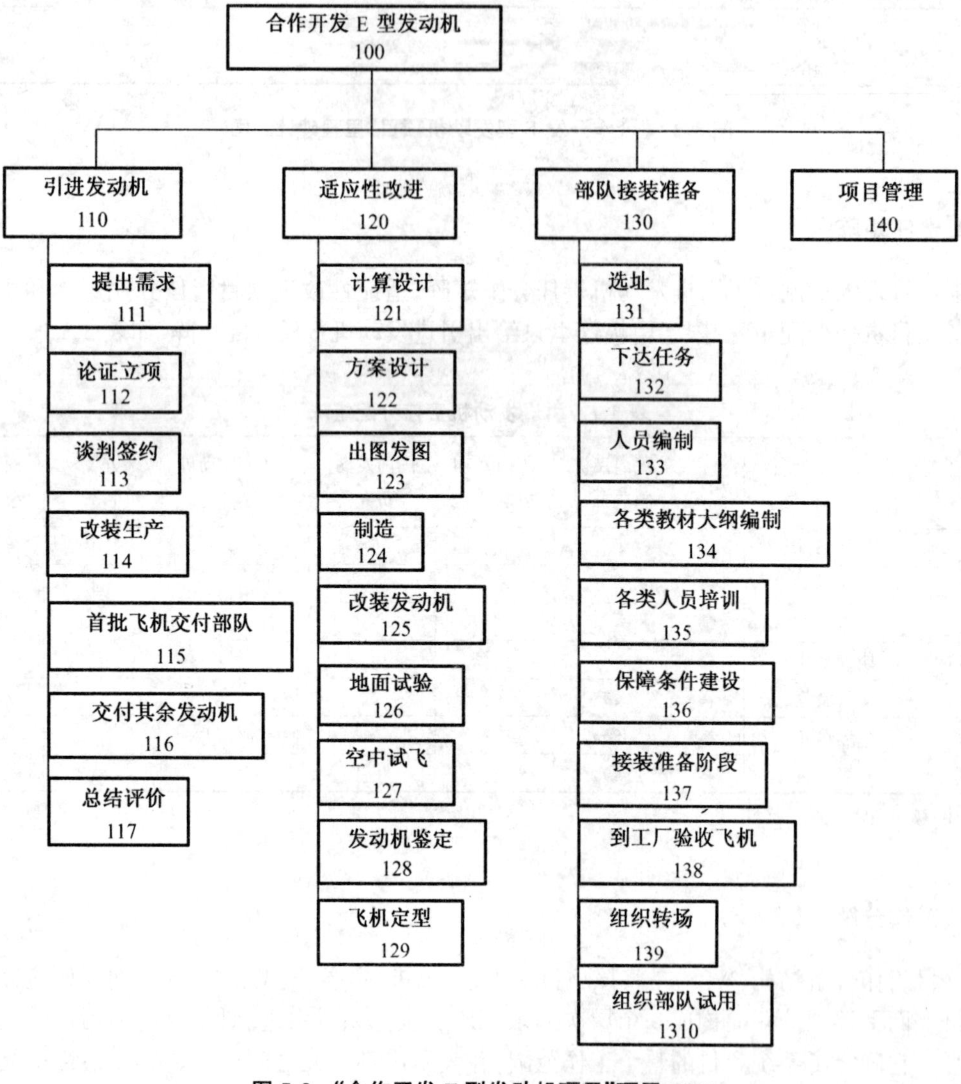

图5.3 "合作开发E型发动机项目"顶层WBS

6.进度安排

进度安排是项目按期完成的基本前提条件，良好的进度可以保证项目按照预定的计划得以实施。由于时间的紧迫性，“合作开发 E 型发动机项目”具有更为严格的进度安排和计划。在制订进度计划时，我们充分考虑了类似项目进度的历史数据和经验，以项目工作分解结构为基础，用计划评审技术(PERT)方法来表达项目中各项活动的进度和它们之间的相互关系，进行网络分析，计算网络中的各项时间参数，确定关键活动与关键路径，利用时差不断地调整与优化网络，以使项目开发周期最短。特别是在发动机引进工作环节上，采取并行工程的方法，既要遵守上级、用户有关引进工作的程序规定，又采取一些灵活的办法，调整资源和相关程序，搞好项目进度的优化与控制，做好各种资源的平衡。再辅之以图示评审技术(GERT)和风险评审技术(VERT)，以得到综合优化的项目计划方案。在掌握大量历史数据的基础上，根据以往项目开发经历和现有的项目开发情况，应用现代管理理论、方法和数学工具对项目周期与子项目和分项目的开发时间做出认真的估量，进行适当的修正与改进，以找到比较令人满意的解决问题的方案。在项目执行过程中通过信息系统的反馈，及时进行监督和控制，最终实现项目预定的目的与目标。

图 5.4 是以甘特图的形式表示的项目计划进度图。

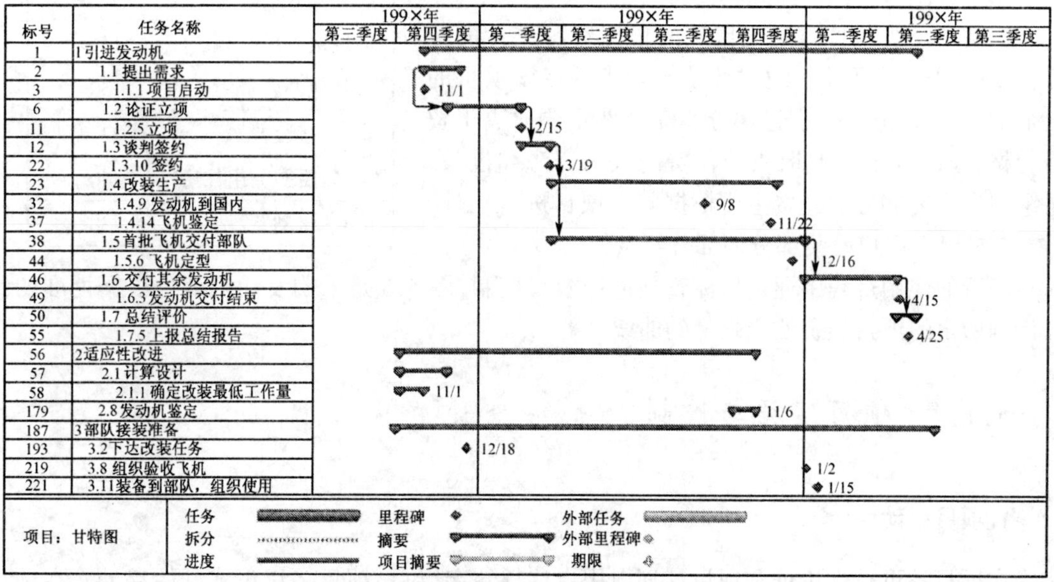

图 5.4　“合作开发 E 型发动机项目”甘特图

7.费用计划

由于该项目是跨行业跨部门的大型项目,项目的生命周期中估算总经费约×亿多人民币,主要包括五种费用:

(1)引进30台发动机总费用限额为××××万美元;

(2)发动机改进经费×××万人民币;

(3)飞机试飞、鉴定经费××××万人民币;

(4)8架飞机采购经费约×亿人民币;

(5)用户改装经费。其中,机场建设经费约××××万人民币;条件建设经费约××××万人民币;改装准备工作经费×××万人民币。

项目经费管理的主要步骤如下:

(1)根据资源估算经费;

(2)根据论证结果提出经费预算;

(3)报批后根据计划制订年度经费预算;

(4)根据年度预算进行里程碑拨款;

(5)进行年度决算;

(6)项目结束时进行总经费决算。

在制定经费预算时是把传统的根据资源进行的推算和根据同类项目进行的估计结合起来。在该项目的三个主要组成部分中,引进部分所需经费主要取决于贸易价格,技改部分主要取决于耗费的人力资源和设备,组织用户改装部分的经费主要根据同类项目进行估计。表5.2是组织用户改装部分的部分经费值。

表5.2 组织用户改装部分预算经费

工作名称	预算经费/万
前期准备工作	90
开办费	61
空勤人员改装	26.7
地勤人员改装	57.8
理论人员改装	15.4
其他办公费用	30
接装费	23.7
工厂售后服务组住房	40
机动费	30

经费的使用过程中通过目标管理进行宏观控制,图5.5是采购发动机部分根据批准的预算计划做出的项目经费使用强度的曲线。

5.1.4 项目实施与控制

1.项目启动

在项目的可行性论证和项目计划由用户首长签字以后,项目工作正式开始启动。在项目启动时,要进行大量的组织协调工作,项目主管首先从技术、商务、时间、机关管理事务、人才资源、经费开支、质量、项目管理、风险等方面界定项目的范围,接下来明确项目团队主要成员的工作职责和任务,确定技术责任由×××负责,商务责任由代理公司×××负责,经费管理的

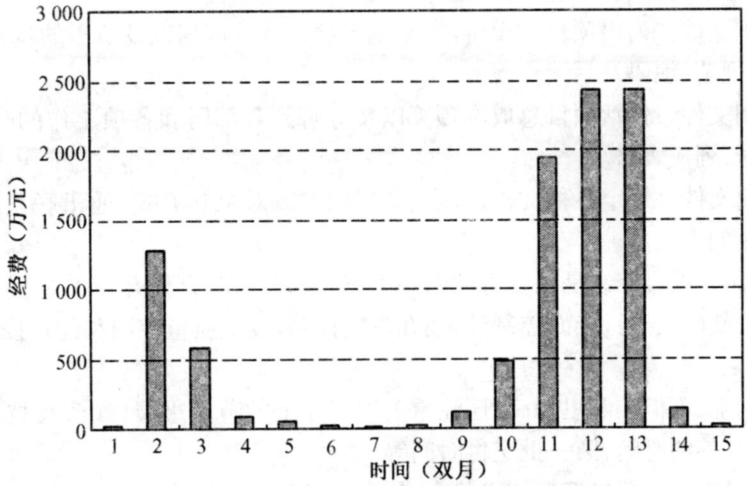

图 5.5　引进发动机经费使用强度的曲线

协调工作由×××负责，并保持与项目组成员和有关领导、上级机关、用户机关有关部门畅通的沟通渠道，确保项目在执行阶段处于受控状态并按计划进行。

2.项目报告与信息管理

(1)项目报告。本项目主要是通过定期(以月为单位)和不定期地以月书面报告、周电话报告、重大问题随时报告等形式上报项目进度报告来加以控制。同时针对特殊情况亦要求及时上报。这些项目报告可根据重要程度和紧迫程度来交给项目团队的不同成员。

该项目每月定期召开项目工作例会，研究项目进展情况，发现并解决出现的问题。对项目进度进行定期的监测并将监测结果与项目执行计划对比，如果进度正常则按原计划照常进行，如果落后于原计划，则要对实施计划进行调整。一旦进度落后，则要加强监测工作，并采取有效措施，适度调整计划，适时缩减时间或成本。

项目报告系统由以下报告组成：项目关键点检查报告，项目执行状态报告，任务完成报告，重大突发性事件的报告，项目变更申请报告，项目进度报告和项目管理报告。项目报告由各子系统提交，根据项目控制点的重要程度和紧迫程度，按分工由相关责任人接受相关信息。管理项目控制文件主要包括以下几点：

①工作范围细则。确定项目实施中每一任务的具体业务内容，制定工作变动的基准。

②职责划分细则。说明项目实施过程中各个部门或个人所应负责的工作，包括工艺、工程设计、采购供应、施工、会计、保险、成本控制等各个方面。

③项目程序细则。规定涉及项目组、用户以及主要供货厂商之间关于设计、采购、施工、作

业前准备、质量保证与控制以及信息沟通等方面协调活动的程序。

④技术范围文件。列出项目的设备清单,制定项目设计依据以及所需的技术依据,以及将要使用的标准、规范、编码及手续步骤等。

⑤成本控制文件。包括项目总成本预算以及分解到各部门和各项工作的分预算,把不同的账户分类编号,列成表格。

⑥信息控制文件。规定各种文件、报表、图表的发放对象和方式、通讯联系制度以及会议记录和工作记录的方法。

(2)项目控制。项目控制是项目管理的一个重要部分,在"合作开发E型发动机项目"中,除了在项目报告基础上进行全面控制外,还在进度控制、技术质量控制和经费控制三方面进行了重点控制。

在进度控制上,不但控制里程碑,还注重关键工序上的节点进展(如改装技术方案);重大里程碑严格掌握,签约时间,第一批交付时间等。

在技术质量控制上,严格把握技术状态,树立技术状态服从质量、以质量为本的观念,防止搭车和省工、省时、省料的一切做法;

在经费控制上,除了按范围开支,严格把住签约等关口,经费支出一支笔,按任务需求的费用曲线严格控制外,还根据团队成员具有不同利益目标的特点,加强需求审核,同时给技术、商务层一定权限。

(3)信息管理。项目管理和控制的核心是信息处理过程,在"合作开发E型发动机项目"从启动、计划、实施到结束的全寿命项目生命周期中,通过报告、合同、技术文件、图纸等形式产生大量的信息,这些信息是项目控制和管理的重要资源,也是项目管理很重要的一项内容,一方面这些信息要及时准确地分发到相应的责任人手中,另一方面要对这些信息进行分类和归档。

在该项目中,按照"统筹规划,分层管理,各负其责"的原则进行项目的信息管理,具体如下:

①项目进度信息管理系统,由×××主管,各方综合进度信息必须报告;

②项目质量信息管理系统,由南飞公司负责,总质量师归口,重要情况报项目经理;

③项目合同信息管理系统,由中航技负责商务合同,南飞公司负责技术合同;

④项目财务信息管理系统,由×××负责;

⑤项目办公与信息管理系统,各部门都有。

该项目的信息、管理方法主要有:

①重点是进度、质量、技术、经费四大信息系统的控制。

②以质量、技术、经费数据为基础,以进度计划网络为标准,以实际进度、实际财务数据为依据,为合同结算、成本控制提供动态、实时的信息和依据。

③有取有舍。计划、标准、试验结果、技术规范、技术和交付状态、合同、上级文件等必须纳入档案,一般信息文档传阅后定期销毁。

该项目请示、报告、方案等各种信息文档几百份,主要用计算机管理。

3.社交、团队建设、团队工作

人员是项目成功的关键,团队是项目成功的保证。E型项目的团队涉及的单位和人员主要有以下几部分:

(1)上级机关负责项目审批;

(2)用户机关作战部、训练部、院校部、订货部、外场部、航材部等十几个部局参与了项目的协调和组织用户改装;

(3)用户负责接装前的准备工作;

(4)国内飞机制造公司负责项目的技术工作;

(5)国内发送机制造厂负责技术支持;

(6)代理公司负责商务;

(7)某国的前进设计局协同发动机改进设计;

(8)某国西驰发动机厂负责发动机生产。

初步估算为此项目直接工作的约有几万人。涉及国防高科技领域的相关技术和多个学科,涉及对外军事合作,涉及多团队的、不同组织结构的管理。

由于不同部门的利益驱动,作为项目主管,关键是把团队组织起来,达到完成项目目标的目的。在团队建设上项目经理采取的方法是:

(1)首先注重选人,并且是懂管理的人。如技术层,主要负责专业技术,确保战技指标目标的实现;商务层,请原来引进过发动机的×××经理负责E型发动机项目;外方,着重与前进设计局的E型总师、西驰发动机厂的外贸处处长联系。这些人员无疑是E型项目团队的中坚力量,由他们组织各自分管部分的团队。

(2)团队的工作上,主要根据各自的利益当好领头人,各取所需,加强协调,加强沟通,建立信任关系,并且从建立沟通制度开始,保持团队的整体。

(3)在沟通上,除了工作层次的沟通外,在项目过程中还安排了两次对方高层来华和我方高级团组访某国的沟通活动,取得较好效果。

4.风险管理

该项目风险主要有如下几个方面:

(1)技术风险。发动机性能要适应飞机,特别是技术改进要匹配。

(2)时间风险。作为任务对待,从论证、签约、装机、交付,时间很紧。

(3)质量风险。对质量要求高,飞机上天决定了质量第一。

(4)经费风险。对外采购不定因素多,当时某国经济状态不好,变化大。

(5)团队和沟通风险。技术、商务、用户、外方各自都有自己的利益,沟通不好可能直接危及目标实现,特别是与外方。

(6)管理风险。主要是对上、对下、对机关平行部门、对工厂、对外方、对用户,层次多,管理协调复杂。

(7)其他不可预见风险。如改装试飞存在飞行事故的可能性等。

在识别出该项目的各风险之后,分别把这些风险组成一个层次化的因子体系,用层次分析法得到各因子不同权重值,并用专家打分法对不同的因子进行量化打分,从而可以对该项目的风险状态和形势进行较为客观的分析,并根据分析的结果采用相应的风险控制策略,主要有对技术、质量、不可预见风险,主要是加强预防性工作,在技术上加强跟踪检查;同时也采取责任制等手段转移一部分风险;对经费风险主要靠自留,适当转移,也可由工厂承担部分风险;对管理风险主要是预防,并加强沟通,多请示,常汇报,取得各级支持和帮助;对时间风险,主要是尽量减小风险,强化里程碑管理和合同管理。

5.质量管理

由于该项目是一个军品发展项目,对质量管理有着尤为严格的要求。该项目的质量管理重点是引进发动机后的改进、试飞和鉴定,其确立的质量管理的方针、原则如下:

(1)质量是军品的生命,全寿命的质量管理要贯穿始终;

(2)质量与进度、技术发生矛盾时要质量第一。

依据这个原则,运用流程图法进行了质量管理的规划和策划,质量策划的依据有:项目特点、项目质量方针、项目范围陈述、产品描述、标准和规则。

该项目的质量环如图 5.6 所示,利用质量环开展了对项目全过程尤其是技术改进的质量把关和评审,特别是对项目的技术资料和状态、产品质量记录、生产流程、采购与供应商、质量通报和不合格产品上进行了更为严格的控制。

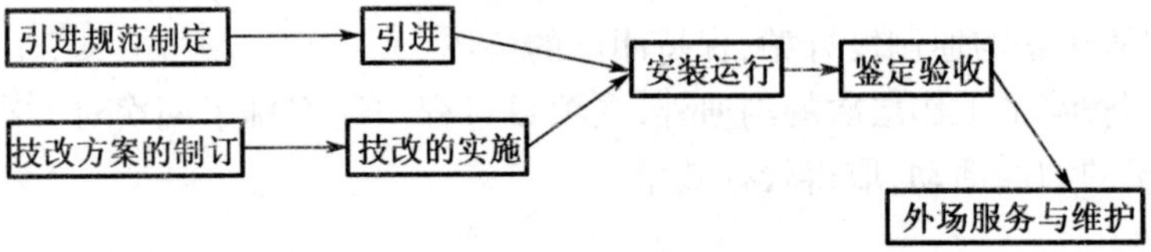

图 5.6 “合作开发 E 型发动机项目”项目质量环

项目质量控制主要依靠质量保证体系的进行,军代表是质量监督的主力军。质量控制主要步骤如下:

(1)选择控制对象;

(2)为控制对象确定标准或目标;

(3)制定实施计划,确定保证措施;

(4)按计划执行;

(5)跟踪观测、检查;

(6)发现、分析偏差;

(7)根据偏差采取对策。

归纳为四个阶段:计划、实施、检查和处理。结果表明,本项目的质量控制是比较成功的。

6.技术状态管理

技术状态是产品性能的体现,技术状态管理是确定一个项目在它的寿命期间内的功能特性和物理特性,并控制这些特征的变化过程及状况的管理方法。

该项目技术状态管理主要从以下四个方面实施控制和管理:

(1)顶层文件　跟踪控制→修改完善→交付技术状态;

(2)型号性能　状态变化→性能变化→采取措施,达到规定指标;

(3)系统性能　重要节点,进行评审→采取措施,达到规定指标;

(4)实验结果　差异报告,反馈信息→评审鉴定→改进试验→达到预期结果。

该项目的管理程序如图5.7所示。

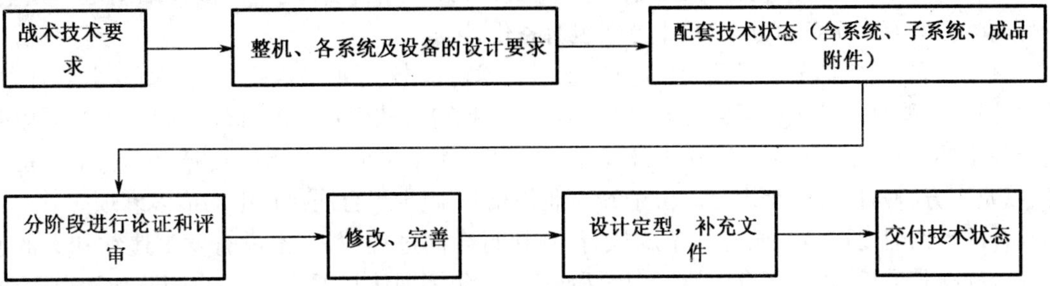

图5.7 项目技术状态管理程序

该项目首先通过考察,在形成方案阶段就掌握技术状态,从而确定技术状态的基线;待方案成熟,冻结技术状态。

在签约时确定技术状态,并变技术状态为交付状态的依据。

在合同执行中,加强技术状态的跟踪检查,不得任意变更,变更必须履行手续,并说明对总体性能和质量是否有影响,甚至进行必要的试验确认。

在验收时,严格按技术状态验收;在试飞时,检验技术状态的性能参数是否达标。

在组织管理上,总师系统全权负责技术状态管理、变更涉及到性能变化的,必须报项目经理,一般不予同意更改。由技术状态变化引起交付状态变化时,处理的方法是与质量挂钩,与经费挂钩。技术状态的确定,是以试飞数据来考核确认,并进行专家评估。本合同是中外双方高层设计师签专门技术协议。

7.交付状态管理

经过改进后适配A型教练机的E型发动机于199×年11月初在工厂进行了适应飞行试验,得到某国发动机厂专家的认可,并进行了技术鉴定。

199×年11月25日至27日在工厂召开鉴定会,审查组的评价是:配装E型的A飞机经鉴定试飞性能均优于战技指标,主要战术技术性能和技术状态已达到了上级批准的指标和状态要求,各项试验、试飞工作已基本完成,图纸、技术文件基本完整、正确、协调、清晰,定型新成品已定点生产,供应渠道畅通;工厂小批生产的工艺技术及设备已基本完整配套。审查组认为,A型教练机已具备设计技术鉴定条件。建议批准A教练机技术鉴定。

199×年12月,用户和生产厂以联字×××号文下发了A型教练机交付状态的文件,明确了交付状态按设计鉴定技术状态执行。

8.合同管理

搞好合同管理是实现本项目目标的重要保证,也是对内、对外工作的依据。

本合同的范围主要有商务、技术、质量三部分,因此,本合同在规划阶段详细制定了预案,并且商务方案有多个备份方案,技术方案也有备份计划。

该项目在技术、商务会谈期间,我方要求对技术协议书、标准与规范、质量保证、验收计划、培训计划、采购种类等进行反复磋商,尽量细化合同条款,减少日后的麻烦。如在主合同中明确合同主体、标的、费用及支付方式,检验验收程序、质量保证和惯例的索赔、罚款、不可抗力等,以及军方特殊的保密等内容。由于签约准备充分,减少了合同执行中的诸多麻烦。

合同签约后要严格按照合同条款执行,在执行合同过程中,基本没有发生违约和大的冲突。合同执行完后,进行了合同执行回顾和小结,并组团回访某国,既是一次团队和沟通活动,也为后续售后服务打下基础。

9.变更管理

在整个项目中可能发生的变更会对进度产生影响,这些变更或者由项目经理、项目团队成员、承约商引起,或者是由不可预见的事件发生的结果引起。无论是以上哪种变更,都可能对项目的范围、预算和进度产生影响,从而要求项目团队就变更制订新的基准计划,并与实际进程相比较,出现偏差及时采取纠正措施,包括工期、成本估计、综合筹划纠正措施,并将变更融入总体进度计划。对项目来说,变更多数是不愿意的、被动的,但变更又是不以人的意志为转移的,是永恒的。关键要抓紧时机、瞅准目标,有利目标变更多变,不利于目标的变更尽量不变。

本项目变更主要发生在技术改进方面和经费方面,重大变更有两次,其余都是技术状态的小变更。

第一次是技术改进的变更。在与对方进行技术谈判时,原计划采购AI-25TL发动机回国后自己进行适应性改进，但对方表示，那样质量和售后服务就不予保证。经过权衡，在不影响总目标的情况下，由对方设计局根据A型教练机的需求，提出设计图纸，交西驰厂生产，这样既有利于进度，又保证了质量，但缺点是经费超出原预算。

第二次重大变更是经费。与乌方部分配套的是俄罗斯产品，由于其涨价幅度变大，单台总价格超出预算，再加上技术改进费用，总盘子超出预算。最后采取由320厂在科研费中承担技术改进费用的办法解决。

在进行变更管理时，一是抓重点，重大计划、经费、质量的变更必须亲自抓。二是放权。技术、商务和用户改装准备等在执行中不影响总目标的变更由技术、商务和用户自行处理。三是定规章。明确变更的范围、权限、替代方案的可行性等，使变更能有效地控制和进行。四是纠偏，从严处置、投机取巧、擅自简化项目要求的一些变更。

5.1.5　项目后评价

1.项目自评阶段

在自评阶段，本项目进行了以下工作：

(1)引进发动机改进合格后，中外双方进行了评审；

(2)发动机装机试飞合格后，中外双方进行了评审；

(3)用户改装准备工作基本完成后，组织了验收。

2.行业审查阶段

199×年11月在工厂召开了鉴定会，会议由用户和生产厂的上级机关共同组织，参加会议的有用户机关，航总机关以及各有关厂、所，共46个单位260名代表。会议听取了研制工作总结等六个报告，分总体、系统、特设、小批生产和可靠性及综合保障四个小组进行讨论审查，形成了技术鉴定意见。经审查，配装E型发动机的A型教练机的试飞性能均优于战技指标，主要战术技术性能和技术状态已达到了上级批准的指标和状态要求，各项试验、试飞工作已基本完成，图纸、技术文件基本完整、正确、协调、清晰，定型新成品已定点生产，供应渠道畅通；工厂小批生产的工艺技术及设备已基本配套完整。审查组认为，A型教练机已具备设计技术鉴定条件。建议批准A型教练机技术鉴定。

3.正式后评价阶段

(1)199×年1月，经国家航空产品定型委员会审定，同意装E型发动机的A型教练机设计鉴定，装备用户。

(2)199×年4月，引进的发动机全部到国内后，项目将要结束，用户组织了对项目执行情况和完成情况的评价,对项目目标、实施过程、效益、影响和后续发展进行了评估。

项目时间目标:历时一年半,圆满完成任务。

项目经费规模:总经费×亿多人民币。发动机引进计划××××万美元,实际执行××××万美元。飞机改装试飞、定型、用户改装准备和人力资源的费用经各部门决算,均完成目标任务,条件建设和教学设备经费超支由相关部门自行解决。

项目技术、采购目标:战技指标达到A型教练机要求,首批飞机按时鉴定装备用户领先试用。

评估结果认为:项目实现了预期目标;实施过程控制和管理有序,保证了里程碑节点;效益十分明显,确保了新型A型教练机的平稳过渡,意义重大;影响力大,尤其促进了国内B型发动机的研制;给后续发展探索了路子。

5.2 型号研制项目风险管理案例

由于国防项目本身的特点,要获得效费比高的项目产品,就必须对国防项目进行风险分析、管理。本文以×××型号项目风险管理为例来探讨国防项目风险管理过程。基于国防型号的特点,下文所引用的时间和数据均为模拟。

5.2.1 项目概况

×××型号项目是在原有某型号基础上的改型项目。随着国防科技和武器装备的发展,原有的某型号项目在许多方面都不能满足作战需要,为此需要在原有型号的基础上进行改进。×××型号项目是在198×年底开始酝酿的,198×年10月批准立项。

1.目标要求

(1)技术要求。通过改进,提交满足使用部门的需求方向和各项战术技术指标要求的×××型号产品。该型号项目改进的主要内容有以下几点:

①采用带机动襟翼的双三角机翼的气动布局;

②换装加大推力和提高可靠性的发动机;

③配装以平显大气机为中心的较先进的航电系统;

④增加外挂点,并增挂机翼副油箱;

⑤采取多项提高改善可靠性和维护性的措施。

(2)进度要求。按研制合同要求,199×年底设计定型,199×年开始交付使用。

(3)经济要求。按研制合同,研制经费总计××××万元。按批复战技指标的要求,产品价格控制比原有的某型号产品高65%左右。

(4)订货数量预计。虽经研制方多次努力,年产量和总产量都未能在合同中明确。按双方口头协调的意见为：

年产量预计平均50架(保留年产80架的生产能力)；

生产周期预计10年；

总产量预计500架。

2.主要里程碑

按照合同要求，根据国防项目的生命周期并结合项目的特点，制订了项目的里程碑计划(如表5.3所示)。

表5.3　×××型号项目里程碑计划表

序号	阶段	主要里程碑事件	时间	备注
1	项目论证阶段	开始探索改型方案	19××.12	
2		开始做可行性论证	19××.8	
3		批准立项	19××.10	
4	项目方案阶段	开始方案评审	19××.2	
5		冻结技术状态，签订研制合同	19××.10	
6	项目工程研制阶段	设计图纸完成	19××.5	
7		首次试飞开始	19××.5	
8		开始定型试飞	19××.4	
9		批准设计定型	19××.5	
10	项目生产交付阶段	首批交付部队	19××.7	
11		批准生产定型	19××.12	
12		预计停止订货	2×××	

5.2.2　风险管理

1.风险评估与分析

在研制期间，高层领导非常关心项目的风险情况，他们关注项目的进展状况，经常问：“有没有颠覆性问题?”或“有没有绊脚石问题?”也就是有没有高风险事件发生？有没有一般风险事件发生？为了使项目进展顺利，回避风险事件发生，就必须对风险进行评估分析控制，该项工作由型号办公室(即项目管理办公室)负责组织实施，项目管理办公室由公司的计划、财务、生产调度和型号管理等各方人员组成。

为了准确辨识项目可能的风险,项目管理办公室采用了类推比较/历史经验法、专家访问法等多种方法相结合,经过广泛调查,在征求各方面意见的基础上,总结汇总出项目可能有的主要风险事项如下:

(1)技术风险

①战术技术性能指标失当(主要是个别指标达不到),危及项目完成;

②双三角机翼布局失误危及项目进展;

③机动襟翼系统失误危及项目进展;

④发动机的失误危及项目进展。

(2)计划风险

①订货方装备决策的改变导致项目中断;

②进度严重拖延导致项目中断;

③发生重大事故导致项目中断。

(3)费用风险

①费用超支危及项目进展;

②产品价格过高危及项目订货。

(4)进度风险

①计划不周拖延进度;

②技术问题拖延进度;

③生产质量问题拖延进度。

(5)保障性风险

①研制的保障条件不适用使项目受到危害;

②保障条件不具备或推迟使项目受到危害。

2.风险控制与管理

为了对上述风险进行有效控制处理,需要对风险进行量化。项目管理办公室采用专家访问法,制定了XXX型号项目风险评估量化表(如表5.4所示),结合风险发生概率等级表(如表5.5所示)和风险严重性等级表(如表5.6所示)以及风险矩阵(如表5.7所示),请专家们给出风险的量化值,然后经过汇总整理后由总设计师系统和项目管理办公室提出分析和控制意见,利用研制的转阶段评审,项目管理办公室的项目检查和由工业主管部门及订货方主管部门共同参加的项目办公会来决策处理。

表 5.4　×××型号项目风险评估量化表

编号：

风险事项	发生概率 P_f	风险严重性 C_f	风险等级 D_f

专家		日期	
汇总记录人		日期	
主管		日期	

表 5.5 风险的发生率等级

描述	等级	发生的概率 P_f	定义 单个系统/产品	定义 整批系统/产品
频繁 (frequent)	A	0.9	可能经常发生	连续不断地发生
很可能 (probable)	B	0.7	寿命期内可能发生几次	经常发生
有时 (occasional)	C	0.5	寿命期内可能发生	发生几次
极少 (remote)	D	0.3	寿命期内不大可能发生	存在发生的可能性
不可能 (improbable)	E	0.1	可能性微乎其微	不大可能发生

表 5.6 风险的严重性等级

描述	等级	风险严重性 C_f	定 义
灾难的 (catastrophic)	Ⅰ	1.0	工程项目失败,全系统失效,一等事故
严重的 (critical)	Ⅱ	0.7	工程部分主要项目失败,主要系统损伤,二等事故
轻度的 (marginal)	Ⅲ	0.4	工程部分项目失败,轻度系统损伤,三等事故
轻微的 (negligible)	Ⅳ	0.1	低于轻度系统损伤,或工程部分项目失误,易挽回

表 5.7 风险矩阵

风险严重性 / 风险可能性	灾难的	严重的	轻度的	轻微的
频繁	高	高	中	中
很可能	高	高	中	低
有时	高	中	中	低
极少	高	中	低	低
不可能	中	低	低	低

随着项目进展,风险的评估分析和处理都会变化,为此,项目管理办公室按项目进展的论证阶段、方案阶段、工程研制阶段和生产交付阶段对以上风险事项的评估、分析和处理作分别说明。

在论证阶段(见表5.8),需要分析控制的风险事项共11项。评估结果为:高风险事项1项,中等风险事项3项,低风险事项7项(有3项尚未启动)。"订货方决策立项"从历史经验和立项研制背景来看,订货方不予决策的可能性较大;如果不立项,研制就完全中断。因此,此事项列为高风险事项,并作为头等大事来抓。

表5.8　论证阶段的风险管理情况表

序号	风险事项	本阶段目标任务	风险评估结果			风险评估和分析方法	风险处理
			P_f	C_f	D_f		
1	战术技术指标	报批作战使用要求	0.5	Ⅲ	M	类推法,设计评审	避免
2	双三角机翼布局	基本选定布局	0.5	Ⅱ	M	类推法,专家访问设计评审	预防
3	机动襟翼系统	研究可行性	0.3	Ⅳ	B	类推法,专家访问设计评审	研究
4	发动机	选定发动机	0.1	Ⅲ	B	类推法,专家访问设计评审	预防
5	订货方决策	批准立项	0.7	Ⅰ	H	类推法	避免
6	进度严重拖延	完成立项前工作	0.3	Ⅲ	B	类推法,计划网络评估	避免
7	重大事故	发动机试飞保证安全	0.1	Ⅱ	M	类推法,质量管理	避免
8	费用超支	预报研制费	0.5	Ⅳ	B	类推法,专家访问全寿命分析	预防
9	产品价格过高	预报价格	0.5	Ⅳ	B	类推法,专家访问设计评审全寿命分析	预防
10	计划不周	预报研制进度	0.5	Ⅳ	B	类推法,计划网络评估	承担
11	技术问题拖延	完成立项前工作	0.5	Ⅳ	B	设计评审计划网络评估	承担
12	生产质量问题拖延	无产品生产	—				
13	保障条件不适用	暂未启动	—				
14	保障条件不具备	暂未启动	—				

注:M表示"中",B表示"低",H表示"高"。

在方案阶段(见表5.9),需要分析控制的风险事项共10项。评估结果为:无高风险事项,中等风险事项3项,低风险事项7项(有两项未启动,另有两项在本阶段无实质性工作)。两项项目改型的技术核心(双三角机翼布局和机动襟翼系统)和避免进度严重拖延等三项中等风险项目是这个阶段研制工作的中心。

表 5.9 方案阶段的风险管理情况表

序号	风险事项	本阶段目标任务	风险评估结果			风险评估和分析方法	风险处理
			P_f	C_f	D_f		
1	战术技术指标	报批战术技术指标	0.3	Ⅲ	B	类推法,设计评审	承担
2	双三角机翼布局	确定布局完成打样设计	0.5	Ⅱ	M	类推法,设计评审可靠性分析	预防
3	机动襟翼系统	确定方案投入研制	0.5	Ⅱ	M	类推法,设计评审可靠性分析	预防
4	发动机	技术协调					
5	订货方决策	签订研制合同	0.1	Ⅱ	B	类推法	避免
6	进度严重拖延	完成技术设计冻结技术状态	0.5	Ⅱ	M	类推法,计划网络评估	避免
7	重大事故	无试飞试用					
8	费用超支	由研制合同确定研制费	0.5	Ⅲ	B	类推法,全寿命分析	承担
9	产品价格过高	控制方案阶段产品成本	0.5	Ⅲ	B	类推法,全寿命分析	
10	计划不周	由研制合同确定计划进度	0.5	Ⅳ	B	类推法,计划网络评估	承担
11	技术问题拖延	完成技术设计	0.5	Ⅳ	B	类推法,设计评审计划网络评估	承担
12	生产质量问题拖延	无产品生产	—				
13	保障条件不适用	提出综合保障要求	0.1	Ⅳ	B	类推法,设计评审	研究
14	保障条件不具备	暂未启动	—				

注:M 表示“中”,B 表示“低”,H 表示“高”。

在工程研制阶段(见表 5.10),所有 14 项风险事项都需要控制管理。评估结果为:高风险事项 1 项,中等风险事项 4 项,低风险事项 9 项。把“重大事故”列为高风险事项,全力避免发生一等事故。对于研制阶段,显然应当关注核心中等风险事项,两项飞机改型的技术核心事项,均发生过较大的风险事件。双三角机翼布局事项中,发生了“副翼嗡鸣”风险事件,导致三架原型机均要返回装配车间大返修,在订货方同意鉴定试飞仍进行的条件下,也造成半年以上的进度拖延,“技术风险”转移为“进度风险”;机动襟翼系统事项中,发生了首飞评审因方案性失误,而推迟首飞一个月,且系统推倒重来,使“技术风险”转移为“进度风险”和“费用风险”。

表 5.10 工程研制阶段的风险管理情况表

序号	风险事项	本阶段目标任务	风险评估结果			风险评估和分析方法	风险处理
			P_f	C_f	D_f		
1	战术技术指标	全面考核战技指标	0.5	Ⅲ	B	类推法,设计评审	承担或转移
2	双三角机翼布局	完成研制和鉴定	0.7	Ⅱ	M	设计评审可靠性分析	避免或转移
3	机动襟翼系统	完成研制和鉴定	0.7	Ⅱ	M	设计评审可靠性分析	避免或转移
4	发动机	完成装机鉴定	0.3	Ⅲ	B	设计评审可靠性分析	避免或转移
5	订货方决策	批准设计定型决策订货	0.3	Ⅱ	M	类推法	避免
6	进度严重拖延	完成飞机研制鉴定	0.5	Ⅱ	M	类推法,计划网络评估	避免
7	重大事故	保证鉴定试飞安全	0.1	Ⅰ	H	质量管理	避免
8	费用超支	保证研制经费	0.5	Ⅲ	B	类推法,全寿命分析	承担
9	产品价格过高	控制产品成本	0.5	Ⅲ	B	类推法,全寿命分析	承担
10	计划不周	按计划完成研制鉴定	0.5	Ⅲ	B	类推法,计划网络评估	承担
11	技术问题拖延	从技术上保证研制鉴定	0.5	Ⅲ	B	计划网络评估设计系统	承担
12	生产质量问题拖延	保证研制试制质量	0.5	Ⅲ	B	类推法质量管理	承担
13	保障条件不适用	配套完成保障条件研制	0.5	Ⅲ	B	类推法,设计评审可靠性分析	承担
14	保障条件不具备	确定保障项目清单并订货	0.5	Ⅳ	B	设计评审计划网络评估	预防

注:M表示“中”,B表示“低”,H表示“高”。

在生产和交付阶段(见表5.11),需要控制管理的风险事项共12项,经评估,无高风险事项,中等风险事项6项,低风险事项6项(另有2项已完成)。中等风险事项中,实际应以保证订货方的稳定订货作为核心,保证机动襟翼系统、发动机和综合保障的正常工作以及避免使用中重大事故的发生,都是为了使用户对产品有良好评价,保持稳定订货,而控制飞机价格是关系订货稳定的课题。

由于风险事项的评估等级只是一种分析预计,会有主观成分,因此在项目进展中项目管理办公室要通过各种手段加强监控管理。风险的控制管理是动态的,随着研制阶段的发展,风险评估分析及处理都随项目的进展而变化,而且中低风险事件,也可能发生高风险事件。发生了高风险事件,必须及时处理。

表 5.11 生产交付阶段的风险管理情况表

序号	风险事项	本阶段目标任务	风险评估结果			风险评估方法	风险分析和决策	风险处理
			P_f	C_f	D_f			
1	战术技术指标	已在研制阶段完成鉴定						
2	双三角机翼布局	已鉴定保证使用	0.1	Ⅲ	B	类推法	设计评审质量管理	承担
3	机动襟翼系统	已鉴定保证使用	0.5	Ⅱ	M	类推法	设计评审质量管理	承担
4	发动机	已鉴定保证使用	0.5	Ⅱ	M	类推法	设计评审质量管理	承担或转移
5	订货方决策	稳定订货	0.5	Ⅱ	M	类推法		避免
6	进度严重拖延	保证完成生产交付	0.3	Ⅲ	B	类推法	网络评估	避免
7	重大事故	保证安全交付和部队正常使用	0.1	Ⅰ	M	类推法	质量管理	避免
8	费用超支	研制费用已结算						
9	产品价格过高	控制成本和合理定价	0.5	Ⅱ	M	类推法	全寿命分析	承担
10	计划不周	按订货正常生产交付	0.3	Ⅲ	B	计划评审	计划网络评估	承担
11	技术问题拖延	从技术上保证生产交付	0.3	Ⅳ	B	计划评审	计划网络评估设计评审	承担
12	生产质量问题拖延	保证生产交付质量	0.3	Ⅲ	B	计划评审	质量管理	承担
13	保障条件不适用	配套项目适用	0.5	Ⅱ	M	计划评审		承担
14	保障条件不具备	配套交付	0.3	Ⅲ	B	计划评审计划网络评估		承担或转移

注:M 表示“中”,B 表示“低”,H 表示“高”。

3.风险管理效果

(1)风险管理结果。没有发生高风险事件,多项中等风险事件均得到了及时的控制处理。

(2)技术要求。全部满足。

(3)进度要求。设计定型时间:推迟 1 年零 4 个月;开始装备部队时间:推迟 1 年。

(4)经济要求。研制经费总计支出约×亿,超支××××万元,在批生产中收回;产品价格原要求比某型号价格高 65%左右,但由于从 198×~199×年正是物价上涨指数狂飙的时期,最后该项目产品价格比原定约 1.65 倍提高为 2 倍。

(5)订货数量。实际订货年限×年,总计×××架。平均年产量××架,最高年产量××架。

5.3　航天企业项目化管理应用案例

项目管理是企业组织应对全球性竞争的一种有效管理方式,很多企业组织通过按项目管理来提高组织的竞争力,以灵活地应对环境的快速变化。本节主要介绍了某航天企业在项目化管理方面的经验与做法。

5.3.1　航天企业项目管理框架

1.项目管理能力在我国飞船研制中的体现

神舟七号飞船于2008年9月25日晚21时10分04秒发射到太空,在轨运行66小时33分后按预定计划安全着陆,中国载人航天工程取得了又一具有里程碑意义的重大技术突破,中国也随之成为世界上第三个掌握空间出舱活动技术的国家。神舟的谐音"神州"在现代汉语词典中的含义是中国的别名,神舟飞船正是中国人凭借雄厚的技术实力,用现代项目管理的思想和方法,实现了中国人几千年梦寐以求的梦想,把中国人送上了太空。海内外炎黄子孙为之振奋,使中国的载人航天成为国际社会关注的焦点。以中国空间技术研究院为主研制的SZ-7飞船的成功发射,表明中国在走向太空强国的阶梯上迈出了更高一步,中国的载人航天技术和项目管理的能力获得了国际社会的承认。

航天企业是国家所有的重点企业。以中国空间技术研究院为例,它是中国规模最大、最具实力的空间飞行器的国家级定点研制单位,建立有完整的航天器产品系统设计、子系统研发、AIT、环境测试、地面设备研制与应用体系。迄今为止,已成功发射了70多个卫星和7艘神舟飞船,包括外层空间开发、对地观测、深空探测、通信、导航、返回卫星及载人航天飞行器。中国空间技术研究院创造了中国航天的多个"第一":第一颗卫星(东方红一号)、第一颗返回式卫星、第一艘载人飞船等。目前,已先后完成几十颗卫星项目和7艘飞船的研制与发射,获国家级科学技术奖励56项。先后出口卫星到巴西、尼日利亚、委内瑞拉、欧空局等国家和组织。

20世纪60年代中国空间技术研究院首任院长,中国现代项目管理的奠基人之一的钱学森在航天器管理中引入系统工程思想,开始推行网络计划技术,至20世纪末形成了具有中国空间技术研究院特色的现代项目管理模式。

21世纪初,已形成企业级项目管理组织体系,形成了具有中国空间技术研究院特色的项目管理组织成熟度模型,项目管理已经成为中国空间技术研究院的核心竞争力之一。

目前,中国空间技术研究院是中国宇航学会系统工程与项目管理分委会主任委员单位、中国(双法)项目管理研究委员会的会员单位,多人获得IPMP和PMP资质认证证书。

2.企业项目管理中的问题

在我国航天型号研制中推广应用项目管理技术是从20世纪60年代初开始的。华罗庚教授将这种技术在中国推广普及,称之为统筹方法(现在通常称网络计划技术)。然而,航天某院过去对项目管理的应用一直停留在将PERT或CPM技术应用到航天型号项目研制计划的制订工作中,并没有建立真正的项目组织来对型号项目实行项目管理,也没有应用项目的技术来计划、控制型号研制项目的进度、质量及成本。

随着我国航天科技工业的发展,逐步建立起了一套行之有效的组织指挥系统——型号工程项目的总设计师技术指挥系统和型号工程项目的总指挥行政指挥系统(简称“两总系统”)。通过多个型号研制项目的成功完成,证明“两总系统”这种组织管理制度推动了我国航天型号工程的研制和发展。但随着技术和管理人员知识结构的变化、现代信息技术的发展和先进管理方法的出现,“两总系统”所具有的双重领导的先天性制度缺陷,行政指挥系统实行党委集体领导,在决策程序和承担决策后果等方面责任不够明确的问题日益突出,并且经常会影响到项目的进度、质量、成本的控制水平。

有些航天企业项目化管理还存在一定的不足,主要体现在如下方面:

(1)我国航天企业特有的“两总系统”与现代项目管理理论和方法相结合需要一定的磨合期;

(2)现今主要的项目管理过程集中于单项目管理,多项目管理的经验不足;

(3)国外宇航企业的项目管理成熟度模型已经相当完善,而航天企业项目化管理相对起步较晚,项目成熟度模型不够完善;

(4)在项目评估等方面与国外宇航企业还有一定的差距。

为此,航天企业在航天型号项目管理中采取了既继承以往有效经验,同时又借助现代项目管理的理论和方法,进一步完善航天型号项目的组织和管理。

3.企业项目管理的框架

航天企业在项目管理应用中可通过不断的实践总结,建立航天企业项目管理总体框架(如图5.8所示),其中包含了项目组织与责任体系及项目管理信息系统体系及项目文化体系。

项目组织与责任体系是航天型号研制项目的组织与管理机构,主要包括项目管理领导委员会、项目管理办公室、职能经理、项目经理及其他专业人员。

项目管理信息系统体系将项目管理的九大要素融合在项目的全过程中,同时包括项目战略策划体系、项目监控流程体系和单项目运作体系。

项目文化体系是航天某院的企业文化建设体系,包括项目管理队伍职业体系、创新激励机制、内部人才流动机制和跨部门、跨地区、跨国家、跨文化协作。

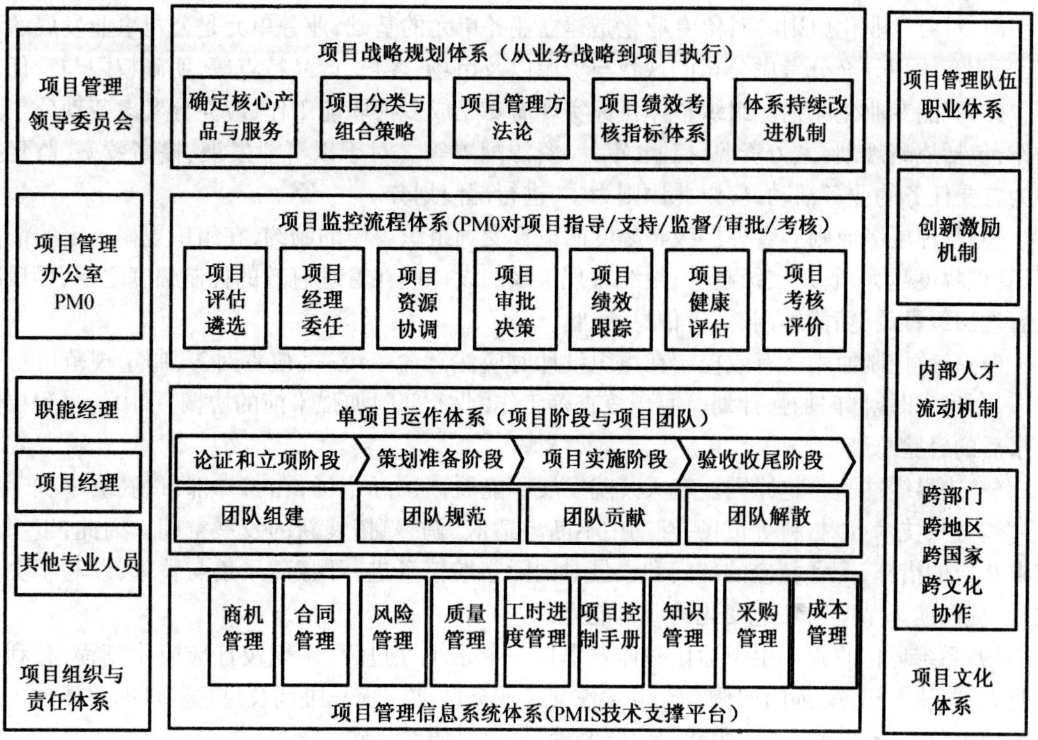

图5.8 航天企业可参考性项目管理框架

5.3.2 企业项目管理的组织与运作

1.组织设计原则

(1)目标原则。组织是实现组织目标的有机载体,组织的结构、体系、过程、文化等均是为完成组织目标服务的,达成目标是组织设计的最终目的。通过组织结构的不断完善,使每个人在实现企业目标的过程中作出更大的贡献。

(2)适应创新原则。组织结构设计应综合考虑航天企业的内外部环境、理念与文化价值观、当前以及未来的发展战略、使用的技术等已适应的现实状况,并随着航天企业的成长与发展,其结构应有一定的拓展空间。

(3)效率原则。组织的目标是追求利润,同时将成本降到最低点,效率原则是衡量任何组织结构的基础。如果组织结构能使人们(指有效能的人)以最小的失误或代价(它超出了人们通常以货币或小时等计量的指标来衡量费用的含义)来实现目标,就是有效的。

(4)对象专业化原则。对象专业化是建立业务单元的基础,业务单元是公司事业发展的基石,产业实体划分充分考虑公司的现状与资源以及市场、客户、产品特点等,明确权限与责任。

(5)职能专业化原则。组织整体目标实现需要完成多种职能工作,应充分考虑劳动分工与协作,包括战略规划、人力资源、控制、审计、资源配置等。对于以事业发展、提高效率、监督控制为首要任务的业务活动,应以此原则为主,进行部门划分。

(6)管理层级原则。管理层级与幅度的设置受到组织规模的制约,在组织规模一定的情况下,管理幅度越大,管理层级越少;组织管理层级的设计应在管理有效的控制幅度之下,尽量减少管理层级,以利精简编制,促进信息流通。

(7)有效控制原则。有效控制在组织设计时应注意命令统一、权责对等,制定规范可行的政策、制度,职能部门加强计划、预算、核查等工作,业务部门加强事前的协调、事中的过程控制及事后的经验总结。

(8)边界缓冲与跨越原则。航天某院发展不能脱离国际市场,在与外部市场(资本、产品、人才、客户、技术、原材料等市场)互动中不断地适应、调整、拓展新的发展空间。因此,组织应采取相应的措施,配置相应的部门和人员对国际宇航信息进行跟踪、采集与整理,以利于决策之用,提高航天某院对环境变化的应对能力。

(9)系统运作原则。组织运作整体效率是一个系统性过程,组织设计应简化流程,有利于信息畅通、决策迅速、部门协调有充分考虑交叉业务活动的统一协调及过程管理的整体性。

(10)分工协调原则。各职能部门既明确分工,又协调一致。

2.组织结构形式

航天企业的组织结构可为强矩阵式组织结构,如图 5.9 所示。其中综合管理层实施多项目办的综合管理,包括经费申请、体系建设、人员保障、政治保障、物资保障、信息综合、综合评估、绩效考核、出厂评审等。业务运作层负责具体归口管理,派出技术人员和专业管理人员,负责项目的总体工作。协调配套层接受分承包合同,完成配套任务。

航天器领域项目的组织体系如图 5.10 所示,是以“项目办公室”为平台,以“两条线”为主干,以“团队”为形式的“多层次”“强矩阵式”项目管理组织体系,包括了项目办公室、总体、各分系统及单机研制队伍组成的两师系统,以及在此基础上成立的试验队、专题攻关小组和项目小组等。

3.项目管理办公室

(1)项目办的组建

航天企业型号项目实行矩阵管理支持下的项目经理负责制,项目立项后由行政领导任命项目经理和技术经理,通过组建项目办公室,将型号研制技术和管理紧密结合在一起。

企业综合管理层为项目办公室提供必要的保证和支持,制定配套的项目管理规范,同时监

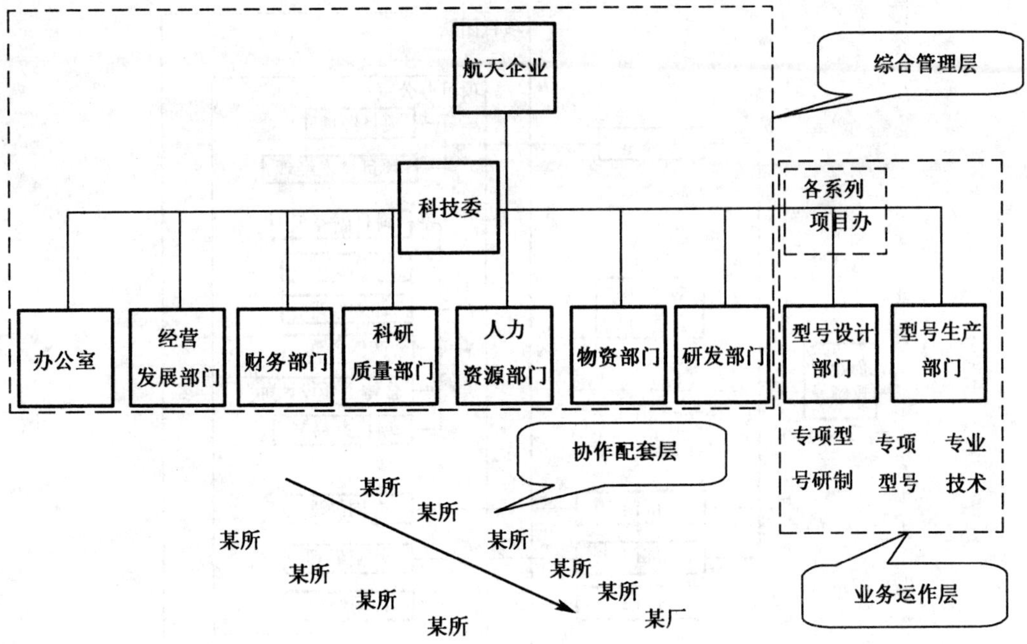

图5.9　航天企业组织结构图

督项目管理规范的贯彻执行并为其把关。企业所属单位在本型号业务范围内服从项目经理和项目办公室的指令。

项目办公室内部实行垂直管理，由相关技术和管理部门派出的计划经理、合同经理、物资经理、质量经理及总体主任设计师等人员组成，在型号项目工作方面受项目经理领导，完成其交办的任务并对其负责。同时，按照矩阵管理原则，各职能部门派出人员代表本部门参与该型号的研制工作，也受本部门领导，其专业方面要对派出部门负责。

项目办公室在项目经理的领导下，全权负责本型号研制工作，是型号研制管理、技术决策的组织实施机构，存在于型号研制全过程。项目办的组织机构如图5.11所示。

各项目办配置技术经理、技术副经理、项目副经理、计划经理、合同经理、质量经理、物资经理、业务秘书、临时人员等，他们在项目经理的领导下，全面完成本项目范围、进度、成本、质量、采购、人力资源、风险、沟通、集成等各管理领域的具体策划、实施、控制和收尾工作。

(2)项目办公室的工作模式

①项目经理与企业行政领导签订主承包合同。

②项目办公室对航天企业所属单位实行合同管理。

③项目办公室内部实行垂直管理。

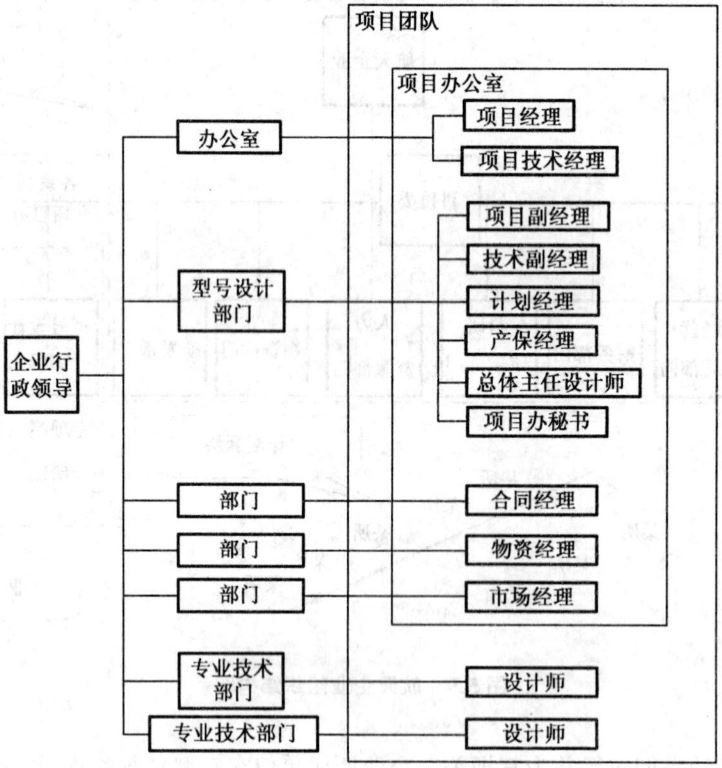

图 5.10 航天企业项目组织体系

④项目经理对项目办公室人员的工作情况提出考核意见,提交派出部门进行考核。项目经理有权提出人员调配意见。

(3)项目办公室工作职责

项目办公室代表组织在本项目工作中行使行政、技术指挥权,是型号项目研制管理和技术决策的组织实施机构。其主要工作职责如下:

①按照项目主承包合同的要求,完成型号研制任务;

②组织进行型号总体和分系统方案设计,编制、下达型号研制建造规范,负责型号各分系统技术接口协调和技术状态管理;

③编制、下达型号工作分解结构(WBS),研制技术流程和计划流程;

④提出型号研制任务分工、外协定点、国外引进等方案,经批准后执行;

⑤与承制任务单位进行项目分承包合同的谈判和签署工作,并对合同的执行情况进行协调、监察和监督;

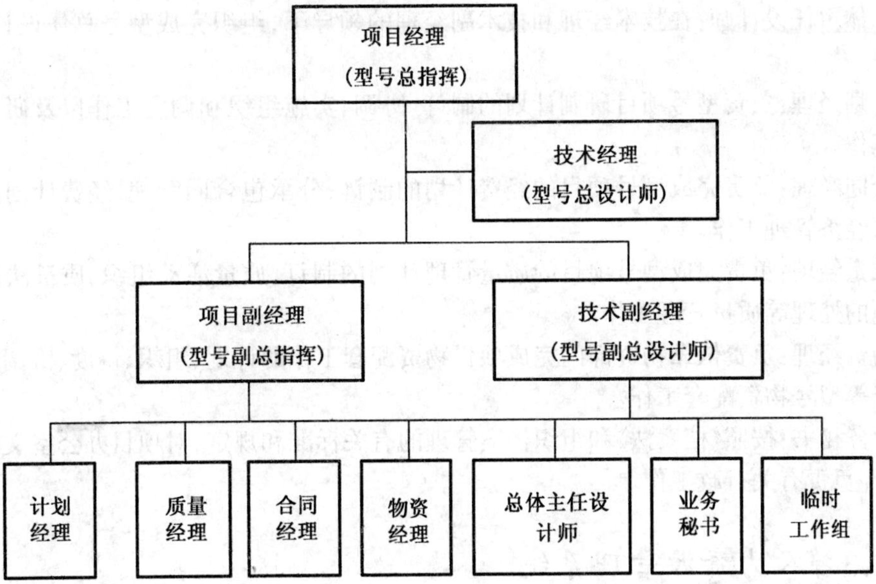

图5.11　项目办公室的组织结构

⑥负责项目主承包经费、年度计划,拨款计划的编制、报批和执行;

⑦编制型号年度研制工作计划和考核节点,组织研制计划实施、协调和检查工作;

⑧组织进行型号研制质量管理和监督工作;

⑨组织进行型号物资配套保障工作;

⑩负责型号项目系统级文件的归口管理工作;

⑪负责型号项目进展情况及有关信息的汇总上报工作;

⑫组织进行与工程大系统有关的技术、计划接口协调;

⑬组织进行型号大型试验、进场发射和在轨测试、型号移交用户和在轨运行的技术支持工作;

⑭负责协调与项目相关部门和单位的工作关系。

(4)项目办公室主要成员的职责

①项目经理:项目经理是型号研制的直接责任人,代表企业行政领导在型号研制工作中行使行政和技术指挥权,对型号研制的技术、质量、进度、项目承包经费负全责。

②技术经理:技术经理在项目经理的领导下,对型号研究、设计、生产、试验等技术工作负全责,协助项目经理对与本型号研制生产技术有关的人、财、物进行有效的协调管理。

③项目副经理:协助项目经理工作,组织和落实项目办公室制订的型号研制计划和项目经理布置的工作,负责组织项目办公室的日常工作。

④技术副经理:协助技术经理工作,组织和落实技术经理的决定,负责项目办公室日常技

术工作的协调与处理。

⑤总体主任设计师:在技术经理和技术副经理的领导下,组织完成型号总体设计、技术协调工作。

⑥计划经理:负责型号项目研制计划的制订、协调、实施组织和调度工作以及研制信息沟通管理工作。

⑦合同经理:负责完成型号项目的经费计划的制订、分承包合同管理、经费计划的执行控制等各项经济管理工作。

⑧质量经理:负责完成型号项目的质量管理计划的制订、质量活动组织、质量法规贯彻和质量问题的处理等质量管理工作。

⑨物资经理:负责依靠物资部门完成项目物资配套工作的计划、组织、调度、协调以及物资质量监督等型号物资配套工作。

⑩业务秘书:按照《档案法》和组织档案管理的有关标准和规定,对项目办公室文件进行过程控制,并负责有关行政工作。

5.3.3 人力资源管理系统

1.项目办人员的聘任与考核

(1)项目办公室成员的聘任。项目经理、技术经理、项目副经理、技术副经理、总体主任设计师的聘任按照航天系统有关两师系统人员聘任文件执行,由企业聘任。计划经理、合同经理、质量经理、物资经理、业务秘书的聘任由原单位推荐,同项目经理会商同意后报人力资源部门,人力资源部门考核后予以聘任或实行竞聘上岗。

(2)项目办公室成员的考核。项目经理由人力资源部门直接考核,其他人员考核由项目经理提出考核意见,由原单位进行考核。

(3)项目办公室成员的解聘。项目办公室工作结束后,项目办各岗位成员自动解聘,由原单位另行安排工作。在项目办存续期间的解聘按如下程序进行:

①项目经理由人力资源部门牵头组织有关部门考核,经讨论后由企业行政领导解聘;

②技术经理、项目副经理、技术副经理、总体主任设计师的解聘,需由人力资源部门牵头组织考核,经讨论后由企业行政领导解聘;

③计划经理、合同经理、质量经理、物资经理、业务秘书由项目经理提出书面要求,报人力资源部门审查,经有关领导批准后实施解聘。

2.团队建设

(1)现状

航天企业员工队伍可分为设计师队伍、管理队伍和技术辅助队伍。设计师队伍分为型号设计师和研发设计师两支队伍;技术辅助人员主要从事信息化建设、技术资料管理、在轨运行管理、试验保障等技术辅助工作。管理人员分为科技管理人员和行政管理人员,科技管理人员包括两总人员、型号管理人员、研究室计划助理等;行政管理人员包括部门领导、科研综合管理人员、办公室工作人员、党务工作人员、研究室行政秘书等,因此与一般企业有一定的差异性。航天企业的团队建设如下。

航天企业将设计师队伍、管理队伍、技术辅助队伍等各岗位全部纳入专业岗位体系,与各专业岗位相配套的相关职责、任职条件和晋升办法等也已经明确。通过专业岗位体系建设,将以型号为主的队伍配置模式转变为根据型号任务要求,按专业的配置模式,规范了型号与研究室的管理界面,实现专业领域内资源共享。同时,为员工建立了专业发展通道,增强了员工自主把握发展方向、自觉学习的意识和动力。

大部分项目责任人(副总指挥)和管理人员应拥有项目管理专业资质培训和认证(IPMP B级和C级);建立二级调度体系和二级产保体系,明确计划助理和产保工程师的工作职责;在系统工程室成立系统工程与项目管理组,并使人员到位,充实专职项目管理研究队伍。

通过中国宇航学会系统工程与项目管理专业委员会组织,为国防大型系统工程的研制提供管理的专业化技术支持,为专业人员的培养和提升组织能力提供服务,提高航天及相关领域的研制管理水平。专业委员会的主要任务是开展航天项目管理理论、技术与标准的研究和培训,进行学术交流,提供决策咨询。

(2)存在问题及解决措施

航天企业团队的建设过程是一个不断摸索不断完善的过程,因此也不可避免地会遇到很多问题。具体问题及解决措施如下。

①科研人才短缺。随着立项型号的不断增多,许多设计一线有经验的骨干人才被抽调到“两总系统”,使得一线科研生产骨干人才短缺,人员培养步伐难以跟上。解决措施是在加快自身人才培养的同时,从专业厂、所抽调部分骨干人员,充实总体研制队伍,提升总体设计能力。

②设计师在吃透技术方面有待进一步加强。由于型号技术要求的不断提高、研制周期的不断压缩,导致部分设计师对关键技术的研究不深入,源头设计工作缺乏,对系统性问题、关键性问题没有完全吃透。解决措施为重点抓好研究室和工程组专业把关职能的落实,发挥同行专家作用;加强老专家的传、帮、带,细化关键技术攻关和成熟性技术继承的研制技术流程,靠组织体系、流程规范和提高个人能力等几方面工作保证吃透技术。

③研制人员的有效设计时间不足。由于各种会议多、检查多、重复性汇报多,以及各种繁琐的事务性工作占用研制人员大量的有效设计时间,影响了工作质量和工作任务的完成。解

决措施为加强型号的综合计划管理,统筹安排,减少技术人员的事务性工作,提高有效工作时间,缓解员工工作压力。

④人力资源的使用效率不高。目前,由于按型号配置队伍,考虑成本和综合使用较少,长期占用资源的现象比较严重,型号间壁垒现象比较突出,技术骨干作用发挥不够,人力使用效率不高。解决措施为加强室主任资源调控能力,使人力资源得到充分使用。这方面仍有较大潜力可挖。

⑤队伍专业化仍不够。技术人员知识结构欠合理,专业素养有待进一步提高。解决措施是将从事技术专长工作的副总师放在总体室,将副总指挥放在科研管理部门进行管理并兑现相应待遇。实现总体部门在研究室出专家、院士、总指挥、总师,引领本专业领域的技术发展,在技术和项目管理一线出成果、出人才。

3.培训、考评与激励

航天企业确立了培训机制,主要是对员工的领导能力、相关专业技术知识、项目管理相关知识、技术基础和价值观等五个部分进行培养(如图5.12所示),并在此基础上建立项目管理人员考评体系(如图5.13所示),通过考评与激励并行的方式提高员工素质。

5.3.4 项目管理过程

针对航天器的特点,结合现代项目管理理论,航天企业将型号项目管理要素分为技术状态管理、质量管理、进度管理、可靠性安全性管理、风险管理、费用管理、人力资源管理、物资保障管理、沟通与信息管理、软件工程化管理等主要要素。

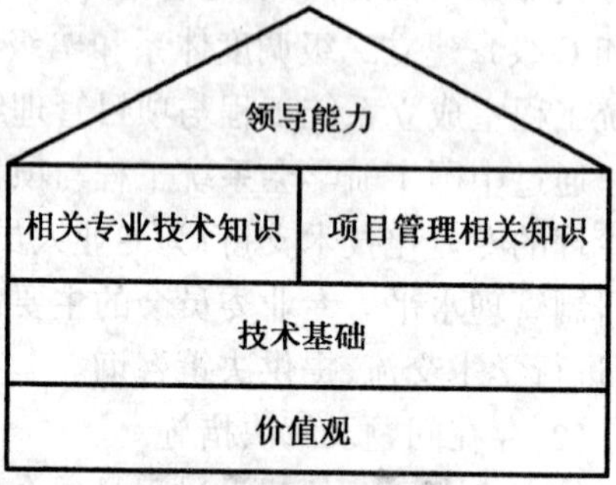

图5.12 员工培训要素

为实现航天器技术状态全产品、全过程、无遗漏地跟踪、核查和控制,项目办公室组织开展包括系统级功能体系分析、分系统功能体系分析、单机功能体系基线,建立全系统技术状态基线体系,形成了功能基线和产品基线体系作为技术状态变化比对研究的基准。对整星(船)、分系统到单机,按层次详细分析、记录所有的软、硬件产品的技术状态及其更改,全面分析每一项技术状态变化、并分级评审、采用设计申请单和控制单跟踪状态更改等办法使技术状态受控。

对于关键项目、关键部件和不可测试项目从设计开始进行质量控制,细化识别准则,制定保证措施,准确认识,利用表格化文件体系严格工艺生产、测试、试验的过程控制。在质量问题“双五条归零”(技术问题归零:定位准确、机理清楚、问题复现、措施有效、举一反三;管理问题归零:过程清楚、责任明确、措施落实、严肃处理、完善规章)的基础上,采用“步步归零,阶段清零”和“质量交集分析法”,实施可靠性安全性专项管理,注重培养队伍作风,形成独具特色的“零缺陷、零疑点、零故障”的质量管理理念。

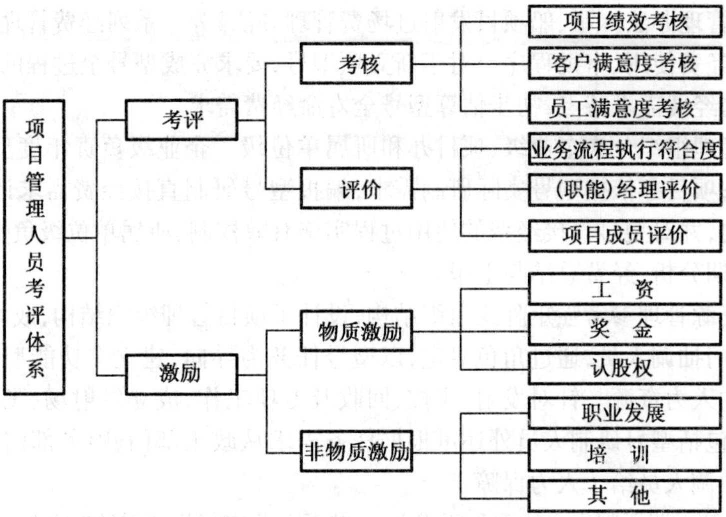

图 5.13　项目管理人员考评体系

型号进度以项目计划流程为依据，通过周调度会、专题调度会以及各种评审会，确保每周都对整个项目的进展情况进行详细评估，对存在的进度问题采取有效措施。对于软件工程化、可靠性安全性、关键单机或短线等项目，则由项目办公室计划经理牵头，配合整船主线进度编制专题专项计划流程，成立专项工作小组，定期召开专项工作审查调度会，对工作进展进行动态评估，采用集同工作、现场办公的方式协调解决研制问题。

针对航天器特点，增加了可靠性安全性管理要素，各型号项目办制定可靠性安全性工作计划和可靠性安全性保证大纲，加强可靠性安全性试验管理，按型号研制阶段逐项组织落实。通过组织可靠性安全性评审，确认可靠性安全性设计和控制措施的有效性，及时发现产品潜在的设计缺陷，加速设计成熟，降低决策风险。对可靠性安全性关键项目实施专题管理，并开展可靠性安全性复查、复核和复算工作。

针对航天器研制的高风险性，全面引入项目风险管理，建立航天器风险分析矩阵，进行技术、进度、成本、质量、组织等各种风险动态评估。在研制过程中利用专家面谈、独立评估、学习经验、FMEA 分析等方法考虑技术指标、经费、技术基础、关键技术、研制周期、安全性与可靠性、参与研制工作人员的素质等各因素，对技术指标风险、质量问题风险、新研制设备和技术状态变化风险、操作风险(技术安全风险)、危险源风险、项目管理风险、组织风险等进行定性和定量分析，制定防范和应对措施，进行监控后处理。特别是由风险形成的短线项目，成立专题小组，制订专题计划，进行专题调度，进行动态评估，确保风险及时化解，不致影响主线计划。

针对型号计划经费管理，航天企业应制定《型号项目系统费管理办法》《型号项目分承包合同管理办法》《型号项目直接经费年度计划管理办法》《型号项目直接经费月度拨款管理办法》《经费支出审批管理办法》《星、船项目发射进场费管理办法》等一系列经费管理办法，严格控制成本支出，规范经费使用、审批程序。对于新立项型号，要求完成型号全过程的经费策划，分析不同研制阶段的经费需求特点，初步估算型号全寿命经费需求。

计划经费管理组织分为企业级、项目办和所属单位级。企业级负责年度型号计划经费策划、编制和下达；项目办依据型号实际研制需求，编报型号研制直接经费需求计划以及年度直接经费需求计划，并对型号直接经费的使用过程实施有效控制；所属单位级负责本型号经费运行情况反映、定期分析、经费总结与上报。

型号人力资源管理参考强矩阵式组织结构，设计了项目管理组织结构，成立项目管理办公室，从各职能部门抽调人员，通过角色界定，以型号任务为导向，建立多功能型团队，保障型号研制过程所需的人力资源。针对发射、飞控、回收及专项工作，成立发射场、飞控、回收及专项试验队，队员除包括型号研制人员外还可根据任务需求从政工部门、财务部门、科研质量部门和声像部门等抽调人员给予人力保障。

物资保障是航天器研制生产的重要环节之一，航天企业实行物资采购“五统一”管理，即统一选用、统一采购、统一监制验收、统一筛选复验、统一失效分析。同时制定产品选用目录，并根据型号使用的质量情况对目录实施动态更新。通过提高审批程序等方式严格控制目录外产品的使用。

信息与沟通方面，项目办公室根据型号研制特点进行沟通需求分析，明确各利益相关者的信息需求，并确定具体沟通活动时间和行动方案。各型号每月上报“型号研制情况简报”，对上月项目完成情况进行全面总结，同时提出下一阶段计划和需要协调解决的问题。型号内部定期召开各种例会，项目办公室成员间进行交流，分析研制的各种情况，提出项目办公室下一阶段的工作重点和目标。各职能经理通过项目管理信息系统发布元器件原材料、技术状态控制、质量问题归零、进度安排、人事调配、经费使用等进展情况，实现资源共享。

为了加强对型号软件工程化的管理，项目办组建型号软件工程化工作体系，成立软件工程化专题工作小组，将软件按照分系统设立子项目进行管理，各分系统设立主任设计师、主管设计师，使各层级都有负责人。

5.3.5 项目信息系统与文件体系

1.航天企业信息系统概述

航天企业在引进现代项目管理理论和方法后，对信息系统的建立也逐步发展起来。信息化作为一种重要的战略资源，是在网络环境、硬件基础及建立于其上的设计手段、设计方法、研制流程、管理规范和知识相融合的产物。航天企业明确了只有用统一的信息平台、统一的沟通方式、统一的管理标准，即用同一种语言说话，才能有效管理大型工程项目的主体思想。

有些航天企业原有的项目管理信息化仍存在不足之处,如信息化平台AVIDM的功能不完备;项目管理的信息化基础工作薄弱;项目管理数据缺乏统一的协同工作环境,配套信息不能有效地交流、沟通。

为了组建适合航天企业的信息系统,首先确立了信息系统建立的目标和要素。

(1)信息系统建立的目标

①促进航天企业管理水平的提高;

②支撑航天企业业务快速发展的需要;

③加强信息共享,提高作业效率;

④强化管控能力,加强对过程的管理与监控;

⑤为各层级决策者提供辅助决策,加快响应速度;

⑥建设一支信息管理专家队伍,持续改进支持战略实现;

⑦加快对项目的响应速度,缩短型号研制周期,支撑发展;

⑧强化管控和决策能力,加强对事前的分析和过程的监控;

⑨加强信息共享,提高人员管理、工作效率;

⑩加强资源综合管理,优化资源配置,提高资源利用率;

⑪规范、优化科研管理流程和管理规范,明确岗位职责;

⑫形成知识经验库,为航天企业的战略规划和发展提供数据支持;

⑬支撑人才培训体系,提高航天企业核心竞争力。

(2)信息系统建设要素

①基础环境:硬件和网络;

②数据资源:任务库、知识库、资源库;

③设计手段: CAX工具应用;

④统一的技术、管理平台——AVIDM:协同工作环境,产品数据和设计流程管理,多项目管理机制;

⑤专业信息化队伍:信息化总师、各级信息中心;

⑥资源管理中心:对上述资源实施有效管理。

2.信息系统的功能开发

(1)信息系统功能开发目标

①建立一套项目管理系统:拓展AVDIM平台管理功能;集成国际主流项目管理软件。

②形成三个数据库:项目任务数据库、资源数据库和知识数据库。

③加强软、硬环境的建设:统一的编码系统;结构化、标准化数据;协同工作环境。

(2)信息系统的作用

①强化对项目的组织领导:决策层对各型号的基线计划和实际进展能够得到准确信息,能

够实时得到部级资源情况报表；

②强化了科研生产部门的综合组织能力：实现了所有型号计划由综合管理人员作为唯一出口并严格按时间节点下发，对二级设施、关键资源冲突、关键项目计划实现了一张视图内统筹分析和系统决策；

③强化了二级调度体系：明确了除在项目管理系统中实时进行资源分配外，每周五进行计划进展跟踪，对于偏差项目，填入预期时间。

航天企业信息系统在科研生产工作中取得一定成效。通过引进国际先进的项目管理软件OPENPLAN系统，在航天企业主流的信息化平台AVIDM的基础上，进行系统集成和开发，形成了包括计划编制、进度调整、资源管理、冲突分析和执行控制的具有"思维能力"和"执行能力"的完善的项目管理OPENPLAN－AVPLAN系统，在工具软件的功能上已经接近了国际一流宇航企业的水平。项目管理系统上线后，航天企业及时调整业务流程，充实组织职能，通过开展项目管理工程建设，完成了生产关系调整。近几年的研究和实践表明，效果良好。

3.项目管理制度体系建设

为了规范航天器型号项目管理，航天企业借鉴现代项目管理理念与流程，特别是美国NASA和欧洲ESA的项目管理实践，结合我国航天事业的自身特点和航天企业自身的实际，对航天器型号项目管理的各主要要素的管理方法与技术进行总结提炼，在实践中逐步形成了一整套覆盖航天器研制全过程和各个管理要素的管理规定和标准，包括流程文件和报告表单，如航天器可靠性安全性管理、航天器技术状态管理规定、航天器风险管理方法、计划流程管理规定、航天器项目管理术语以及各主要领域的管理手册等。

5.3.6 神舟六号项目管理案例

1.项目概况

199×年×月，中国政府正式批准了载人航天工程的立项，确定工程目标是在21世纪初实现载人航天的历史性突破，实现"多人多天"在轨飞行试验并开展空间应用试验，确定由航天某院承担神舟飞船研制任务。199×年至200×年相继成功发射了4艘无人试验船，200×年首次成功发射了SZ－5飞船，实现了1人1天载人航天飞行，200×年11月启动了神舟6号(以下简称SZ－6)"多人多天"载人飞船项目，SZ－6项目工作分解结构如图5.14所示。

SZ－6项目开始于200×年11月，200×年10月完成飞船的载人飞行任务，200×年2月完成项目收尾工作，项目总投资额上亿美元，项目管理模式如图5.15所示，整个研制过程涉及配套单位3 000多家。SZ－6项目取得圆满成功，飞行过程中飞船没有出现任何故障，没有使用事先准备的应急预案，没有使用备份方案，航天员感觉舒适，安全返回地面，满足用户对SZ－6的

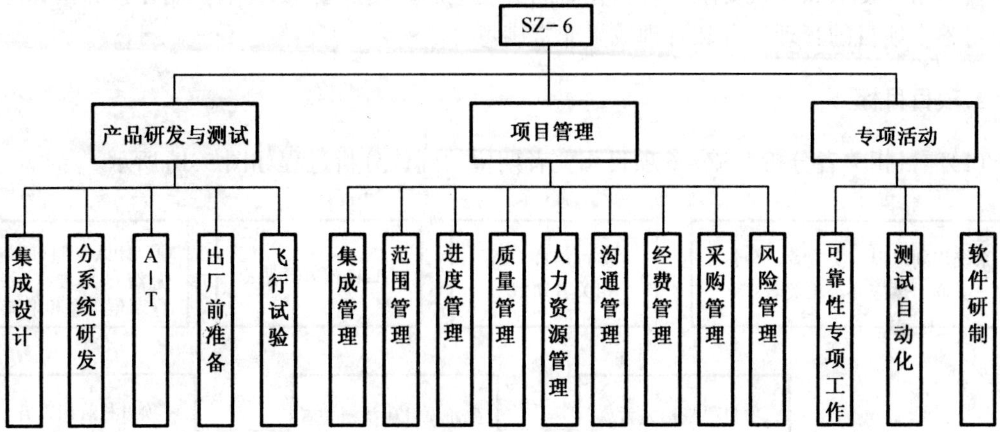

图 5.14　SZ-6 项目工作分解结构图

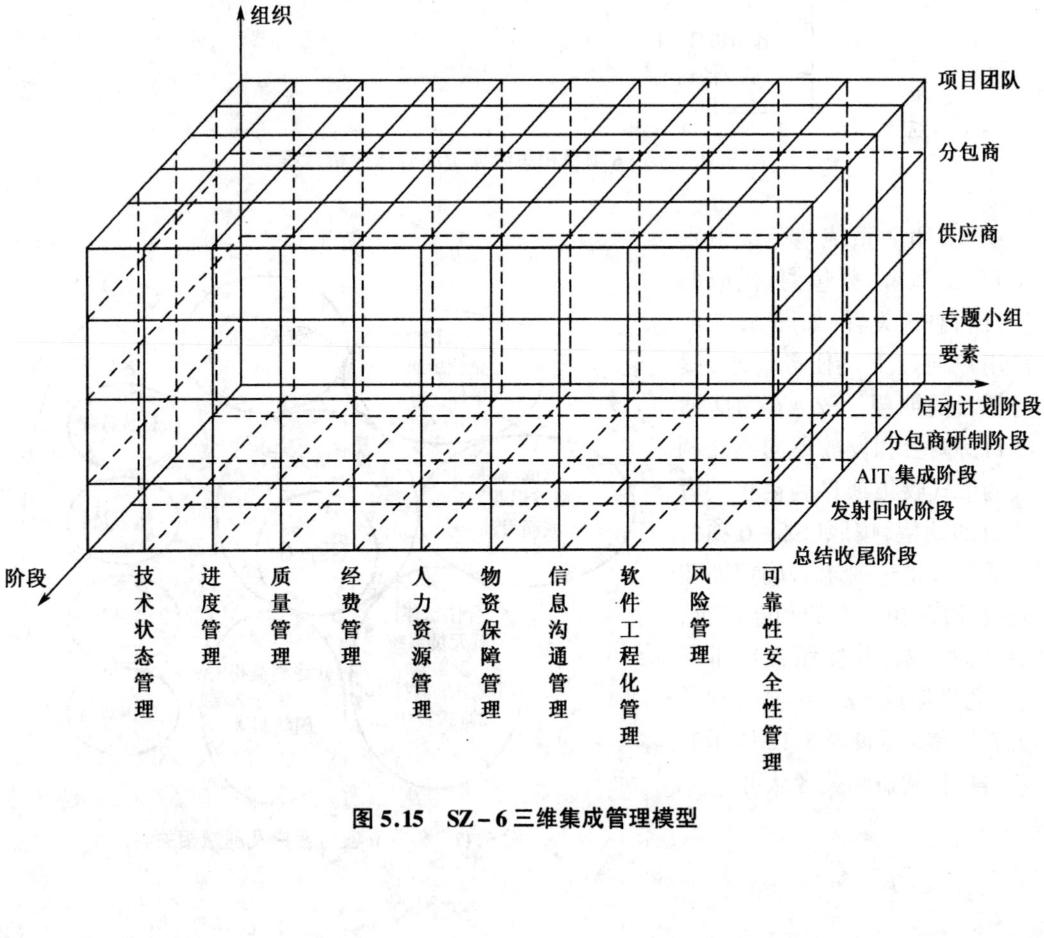

图 5.15　SZ-6 三维集成管理模型

各项技术指标要求和质量要求。项目在时间进度上满足用户要求,经费控制在预算指标之内,用户对整个项目的管理过程和管理成果非常满意。

2.项目目标

(1)项目相关者分析。SZ－6 项目相关者期望的确认分析过程如图 5.16 所示。

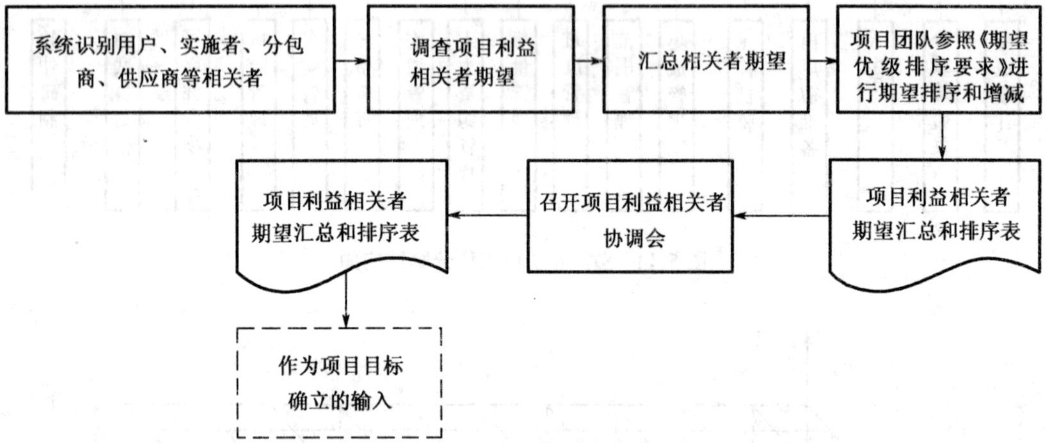

图 5.16 SZ－6 项目相关者期望的确认分析过程

SZ－6 团队系统地分级识别了用户、实施者、分包商、供应商等项目利益相关者(如图 5.17 所示),用户通过下达任务要求,提出对项目的期望。SZ－6 团队通过项目协调会和发放不同形式调查表的形式收集项目利益相关者对项目的期望,按照《SZ－6 项目期望优先级排序要求》,确定期望优先级,协调相关者的利益冲突,平衡利益关系,并按照程序不断修订,最终形成 SZ－6 项目利益相关者期望表(如表 5.12 所示),并获得项目利益相关者认可。

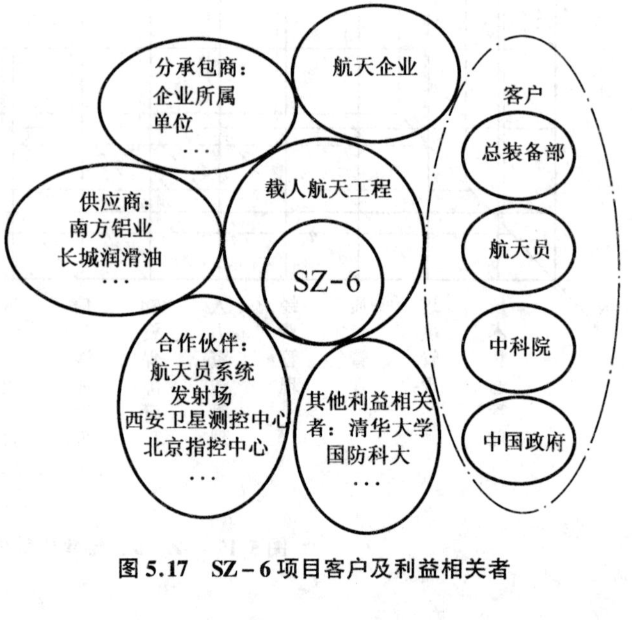

图 5.17 SZ－6 项目客户及利益相关者

表5.12 SZ-6项目相关者期望及需求分析表

序号	类别	子类	期　望	需　求
1	管理单位及用户	管理单位	飞船具有"多人多天"载人飞行能力 提高神舟飞船平台的安全性可靠性 为载人航天二期积累经验	完成2人5天飞行 200×年9月发射 经费控制在×美元之内
		航天员	飞船具有友好的操作界面 环境舒适	确保航天员安全
		中科院	进行空间试验	轨道舱留轨180天开展科学试验
		政府	提高中国航天科技水平 带动中国科技进步 提高全民创新意识 提高民族自豪感	确保航天员安全
2	人员	研制单位	获得一定的利润 建立一套航天器研发和测试的基础设施 建立高水平的项目团队 提高企业知名度 积累项目管理经验为其他型号提供借鉴 帮助研制单位扩大国内、国际市场份额 与用户建立良好关系,获得更多的市场分额	完成用户需求 完成2人5天飞行,有效载荷试验,轨道舱留轨180天 出厂无疑点,进场无问题,在轨无故障,返回保安全 200×年项目启动,200×年9月完成发射 控制经费在×美元之内
		团队成员	提高项目管理水平 提高自身工作技能 获得提升	收入每年提高10% 每年获得一次培训机会 待遇提高 工作安全
3	其他相关者	分承包商	提高企业知名度 取得技术进步 获得经济收益 与合作伙伴建立良好的合作关系 与航天企业保持长期合作关系 学习SZ-6项目团队的项目管理经验	遵守分承包合同 及时、准确地获得项目信息
		供应商	提高企业知名度 参与SZ-6项目 获得经济收益 建立宇航级产品质量保证体系 提高研发能力 与SZ-6团队建立良好关系 获得更多的合作机会,扩大合作领域	遵守合同 及时、准确地获得项目信息 提供宇航级产品设计标准和质量规范
		载人航天工程其他大系统	与SZ-6团队建立良好关系 学习SZ-6项目团队的项目管理经验	系统间接口关系明确 及时获得技术状态更改的相关信息
		中国人民	期望SZ-6取得圆满成功	及时了解SZ-6项目的进展信息

(2)项目目标的确立与优化。SZ－6项目目标的确立是一个不断调整、修正的反复过程，在载人航天工程启动时，基本确定了21世纪初完成“多人多天”载人飞行的总目标，经过SZ－1到SZ－5项目信息的积累，在SZ－5飞行试验结束后用户对SZ－6项目的要求进一步确认和细化，项目对分承包商的技术要求、质量要求、进度要求和成本要求都有很好的基础。SZ－6团队将用户要求、SZ－1到SZ－5的历史信息(包含技术数据、管理效果数据)和企业型号管理政策作为基本输入文件，根据项目相关者需求分析结果反复权衡，在风险假设基础上通过定量和定性的风险评估，确立项目目标并与项目相关者进行协商后进行目标修正，项目目标得到各方认可。项目目标的确立过程如图5.18所示。

SZ－6项目管理团队按照用户要求确定了以下四个方面的项目目标。

①技术目标：2人5天飞行、有效载荷试验、留轨180天；

②质量目标：“出厂无疑点，进场无问题、在轨无故障、返回保安全”；

③进度目标：200×年×月立项，200×年×月完成发射飞行任务；

④成本目标：经费控制在××美元以内；

(3)目标实施及动态调整。SZ－6项目目标确定后通过下发《SZ－6项目管理计划》、动员大会、AVIDM系统流转以及项目经理亲自向团队成员讲解目标内涵等手段，保证SZ－6团队所有人员对目标能充分理解。目标的实施与动态调整过程如图5.19所示。

SZ－6团队根据项目总目标，将其分解为启动计划、分承包商研制、AIT(Assembly Integration Test，AIT)集成、发射回收、总结收尾等阶段目标，作为项目一级里程碑。在实施过程中，SZ－6团队根据用户要求的变更和实际工作进展动态评估及调整阶段目标，确保总目标的实现。

SZ－6团队根据阶段目标制订了八项阶段计划流程，针对有可能影响目标实现的风险制订了十个专题计划流程，阶段和专题计划流程体系的编制流程如图5.20所示；对上述两类计划进行分解，形成与组织结构相匹配的316个工作包，逐级下发，落实责任人，明确检查节点、可交付物形式和验收方式，通过AVPLAN系统，分发到各部门的各执行人，外部单位通过正式计划文件发放。

SZ－6团队根据项目目标和计划制定了五个阶段的完成标志，确定了每个阶段“放行准则”，在进度、费用、质量发生冲突时，按照质量、进度和费用的优先级顺序进行综合平衡，调整项目阶段目标。SZ－6团队通过阶段总结和每周例会对项目进展情况进行评估，找出阶段目标的实施偏差，制定纠偏措施，形成会议纪要和专题纠偏计划，下发到所有相关人员。

3.项目人员

(1)项目团队的组建

SZ－6项目启动阶段，为减少团队磨合期的天数，保持项目继承性，在SZ－5团队的基础上组建SZ－6团队。首先由用户和企业共同确定项目经理、技术经理和副经理等核心成员。项目经理和人力资源部门根据WBS分解表进行人力资源需求分析，根据流程进行人员的选

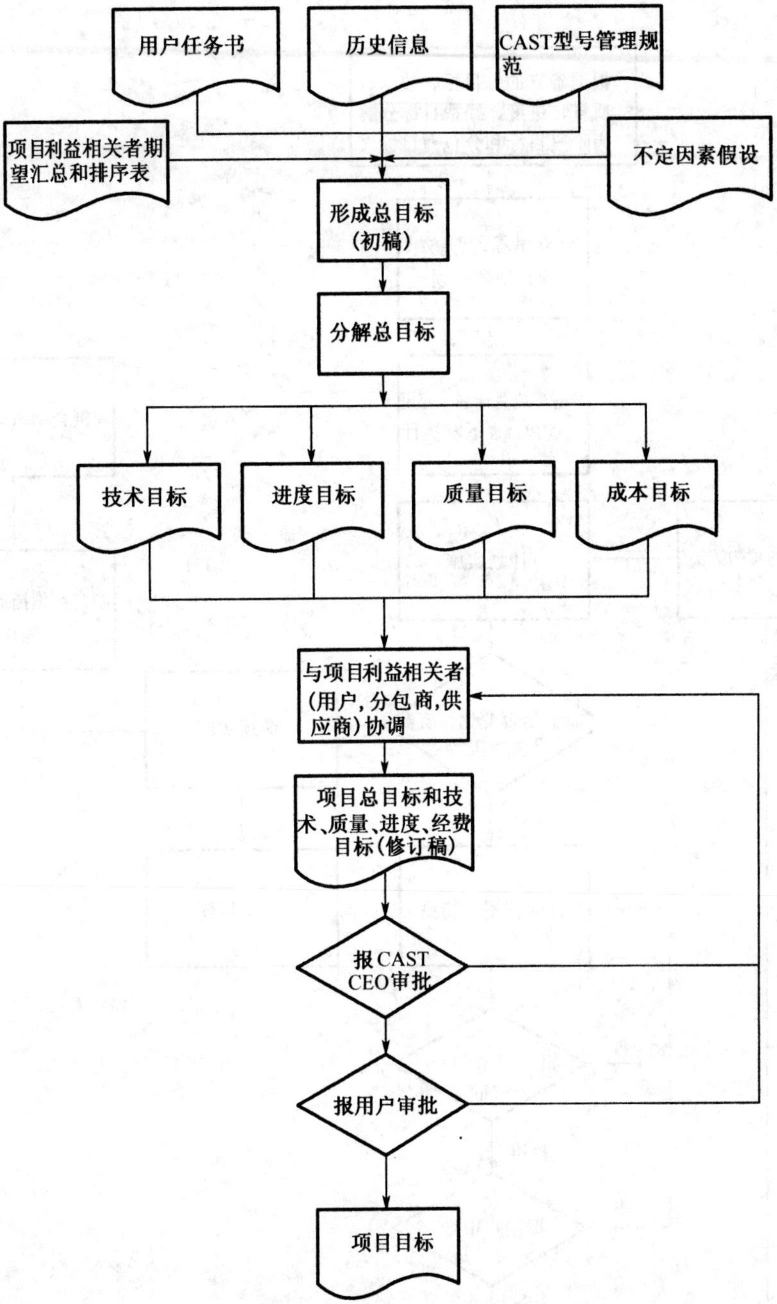

图 5.18 SZ－6 项目目标确立流程

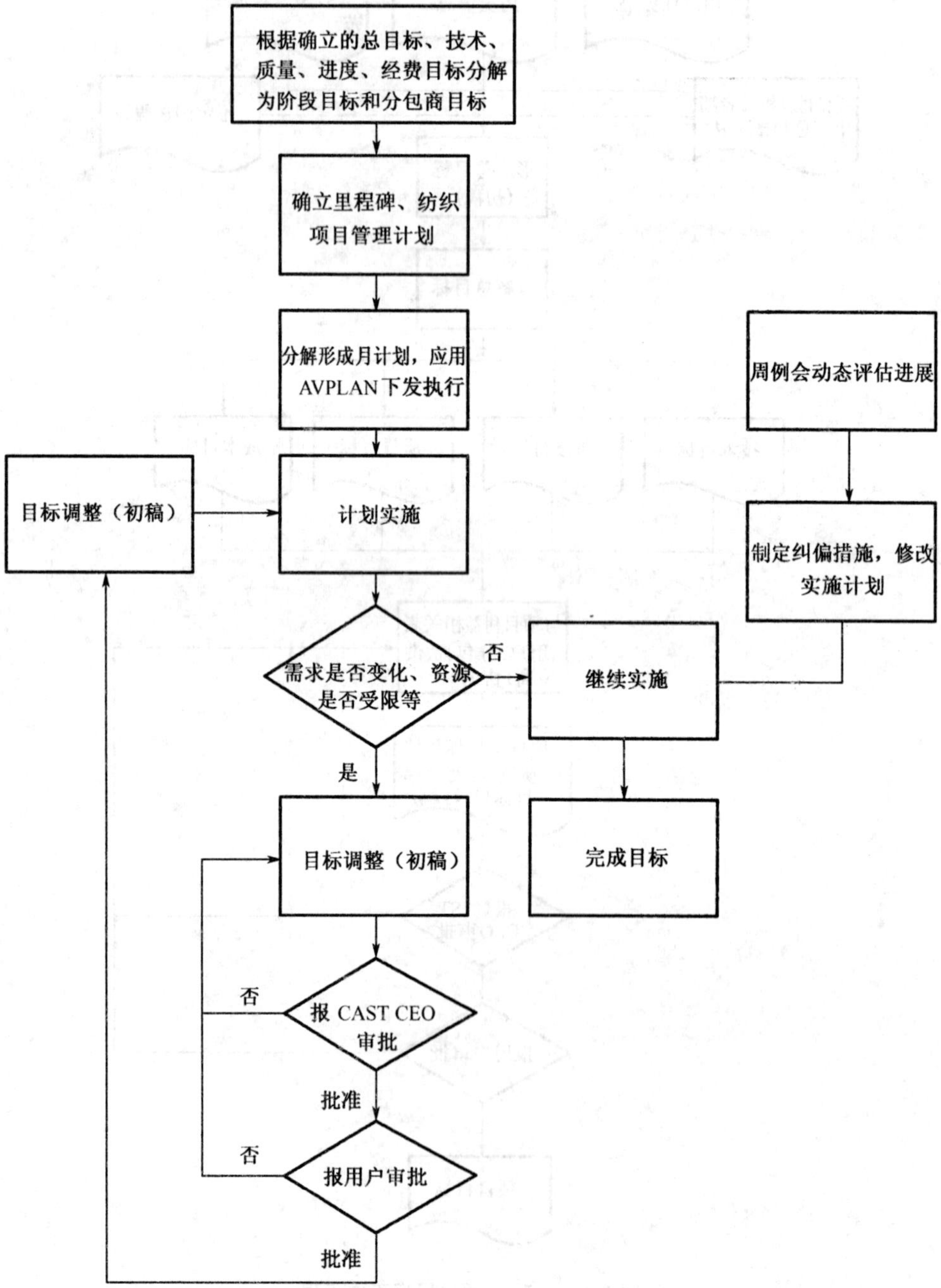

图 5.19 SZ－6 目标的实施与动态调整过程

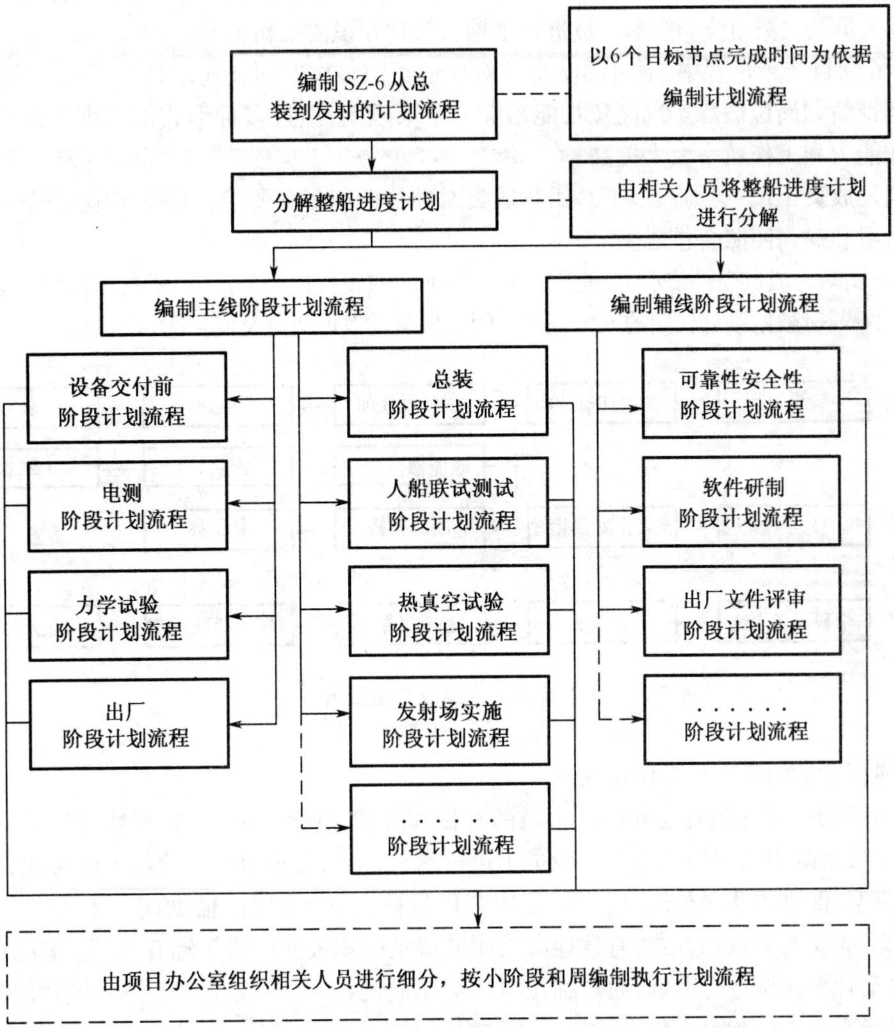

图5.20　SZ－6从总装到发射的计划流程体系与编制程序

拔、评价和解聘，确定项目的岗位需求计划，从企业内部对项目团队需要的计划、质量、物资、合同经理通过竞聘流程进行招募，在竞聘报告中充分反映个人对职业发展的期望及个人优势，对应聘人员进行培训、考试、面试、答辩，而后聘任。在人员选拔上，对种族、性别、年龄等方面没有歧视，对经验丰富的老同志采用延聘、返聘的方式。SZ－6团队基本人员确定后通过任务分析确定非专职人员、系统级研制人员并编制人力资源计划提交人力资源部与其他职能部门予以保障。SZ－6团队成立之初，组织全体项目成员参加神舟学院举办的航天器设计基础培训和专业人员资格认证培训，每位成员均须通过培训考核方可正式上岗。另外，聘请外部项目管理专家对神舟项目管理人员及关键岗位的技术人员进行了项目管理知识体系和实施方案的培训。

SZ－6项目实施过程中，项目团队有针对性地组织多次专项技能培训和新标准宣贯，同时通过以老带新和岗位锻炼实现岗位技能培训。结果表明，经过多种形式的培训后项目团队成员的工作能力和工作效率大大提高。

定期发放员工民意测验表，了解团队成员对项目的期望和要求。项目实施过程中，一贯鼓励员工学习和提高团队合作能力。

SZ－6团队为成员提供技术、管理及学术三种不同的成长途径，每一位成员可以根据自身愿望选择合适的成长途径，制订长期的人生规划。团队成员的发展机会及成长途径如图5.21所示。

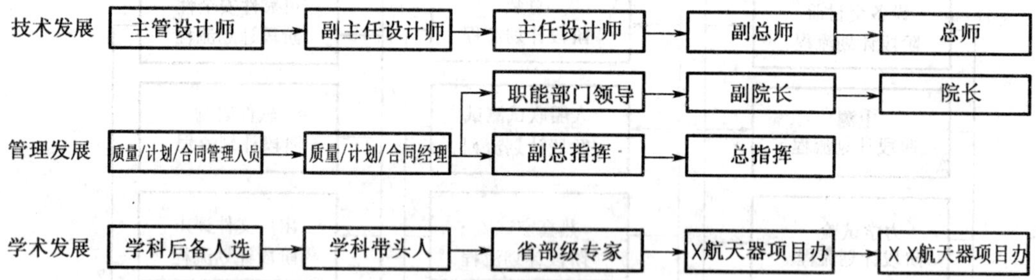

图5.21　人员成长途径图

(2)项目人员的激励与工作授权

SZ－6项目自始至终注意对团队人员的考核和激励，每年度利用《航天某院员工绩效考核办法》对项目团队中的中层领导和一般员工进行考核，项目经理给出每个员工的考核和改进意见，树立典型，促进团队成员改进工作、完成工作目标。SZ－6团队借助岗位工资、晋升、节点奖、成果奖、成功奖等激励方式，有效地激发团队成员的积极性。将年轻有为、努力工作的人员及时调整至骨干岗位进行锻炼，通过细化考核奖惩制度，将员工收益与工作完成情况挂钩，将任务完成情况与单位和个人收入挂钩。注重物质激励的同时，还注重精神激励，比如在发射场举行心连心艺术团慰问演出。

SZ－6团队是以载人飞船项目办公室为平台，以"两条线"为主干，以团队为形式的"多层次""强矩阵式"项目管理组织体系。项目经理接受企业行政领导授权，对项目全面负责，项目经理授权技术经理对项目技术问题负责。项目办公室是项目经理的办事机构，将项目目标分解成分承包合同授权给分承包单位进行管理，对企业下属单位明确目标考核节点和责任人。项目办内部实行垂直管理，各职能经理根据项目办管理办法明确职责，在项目经理的领导下开展工作。

根据研制任务需要，由项目办牵头组建试验队、专题攻关小组和项目小组，完成大型试验、专题攻关等特定的任务。

各项工作通过计划任务的层层分解、分发落实各层次人员的工作、责任和权力。SZ-6团队一贯鼓励员工参与项目工作的改进活动,在周例会或班前会上员工可以畅所欲言,对项目活动进行评价,以提高项目实施效率,同时增进了员工的参与感和责任意识,促使员工完成对项目任务的承诺。

4.资源管理

(1)经费管理

SZ-6团队根据财务管理的规定,安排合同经理专职负责项目成本管理,建立项目型号经济管理信息系统,制订了成本基准计划,项目经理批准《专项项目成本管理计划》并明确了项目成本经济总目标××美元,企业设总会计师监督项目成本运行。最终实现成本控制在××美元内,实现利润××美元。

SZ-6团队应用技术、经济一体化论证方法,技术方案和技术流程的合理性论证与经济性论证紧密结合,保证了经济方案与技术方案的可行性。项目实施过程中,每年按计划节点落实经费指标,按照节点完成情况拨付经费,按照研制阶段和年度投资强度进行概算和决算,在转阶段后实施专项审计,保证经费的合理使用。

为了达到经费的精细化管理,SZ-6团队应用成本分解结构(CBS),将产品费与研制费细化管理,对产品费进行评估,形成产品价格体系,将研制费分解到每个研制活动,按任务和分工协作定点单位进行分配,对每一项任务实施全过程、全成本控制,保证了经费的使用效果。在SZ-6实施过程中,预留3%的总成本作为风险准备金应对风险事件。SZ-6团队对需要进行风险控制的项目活动特别是关键技术攻关、瓶颈工艺、长周期的元器件和原材料等提前安排经费。

由于用户项目范围变化(如增加电性船、轨道舱合练、联合振动试验等)新增需求引起的成本增加,遵照项目经费变更流程,通过追加专项经费来规避项目整体风险。在项目运行过程中,通过对分承包商计划节点完成情况和质量成本损失情况的考核结果进行评估,对分承包商的成本变更申请采用图5.22所示的管理流程进行管理。合同经理每季度对项目应收账款和应付账款进行比对并进行挣值分析,通过与用户和分包商进行协调、沟通和严格的变更程序等手段,保证项目经费在可控的范围之内。

(2)信息资源管理

在SZ-6项目启动计划阶段,项目团队对项目各相关方信息需求进行了分析。策划了信息传递的方式、格式、计划等,形成《信息沟通管理计划》。SZ-6团队指定专人定期或实时收集项目进展的各种信息,分析进度、成本、质量、范围各项偏差,制定纠偏措施。在实施过程中,利用延伸到各主要协作方和工作地点的内部网络,以及网络上运行的AVPLAN、AVIDM、OA系统、视频会议系统、质量、项目型号经济管理信息系统、物资管理系统、科研综合信息管理等系统,通过严格的权限管理授权机制,保证信息的安全、有效、完整和可维护,实现了文件及技术更改的网络化管理,确保信息的更改全面、准确、及时、完整、有效、保密。信息内容通过各级负责人审批、签署后发布,保证数据真实、可靠。SZ－6项目的主要供应商是根据项目分解的任务和目标,在航天某院合格供方目录中选取的,长期为航天器生产配套产品。其他供应商是经过对项目质量资质认证审查和生产能力考察后确定的。

项目办公室及供应商在产品研制合同中明确产品保证要求、验收要求和规范,规定交付物和时间节点要求,制定强制检验点,严把过程质量关。同时明确付款计划,以保证供应商的利益。

SZ－6团队通过发布统一的产品保证标准,把产品保证要求延伸到所有相关供应商单位。建立与项目计划相匹配的物资保证,及时协调沟通、调剂使用,达到优化存货的目的。

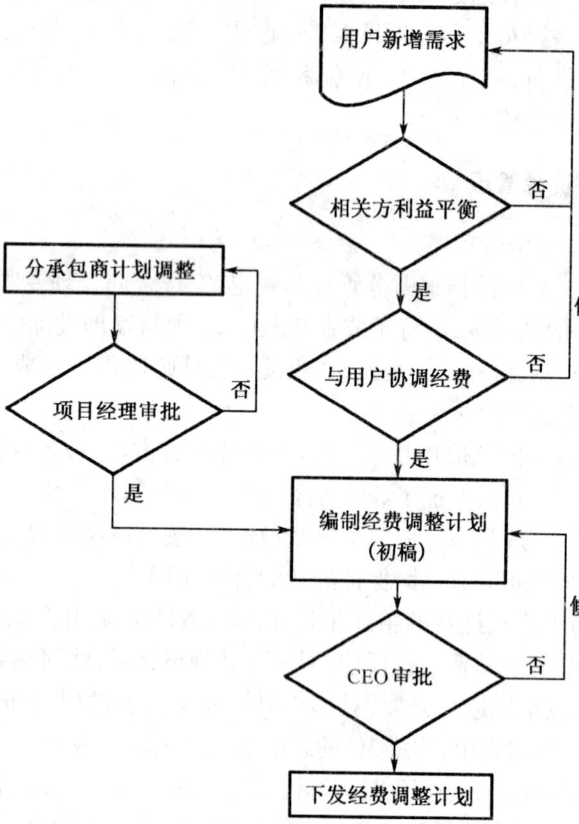

图5.22 SZ－6项目经费变更管理流程

(3)其他资源管理。SZ－6团队在项目实施过程中,充分利用全国各行各业的专家资源,特别是适时邀请航天领域的老专家、老院士参加重大技术方案评审、质量问题归零、出厂评审等活动,充分利用他们的智力资源。

在资源节约方面,SZ－6团队充分、重复利用一些部件和设备,比如利用SZ－4返回舱进行某些试验;在日常管理中提倡无纸化办公,利用内部网络进行信息传递、审批,与院内兄弟单位基本实现了跨地域无障碍沟通,节约了大量的办公耗材。尽可能利用电话、电子邮件、视频会议、网上协同等方式解决问题,减少了技术人员差旅的时间和成本,节约了差旅费用。

5.过程

(1)过程确定、管理、审核和优化

项目启动阶段,根据航天某院提供的“卫星项目管理标准”,参考SZ－1到SZ－5的项目管理体系,针对SZ－6特点,建立了覆盖项目全生命周期、项目管理诸要素的12个流程体系,包括35个管理流程,明确了每个流程的责任人,主要流程如表5.13所示。

表 5.13　SZ－6 项目主要流程体系汇总表

序号	过程	内容描述	起止时间
1	启动计划过程	系统策划项目目标、管理要素、管理过程、层次，以及各过程、要素管理程序方法和计划；确定项目技术方案，形成项目管理计划和相关策划文件	200×年×月～200×年×月
1.1	系统策划	项目办制订全面、规范的系统级项目管理计划	
1.2	分承包商策划	各分包商制订分包商项目管理计划	
1.3	专项策划	重要专项试验，编制题目管理计划	
2	分承包商研制	对分承包商方案评审、过程控制、物资统一采购管理、共性问题管理、产品验收与合同控制等	200×年×月～200×年×月
2.1	分承包合同签订	分承包商的选定，完成承包合同签订	
2.2	分承包详细设计和制造	完成分承包商方案评审、过程控制	
2.3	设备验收	依据设备验收要求，完成设备验收	
3	AIT 集成阶段	对飞船总装、综合测试和环境试验进行过程控制，出厂评审	200×年×月～200×年×月
3.1	总装	完成舱段总装，单舱测试，非电人机工效评价	
3.2	综合测试	完成整船电性能等综合测试	
3.3	环境试验	力学环境试验、真空热环境实验	
4	发射回收阶段	飞船发射场实施、发射前的总装、电测，人船箭地联合测试，发射、飞控、返回舱处置	200×年×月～200×年×月
5	总结收尾阶段	项目结束后总结项目技术管理，分析目标偏差，评估管理绩效，提出改进意见	200×年×月～200×年×月

技术状态管理方面，项目团队制定了 SZ－6 全系统功能基线。项目团队组织有关分承包商之间进行技术协调、会签相关文件；参加大总体技术协调、会签相关接口文件。依据技术状态更改程序（如图 5.23 所示）将每一项技术状态变化放到系统功能基线中考虑，找出影响范围，进行复核。对每一项技术状态变化涉及的相关操作、程序、测试、接口进行全面分析，作相应修改并跟踪落实。项目整个生命周期内，每一项技术状态更改均按技术状态更改控制的五项标准（即充分论证、试验验证、各方认可、审批完备、落实到位）严格执行，更改需得到包括用户在内的各相关方的认可。

质量管理方面，统一执行 SZ－6 质量管理制度和标准规范，按照项目标准体系文件开展设

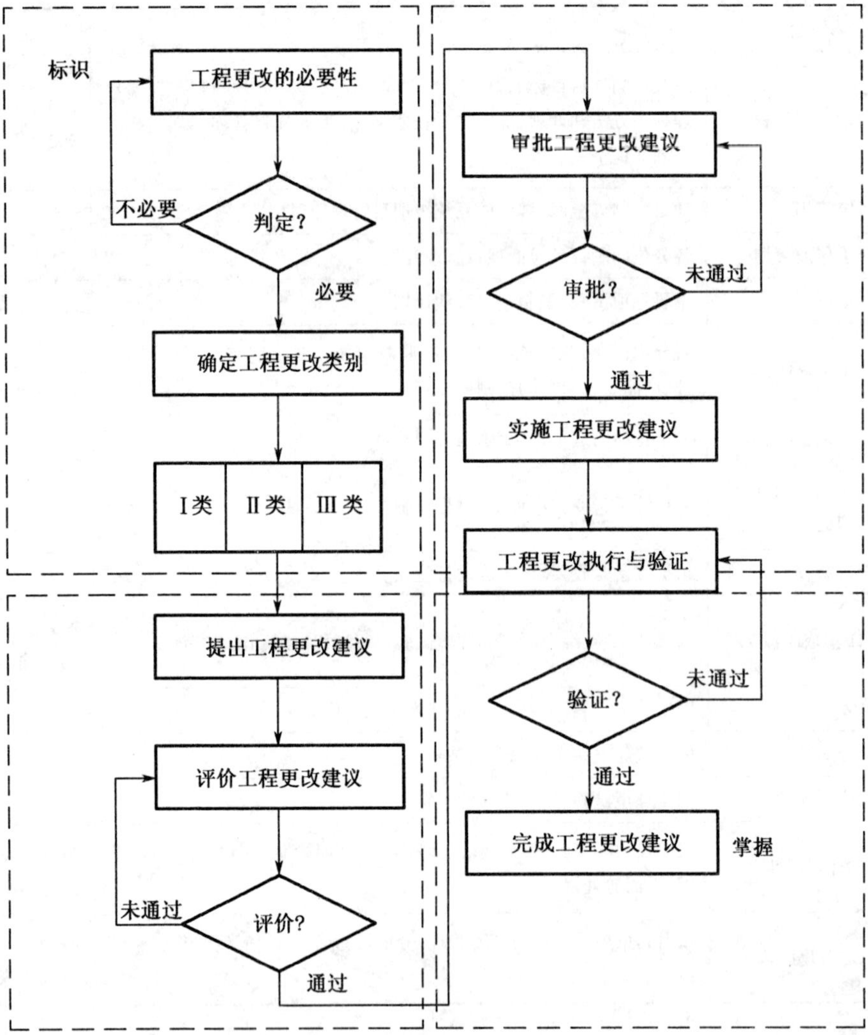

图 5.23 技术状态更改程序

计、生产、试验和测试工作。项目团队全员树立“零缺陷”的质量管理理念，建立并在项目全生命周期应用具有航天企业特点的技术问题归零五条标准(定位准确、机理清楚、问题复现、措施有效、举一反三)和管理问题归零五条标准(过程清楚、责任明确、措施落实、严肃处理、完善规章)。在出现任何质量问题时，都必须严格按照上述“双五条”标准进行归零，归零具体流程如图 5.24 所示。每一阶段末对归零情况按照“双五条”标准进行清查，若存在归零未完成或归零不彻底的情况不得转阶段，确保类似的问题不在企业内重复发生。

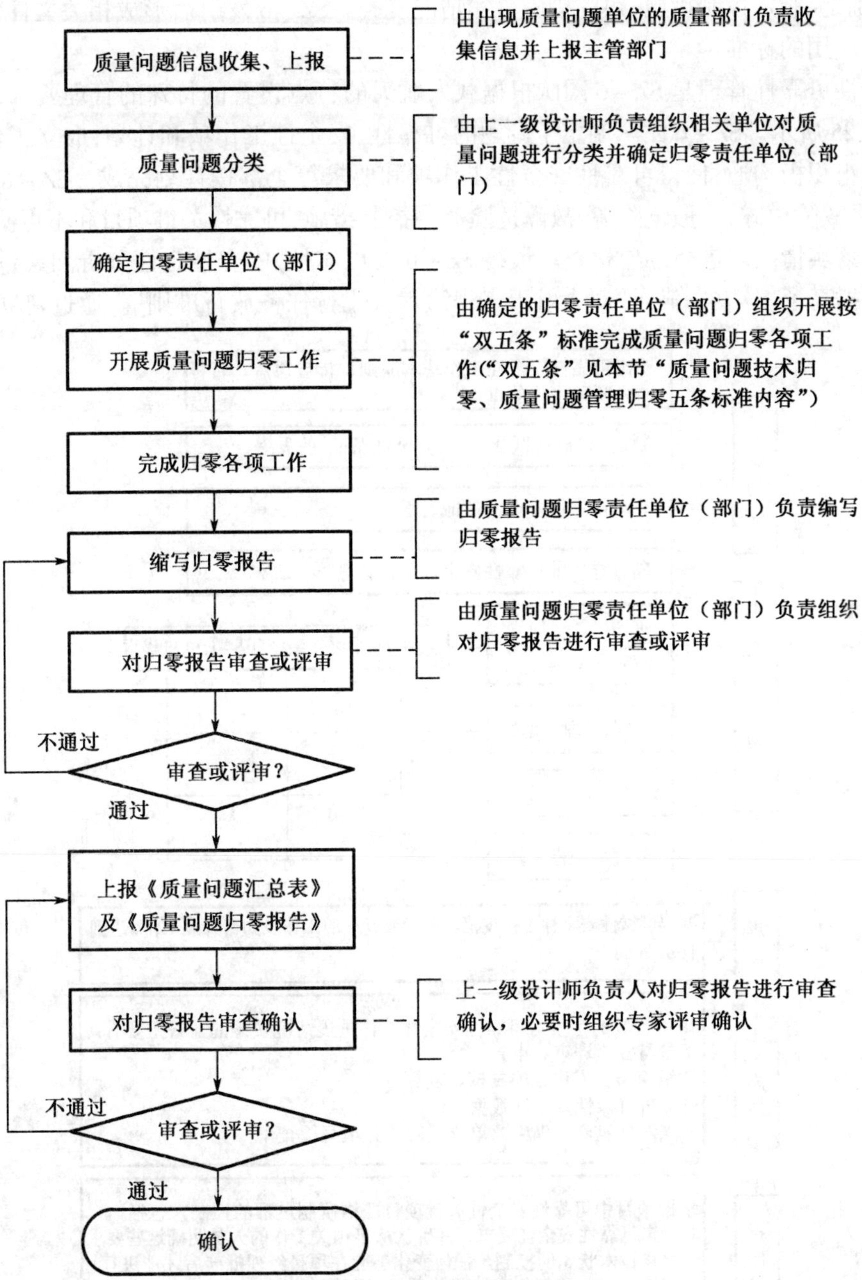

图 5.24　质量问题归零流程

通过实施关键项目、不可测试项目、关键件、重要件的过程控制实现质量重心前移,具体包括识别、确定、制定控制措施,跟踪措施落实情况复查。SZ-6发射后形成相关文件,成为企业所有项目应用的标准。

安全性可靠性管理是SZ-6团队根据载人航天的特点设置的特殊的管理要素,其管理过程如图5.25所示。SZ-6团队制定了专题的可靠性、安全性工作项和计划,成立工作小组,与上级专家组积极沟通,使得可靠性安全性工作项和要求等全部按计划完成。SZ-6团队组织对Ⅰ、Ⅱ类故障模式,一般危险源、故障危险源的控制措施,可靠性关键项目和不可测试项目控制措施的落实情况均进行逐项检查。最终SZ-6的可靠性、安全性定性分析和定量评估结果比SZ-5提高了1.47%,满足"载人航天工程第六次飞行任务放行准则"。通过建立标准紧固

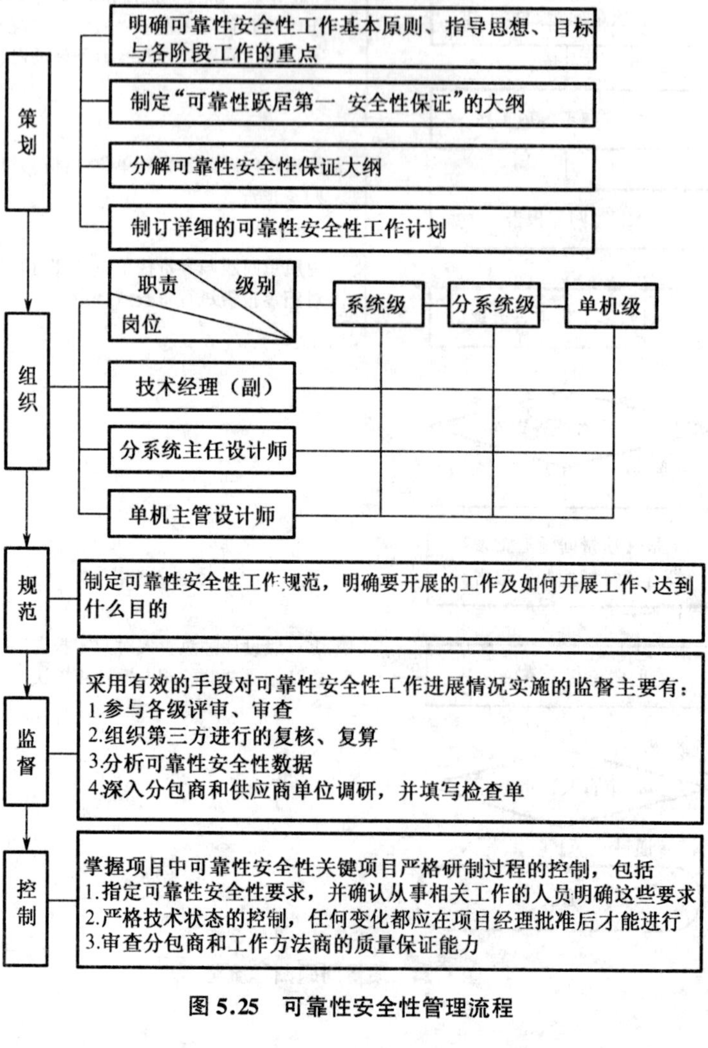

图5.25 可靠性安全性管理流程

件、元器件、原材料选用目录限定元器件、原材料选用范围，严格执行元器件的采购、筛选、复验、储存、失效分析"五统一"管理和原材料"统一选用、统一认定、统一复验、统一实效分析"的"四统一"管理，确保其质量符合项目要求。原材料"四统一"管理流程已经在航天某院范围内推广。上述流程是在不断总结、不断听取用户及其他项目相关者建议的过程中经过持续改进形成的。如技术状态更改流程增加计划经理和产品保证经理会签环节，保证了技术状态更改对进度、质量可能产生的影响得到及时分析并采取措施，保障了技术状态更改、计划流程、质量管理流程间的协调一致。

(2)项目管理工具与方法

SZ－6团队根据任务特点，将现代项目管理的工具和方法理论与实际相结合，在SZ－1至SZ－5的基础上总结提炼了载人航天器的项目管理要素、程序和方法，开发了神舟项目管理成熟度模(如图5.26所示)，并在SZ－6的应用中持续完善改进。技术状态管理方面，设置专人专岗，制定全系统的功能、分配和产品基线体系，采用表格化管理和AVIDM管理系统，保证技术状态按基线严格受控。进度管理方面，SZ－6团队应用AVPLAN网络系统进行计划分发、跟踪与控制。在网络图、甘特图的基础上开发了具有航天特色计划流程图，将计划管理的进度要求、工作内容、质量控制点、工作项目的关联关系、人员责任、保障条件等要素集中展现作为调度管理依据。质量管理方面，应用表格化过程控制和记录、交集分析等方法，使用质量管理信息系统。

经费管理方面，利用CBS方法和航天某院项目型号经济管理信息系统、财务管理系统全面控制经费使用情况。

物资管理方面，SZ－6团队运用物资信息管理系统和仪器设备信息管理系统，进行精细化管理。

可靠性、安全性管理方面，利用FMEA、FTA等方法进行全生命周期和各层次的故障分析，利用项目团队开发建立的可靠性安全性数据库，实现项目可靠性安全性的精细化和信息化管理。

另外，还应用Avidm3.0制订、更新进度计划，利用Visio绘制研制流程，应用Office2003编写管理报告，应用Avidm3.0企业协同产品研制管理系统存储、浏览文件和工程数据，应用"神舟网OA系统"实现办公自动化，提高了项目团队的工作效率。

(3)经验提取和文档化

SZ－6团队在研制管理过程中，所有技术和管理信息均形成了正式文件并通过专业资料管理部门采用归档。计划、质量、经费、物资等信息均开发和利用已有系统在网上收集、发布与存档。

SZ－6项目实施过程中定期采用质量分析、阶段总结、发放改进意见表给客户、供应商及其他项目相关人员等方式，分析前一阶段成功的管理经验和不足之处，形成阶段管理总结报告，对照SZ－PMMM提出下一阶段的改进措施；项目团队定期举办项目管理经验交流会，为管理人员提供交流平台；对于项目研制过程中形成的管理经验和教训，及时进行管理规章改进，举一反三，并在企业内部发布，与其他项目共享。神舟团队形成的项目管理模式、体系、规范等已通过出版书籍、院标、项目管理手册、各种范本等推广到系统和航天某院内其他部门。

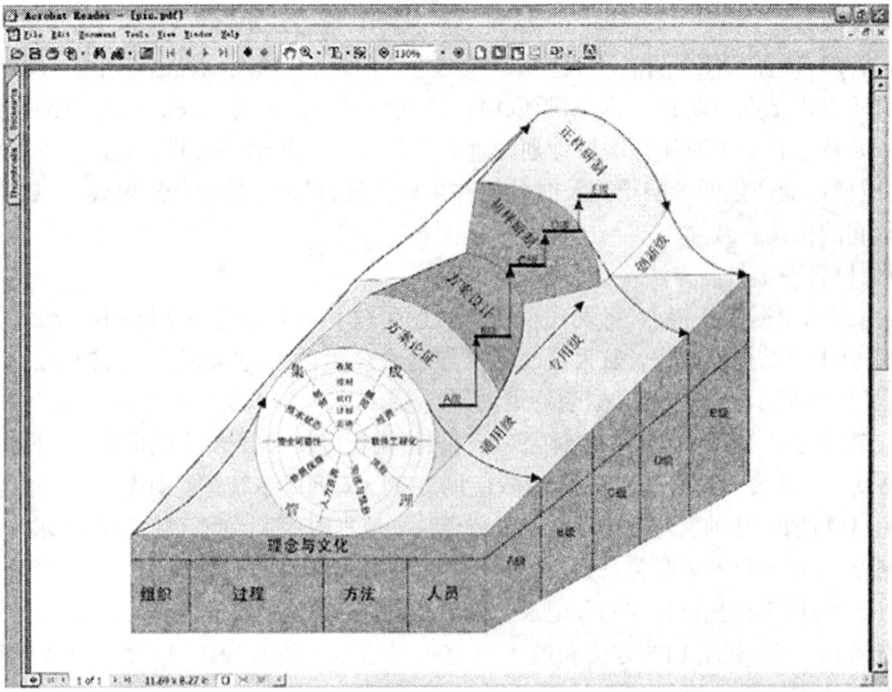

图 5.26 神舟项目管理成熟度模型

6.关键绩效和项目成果

(1)关键绩效

通过 SZ-6 团队出色表现,最终实现了 SZ-6 项目的技术、时间、成本、质量等主要指标,具体实现情况见表 5.14 所示。

(2)其他成果

SZ-6 项目进度、成本、质量三者均达到用户满意的目标,最终结算结果与预算吻合,虽然追求利润不是本项目的主要目标,但是最终企业 还是实现了利润目标。

SZ-6 实施过程中,设备的产品化是 SZ-6 团队关注的重要内容,在充分继承 SZ-1 的到 SZ-5成熟产品 XXX 件基础上,完善并形成了 400 多件货架产品,为后续类似项目可靠性的提高、成本的降低、研制周期的缩短奠定了良好的基础。

优化工作流程、严格过程控制、减少返工次数是 SZ-6 团队关注的重要内容,30%的流程都不同程度优化,例如优化力学试验流程,整船力学试验周期相对 SZ-5 由 10 天缩短为 7 天,并成为新的标杆。